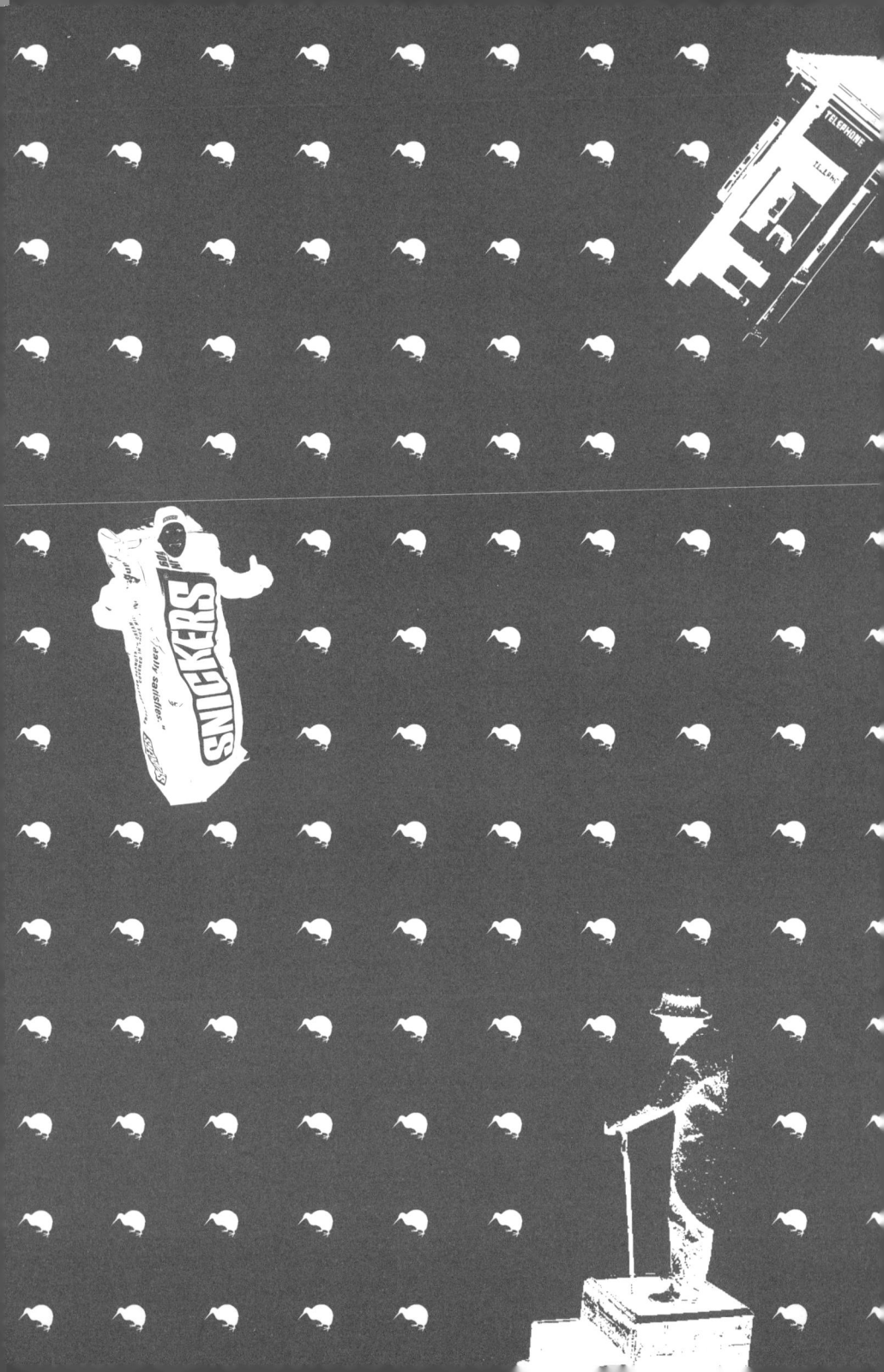

나의 목표와 다짐

Why New Zealand? (이유)

체류예정기간 :　　　　년　　　월　　　일　　~　　년　　　월　　　일 까지

꼭	이루고 싶은 것 (꿈 & 목표)	How(어떻게)/실천계획	작성일	달성 예정일	달성시 느낌 or 자신에게 해주고 싶은 선물
예	IELTS 6.0에 도전한다.	매일 2시간씩 IELTS 6.0을 위해 꾸준히 공부해서 성취할 것이다.	1월 1일	12월 1일	꿈만 같았던 IELTS 6.0 성취해서 너무 기쁘고 또 다른 목표가 생겼다.
1					
2					
3					
4					
5					
6					
7					
8					
9					
10					

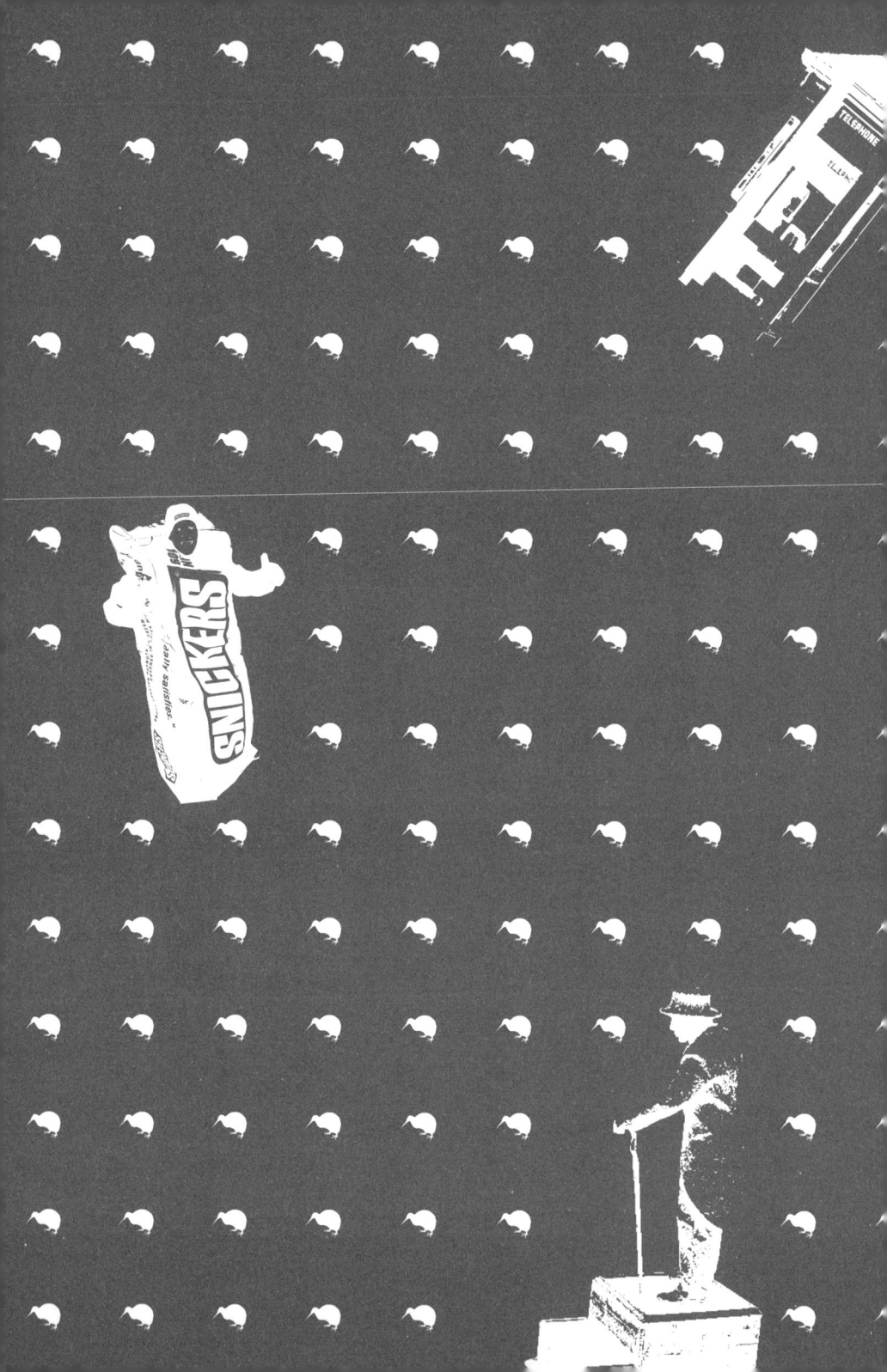

SURVIVAL ENGLISH

내 인생을 바꾸는
뉴질랜드에서 홀로서기

SURVIVAL ENGLISH

내 인생을 바꾸는
뉴질랜드에서 홀로서기

지은이 | 배동기
감수 | Otto Groen QSM

저자 한마디

작은 틀 속에 갇혀 있던 나에게 한 권의 책이 잃어버렸던 꿈을 되찾아주었고, 현실이라는 벽을 보면 아무것도 할 수 없었지만 내 평생 단 한 번뿐인 기회라는 생각에 뉴질랜드 행을 결심했다. 항공권을 발권하고 뉴질랜드가 점점 가까워진다는 설렘과 기대도 있었지만 직장을 그만두지 말라는 주변의 만류와 홀로 계시는 어머니에 대한 미안한 마음 때문에 결정하기까지가 참 쉽지 않았다. 사실 그런 현실의 벽보다 더욱 나의 발목을 잡은 건 '단 한 번도 경험해보지 못했던 해외생활을 과연 잘할 수 있을까'라는 막연한 두려움이었다. 단번에 두려움을 떨쳐버리기는 어려웠지만 출국을 준비하며 뉴질랜드에 대해 조금씩 알아가는 과정을 통해 자신감을 얻게 되었다. 그리고 뉴질랜드에서 여러 친구들을 만나고 아르바이트를 해서 번 돈으로 생활비도 충당하고 학원도 다니면서 다양한 경험들을 할 수 있었다. 많은 분들의 도움이 있었기에 가능한 일들이었고 이 모든 것이 정말 감사하다.

뉴질랜드에서 홀로서기를 준비하는 여러분에게 어드바이저adviser가 아닌 잃어버린 꿈을 찾아주는 사람이 되었으면 하는 마음으로 글을 썼다. 여러분이 홀로서기를 하는 데 필요한 정보들을 많이 주고 싶은 욕심에, 처음 떠나는 학생들의 이야기도 듣고 회사 일을 병행하며 퇴근도 잊은 채 사무실에서 밤을 새웠다. 그래도 많은 부분이 부족하고 보완할 부분도 있을 거라 생각한다. 관심 분야 중 추천 어학연수 학교가 빠져 아쉽다는 분들이 있어 고민했지만 그 부분은 여러분과 전문가의 몫으로 남겨두는 것이 올바른 정보 공유라고 생각한다. 이런 부족함 또한 감사할 수 있는 것은 나보다 더 멋진 여러분이 꿈꾸고 도전하고 경험하는 소중한 모든 과정들이 이 책의 부족함을 채워줄 거라 믿기 때문이다. 뉴질랜드에서 보내게 될 시간들이 여러분의 앞날에 소중한 자산이 될 거라 확신하며 용기 있는 결정에 뜨거운 박수와 격려를 보내드리고 싶다. Cheer up!

Thanks

수고와 격려를 아끼지 않으시고 많은 준비를 해주신 나정애님과 국민출판사 전 직원에게 진심으로 깊은 감사를 드리며 감수를 맡아주신 Otto Groen QSM 선생님, 뉴질랜드이야기 운영진 이소연, 민봉기, 정재욱, 이상민님, 사진과 자료를 기꺼이 제공해주신 뉴질랜드이야기 회원분들과 현성아, 김창규, 강현, 전광호, 박정민, 이경희, 김형균, Paran Haslett, 박혜은, 김성만, 전병철, 서기순, 백지만, 임환억, 박철순, 김슬기, 최선희, 서지명, 권순양, 김지영, 정재이, 정현숙, 김동일, 한운경, 박종철, 김노훈, 김민수, 김도경, 김경환, 한수연, 김주희, 정한아, 부산산정산악회, khg1126, junjoolee, 장근석, 이유정, 박종임님, 뉴질랜드 농장이야기 안광훈(Sam), 임미선님, 사회에서 격려해주신 한태희 박사님을 비롯하여 전기학, 고성남, 천은희, 김의식, 양순희, 조재원, 윤대일님, Mandy Lusk, Alisdair Gribben, 이상용 선생님, 김진규 형님께 다시 한 번 감사드린다. 끝으로 사랑하는 나의 어머니 이송자님과 조카 이보영, 이선영, 김현주, 김현우에게 이 책을 선물한다.

목차 CONTENTS

Part 1. 출국준비

- 16 <<< 01. 뉴질랜드
- 19 <<< 02. 비자 종류 및 발급 방법
- 22 <<< 03. 비자 신청
- 27 <<< 04. 항공권 예약 및 발권
- 30 <<< 05. 준비물
- 36 <<< 06. 짐 꾸리기

Part 2. 출국

- 42 <<< 01. 출국
- 44 <<< 02. 비행기 안에서
- 47 <<< 03. 환승
- 50 <<< 04. 뉴질랜드 공항 입국
- 58 <<< 05. 공항에서 시티, 숙소로 이동

Part 3. 숙소

- 66 <<< 01. 백팩커스 호스텔
- 75 <<< 02. 홈스테이
- 79 <<< 03. 플랫
- 82 <<< 04. 렌트

Part 4. 초기생활

- 88 <<< 01. 은행
- 94 <<< 02. 전화
- 97 <<< 03. 인터넷
- 100 <<< 04. 대중교통

Part 5. 일상생활

- 108 <<< 01. 음식
- 118 <<< 02. 쇼핑
- 123 <<< 03. 문화
- 129 <<< 04. 여가
- 133 <<< 05. 우체국
- 135 <<< 06. 미용실

137 <<<　07. 병원 & 약국
141 <<<　08. 중고차

Part 6. 친구 & 영어
148 <<<　01. 친구 사귀기
154 <<<　02. 영어 공부하기

Part 7. 일자리
162 <<<　01. 준비
163 <<<　02. 도시 일자리
168 <<<　03. 농장 일자리
179 <<<　04. 우프

Part 8. 여행
184 <<<　01. 여행 정보 & 교통
192 <<<　02. 여행 계획
194 <<<　03. 오클랜드
199 <<<　04. 크라이스트처치
203 <<<　05. 추천 여행 코스

Part 9. 문제상황
214 <<<　01. 길을 잃었을 때
216 <<<　02. 물건을 잃어버렸을 때
221 <<<　03. 교통사고가 났을 때
224 <<<　04. 불이 났을 때

Part 10. 귀국
228 <<<　01. 세금 환급
230 <<<　02. 항공권 체크
231 <<<　03. 짐 정리
232 <<<　04. 출국

부록
키위 잉글리시
마오리어
주요 도시별 지도

알찬 뉴질랜드 생활을 위한 10계명

1.... 인생은 아름답다

지금까지 살아온 생활습관이나 삶에 변화를 준다는 것은 결코 쉽지 않은 일이다. 살아가는 동안 수많은 기회들이 지나가지만 잡을 수 있는 기회 또한 그리 흔치 않을 것이다. 뉴질랜드를 다녀와서 5년, 10년 뒤 어떻게 변할 것인가 상상해본 적이 있는가? 반대로 뉴질랜드에 가지 않고 지금의 모습 그대로라면 만족할 수 있겠는가? 당장 직장을 그만둔다면? 뉴질랜드를 다녀온 후 지금 대우받는 정도의 직장을 구할 수 있을까? 남들보다 나이가 많은데? 뉴질랜드에서의 체류비용은 어떻게 하지? 지금 자신의 환경을 바라본다면, 현실적인 문제에 부딪힐 수밖에 없다. 현실을 부정하는 건 아니지만 환경만 바라본다면 더 이상의 발전을 기대하기 어렵다. 환경은 항상 변하게 마련이고 좋아질 수도, 더 나빠질 수도 있다. 갈까 말까 갈등하는 시간을 보내기보다 어떻게 하면 갈 수 있을까라는 관점에서 고민하는 것이 중요하다.

생각은 결심이고 행동은 결단이라는 말이 있듯 한 번뿐인 아름다운 여러분의 인생을 위해 변화를 두려워하지 말고 결단하고 행동하면 좋겠다. 뉴질랜드로 떠나기로 마음먹었다면 "나는 내가 좋다.(I like myself.)"는 자신으로 스스로에게 항상 긍정적인 선물을 주었으면 하는 바람이다.

2.... Why New Zealand?

많은 학생들이 연수받기 좋은 지역이나 학교를 추천해달라고 하는데 30초간 눈을 감고 양팔을 벌린 상태에서 한쪽 발을 들어 보라. 균형이 잘 잡히지 않을 것이다. 이번에는 눈을 뜨고 똑같은 자세를 취한 채 조금 전과 어떤 차이가 있는지 느껴보라. 보이는 게 없으면 균형을 잡지 못하고 흔들릴 수밖에 없듯 이 뉴질랜드에 가는 Why가 분명하지 않으면 시간을 낭비 하는 것과 마찬가지일 수 있다.

무작정 좋은 어학연수 학교를 찾지 말고 왜 뉴질랜드에 가는지, 뉴질랜드에서 어떤 경험을 쌓고 무슨 일을 하고 싶은지, 자신에게 먼저 물어보자. 인생은 기록의 역사이듯 꿈과 목표를 설정한 후 내가 해보고 싶은 것, 배우고 싶은 것, 가고 싶은 곳, 갖고 싶은 항목을 적고 거기에 날짜를 부여한다면 나만의 멋진 인생을 기록해나갈 수 있을 것이다.

3. 자립하라

여권을 만드는 것부터 시작해서 해보지 않았던 새로운 일에 대한 걱정, 두려움이 생기는 것은 너무나 당연하다. 지금까지 "하지 마라" "안 돼" "할 수 없다"는 부정적인 말을 너무 많이 듣고 살아와서 스스로 선택하고 결정한 것을 쉽게 포기해버린 경험이 있을지도 모르겠다. 두려움이 생기는 이유는 그 분야에 대한 지식이나 경험이 없기 때문이다. 그렇다면 어떻게 해야 할까? 부딪쳐서 경험을 쌓든지 아니면 학습을 통해 간접 경험을 쌓아나가야 한다. 뉴질랜드 생활의 좋은 동반자로 "뉴질랜드에서 홀로서기"를 곁에 두고 지속적인 배움을 통해 생활의 즐거움을 느꼈으면 한다.

지금까지 부모님의 도움으로 지내왔다면, 뉴질랜드로 떠나기로 마음먹은 이 순간부터는 '나는 할 수 있다'는 마음가짐과 스스로에게 책임을 지는 자세, 자신과의 신뢰 있는 약속으로 자립의 기쁨을 맛보길 바란다.

4. 두 가지 건강을 지켜라

WHO가 정의한 건강의 4대 조건은 육체적, 정신적, 사회적, 영적인 건강이다. 그만큼 건강이 육체와 사회, 그리고 영적으로 미치는 영향이 대단하다고 할 수 있는데, 뉴질랜드 생활에서도 신체적 건강과 재정적 건강이 무척 중요하다.

먼저 신체적 건강을 위해 균형 잡힌 식사를 하고 적절한 운동으로 스트레스를 해소한다. 건강을 잃으면 아무것도 의미가 없으니 규칙적인 생활을 통해 자기관리를 엄격하게 하자. 만약 개인질병으로 약을 먹어야 한다면 진단서 또는 의사소견서를 지참하고, 이가 아프다면 최소한 출국 한 달 전에 치과 진료를 완벽하게 받도록 하자. 또한 자외선이 강하기 때문에 적절한 자외선 차단제 사용 및 선글라스나 모자 착용으로 피부를 보호한다.

뉴질랜드에서 건강상의 문제가 생기면 일단 먼저 가까운 곳에 있는 GP(가정의)를 찾아가 상담을 받고 만약 긴급을 요하는 '화재, 경찰, 구급(앰뷸런스)'의 경우 111번을 머릿속에 기억해두자.

두 번째 재정적 건강을 위해 가계부 작성을 습관화하는 것이 좋다. 뉴질랜드 달러를 한국 원화로 환산하면 뉴질랜드 물가가 상당히 비싸게 느껴져서 버스를 타기조차 부담스러워진다. 로마에 가면 로마의 법을 따르는 법. 무조건 아낄 것이 아니라 뉴질랜드 달러와 물가에 맞춰 생활하고 각종 할인혜택을 찾아 이용하도록 하자.

특히 카지노나 사행성 오락으로 재정적 건강을 잃지 않기를 바란다. 한 번쯤은 괜찮겠지, 주변에서 얼마를 벌었다던데 등등 호기심으로 혹은 재미 삼아 카지노를 가거나 펍에서 머신을 돌리다 보면 절제가 부족한 경우 휩쓸리기 쉽다. 반드시 기억할 것은 세상에는 공짜가 없다라는 사실이다. 공짜라고 생각한 부분도 그만한 대가를 치러야 한다는 걸 명심 또 명심하라.

한국인의 정서로, 한 번 대접받으면 다음에는 내가 사야 한다는 부담감이 생긴다. 객지에서 다들 빠듯한 살림인지라 더치페이를 원칙으로 하는 것이 서로에게 부담이 적다. 아무리 친한 사이더라도 금전거래는 하지 않는 것이 좋지만 부득이한 경우에는 스스로 신뢰가 깨지지 않는 범위를 원칙으로 정하는 것이 필요하다.

5.... 타잔이 되어라

'타잔' 하면 어떤 모습이 떠오르는가? 나뭇잎으로 만든 팬티만 입고 정글을 누비는 타잔은 결코 자신의 모습을 부끄러워하지 않는다.

일자리를 위해 인터뷰하던 날, 사장 맨디와 나눴던 대화다.

"사장님, 저는 영어를 잘 못합니다."

"괜찮으니 걱정하지 마라. 나도 한국말을 할 줄 모르니 너랑 나랑 같다. 지금부터라도 주변에 잘하는 친구에게 가르쳐달라고 해서 배워라."

영어가 모국어가 아니기 때문에 못하는 것은 당연하다. 그렇다고 자기합리화만 하고 있을 수는 없다. 사람의 언어를 따라하고 연습하던 타잔처럼 자존심을 버리고 정직하게 자기 수준을 파악해서 연습하고 또 연습하자. 또한 타잔이 넝쿨을 이용해서 즐겁게 정글을 누비고 다니듯이 뉴질랜드는 영어의 완전한 학습장이라는 사실을 명심하고 영어를 즐겨보자. 뉴질랜드에서 영화를 보던 어느 날, 주인공의 대사가 머릿속에서 가슴속으로 느껴졌을 때의 그 기쁨은 맛보지 않으면 알 수 없다. 영어에 대한 부담감이 있다면 출국 전 남은 시간 동안 최선을 다해 준비하자. 자신감이 생길 것이다.

6.... 막연한 생각을 버려라

'가면 어떻게 되겠지, 까짓 것 이판사판인데'라는 말에도 나름 일리가 있다고 생각한다.

다만 부딪히고 경험을 쌓아가는 과정 중에 목표의식이 없다면 그만큼 더 많은 시간이 걸리게 되고 막연한 결과조차 없을 때 오는 실망감은 이루 말할 수 없다.

디지로그(digilog: digital+analog)와 아이덴터티Identity를 추구하는 시대를 살아가는 여러분이 막연한 생각을 가지는 것보다 자신만의 꿈과 목표를 설정해서 나간다면 반드시 더 좋은 결과들을 만들어낼 수 있고, 어려움에 봉착할 때마다 자신만의 Why

를 찾아본다면 다시 도전할 힘이 생길 것이다.

Why did I choose New Zealand?(왜 뉴질랜드라는 나라를 선택했을까?)
What did I give up to come to New Zealand?(뉴질랜드에 오기 위해 무엇을 포기했는가?)
Why did I come to New Zealand?(왜 뉴질랜드에 왔을까?)

**7....
접속과
공유의
시대를
즐겨라**

지금이 접속과 공유의 시대라고 하듯 친구를 많이 사귀는 방법 중 하나는 그들의 문화를 이해하고 함께 즐기는 것이다. 뉴질랜드인들은 모험심이 강하고 럭비와 크리켓을 좋아하며 번지점프나 극한에 도전하는 익스트림, 각종 해양스포츠를 즐긴다.
내가 만났던 키위 친구들은 럭비를 무척 좋아해서 럭비 이야기를 하면서 자연스럽게 친해질 수 있었다. 또한 한국의 좋은 문화를 공유하고 여행 정보를 알려주는 것도 좋은 방법이다.
친구들에게 한국 문화와 한글을 가르쳐주고 가끔 초대해서 한국 음식도 대접해 보자.

**8....
세포와
근육으로
대자연의
아름다움을
느껴라**

세포와 근육을 열고 세계에서 가장 아름다운 나라 뉴질랜드를 직접 느껴보기 바란다. 일이 제대로 풀리지 않을 때 여행을 떠나보는 것도 좋다. 뉴질랜드는 여행하기에 최고의 조건들을 두루 갖추고 있다고 해도 과언이 아닐 정도로 여행 인프라가 잘 구축되어 있다. 만약 혼자 여행을 떠날 경우에는 중간 중간 친구나 가족에게 자신의 거취와 안부를 알리는 것이 안전한 여행을 위한 필수사항이다.

9. 계란으로 바위를 쳐라

뉴질랜드에는 일자리가 적고 타지에서 공부와 일을 병행한다는 것 자체가 불가능하다고 말하는 경험자들도 있다. 두 가지를 성취하는 사람들이 확률적으로 그리 많지 않다고 말하는 그들의 주장이 나름대로 설득력 있다고 생각한다. 과연 일과 영어를 병행하는 것이 현실적으로 불가능하기만 할까?

"아니다."

철저하게 자기관리와 시간관리를 한다면 두세 가지 일도 분명히 할 수 있다고 감히 말하고 싶다. 계란으로 바위 치기가 무의미하고 무모한 도전처럼 보이지만 어려운 환경을 극복해나가는 과정에는 자기 자신과의 싸움이 70%, 환경적인 요인이 30%라고 생각한다. 꿈과 목표에 초점을 맞추고 노력해간다면 가능한 일이다. 하지만 그냥 되는 것이 아니라 대가를 지불해야 한다는 걸 명심하면 좋겠다. 산토끼들은 천적으로부터 도망가기 위해 여러 개의 굴을 파고 항상 준비한다. 지금부터 준비한다면 못할 것도 없지 않겠는가?

Why not you! You can do it!

10. You can do anything

무슨 일을 하든 어떤 생각을 가지든, 새로운 일을 시작함에 있어 attitude(태도, 마음가짐)는 무척 중요하다. Attitude라는 단어의 알파벳을 조합해보면 100이라는 숫자가 나온다고 한다. 자신만의 Attitude를 멋지게 만들어보자. 여권 하나 만들 줄 몰랐고 비행기 환승도 두려워하던 나도 뉴질랜드 친구들을 사귀고 다양한 경험을 하면서 뉴질랜드에서의 생활을 즐기고 돌아왔다. 지금 이 책을 읽고 뉴질랜드로 떠나기로 마음먹은 여러분은 분명 나보다 훨씬 나은 분들이고 더 멋진 경험들을 할 수 있을 것이다.

뉴질랜드에서
홀 로 서 기
SURVIVAL
ENGLISH

Part 1
출국준비

01. 뉴질랜드

뉴질랜드는 어떤 나라?

뉴질랜드를 발견한 네덜란드 탐험가 아벨 타스만Abel Tasman, 미개척지에 지도를 만들고 1769년 기스본Gisborne에 첫발을 내디딘 제임스 쿡James Cook 선장, 1893년 여성 참정권이 세계 최초로 주어진 나라, 1908년 원자 분리에 성공해서 노벨화학상을 받은 E. 러더퍼드Ernest Rutherford, 1953년 세계 최초로 에베레스트 정상에 오른 에드먼드 힐러리Edmund Hillary, 세계에서 마지막 남은 지상 낙원, 무지개가 아름다운 나라, 레포츠의 천국, 뉴질랜드 국가대표 럭비팀 올블랙All Black, 폴리네시아인 마오리키위Maori, 한국전에 참전한 동맹 국가, 양들의 천국, 수돗물을 그냥 마시는 청정국가, '반지의 제왕' 촬영지… 이곳이 바로 뉴질랜드다.

뉴질랜드 국기

New Zealand

뉴질랜드

뉴질랜드는 1950년 한국전쟁에 약 4,600명의 뉴질랜드 군인들을 파병해준 동맹국이다. 현재 한국은 뉴질랜드의 6대 수출국이며 5대 관광객 보유국이자 3대 유학생 보유국이다.

국가명
정식 국명은 뉴질랜드 New Zealand 이며 마오리족은 '아오테아로아' Aotearoa(길고 하얀 구름의 나라)라고 부르기도 한다. 뉴질랜드 국민들을 흔히 키위라고 부르는데 정식 명칭은 New Zealander다.

인구
2011년 기준으로 대략 440만 명. 계속 증가하는 추세이며 전체인구 중 여성이 51%, 마오리 원주민이 14%다. 2007년 기준으로 53.1%의 인구가 오클랜드, 해밀턴, 웰링턴, 크라이스트처치 같은 주요 도시에 살고 있으며 남섬의 인구가 처음으로 100만 명을 넘었다.

면적과 지리
전체면적: 270,534km²(남한의 약 2.7배). '얼음의 섬'이라 불리는 남섬과(15.1km²)과 화산이 많아 '불의 섬'이라 불리는 북섬(11.6km²), 크고 작은 군도로 이루어진 섬나라다. 전국토의 29%가 산림지역이다.

정치
뉴질랜드는 1907년 9월 26일, 영국으로부터 자치령 지위를 획득했다. 현재 영국 여왕 엘리자베스 2세가 국가원수이며 명목상 최고지도자인 총독은 아난드 사티아난드 Anand Satyanand, 38대 총리는 존 키 John Key다. 영국식 의원내각제를 채택하고 있으며 수도는 웰링턴이다.

종교와 언어
종교: 성공회, 기독교, 가톨릭
언어: 영어, 마오리어

시차
10월~3월: 4시간 빠르다.
(서머타임 적용)
4월~9월: 3시간 빠르다.

★ 뉴질랜드 국립도서관
www.natlib.govt.nz
★ 인구통계청
www.stats.govt.nz
★ 뉴질랜드 관광청
www.newzealand.com

날짜	국경일
1 January	New Year's Day
6 February	와이탕이 조약 기념일(Waitangi Day)
부활절 전주 금요일	성금요일(Good Friday)
부활절 다음 주 월요일	부활절(Easter Monday)
25 April	오스트레일리아. 뉴질랜드 전쟁 협정기념일(Anzac Day)
June(초)	여왕탄생일(Queen's Birthday)
October(중순경)	노동절(Labour Day)
25 December	크리스마스(Christmas Day)
26 December	크리스마스 선물의 날(Boxing Day)

날짜	지역
15 January	남섬
22 January	웰링턴
29 January	오클랜드 및 북섬, 넬슨
12 March	타라나키
19 March	오타고
29 October	혹스베이, 말보러
3 December	웨스틀랜드
17 December	캔터베리

★ 지역축제일은 지역 사정에 따라 변경 될 수 있다.

키위 Kiwi

New Zealander란 뉴질랜드 국민 전체를 일컫는 말이고 키위는 '뉴질랜드 사람'을 부르는 애칭이다. 세계대전에 참전했던 오스트레일리아 병사들이 뉴질랜드 병사들을 뉴질랜드 고유의 날개 없는 새를 인용해서 키위라고 부르기 시작한 것이 오늘에까지 이르렀다. 키위는 인종과 상관없이 뉴질랜드가 태생인 사람을 가리킨다. 마오리도 뉴질랜드에서 태어난 사람이면 마오리키위다. 중국 사람도 한국 사람도 뉴질랜드에서 태어나 자랐으면 키위라고 통칭한다. 키위에는 '뉴질랜드 사람' '키위 새'라는 뜻 이외에도 두 가지 뜻이 더 있다. 바로 키위 새와 닮았다고 이름 붙여진 과일 '키위'와 키위 새가 새겨진 뉴질랜드 동전 '키위'가 그것이다.

★ 기상정보
www.metservice.com
남섬 지역 겨울철 기후는 남극에서 불어오는 강한 바람으로 기온이 크게 떨어지고 눈이 내리는 등 한파 가능성이 많기 때문에 이점에 유의한다.

주요 도시 월별 최고/최저 기온 & 해 뜨는/지는 시간

지역	기온 (℃)	봄 (9,10,11월)	여름 (12,1,2월)	가을 (3,4,5월)	겨울 (6,7,8월)
베이 오브 아일랜드	최고	19	25	21	16
	최저	9	14	11	7
오클랜드	최고	23	20	15	18
	최저	11	15	12	8
로터루아	최고	17	24	18	13
	최저	7	12	9	4
웰링턴	최고	16	21	17	13
	최저	10	14	11	11
크라이스트처치	최고	17	22	17	11
	최저	7	12	7	1
퀸스타운	최고	16	22	16	10
	최저	5	10	6	1
더니든	최고	9	15	17	14
	최저	2	7	8	7
해 뜨는 시간		06:00	05:30	06:00	08:30
해 지는 시간		18:30	20:30	18:30	17:00

02. 비자 종류 및 발급 방법

방문 비자 Visitor's Visa

3개월간 체류할 수 있는 방문 비자는 뉴질랜드에 입국한 후 공항 입국 심사대에서 받는데(방문 허가Visitor permit), 방문 목적이 명확해야 한다. 목적이 명확하지 않거나 짐이 너무 많거나(취업 오인) 왕복항공권이 없는 경우, 입국이 거부될 수 있다. 방문 비자 연장은 뉴질랜드 내 이민국에서 최대 9개월까지 가능하다.

★ 방문비자 입국 시 비자 특성에 맞는 숙소를 사전에 예약하고 여행 계획서 등을 작성해야 입국을 거부당하지 않는다.

★ 방문 목적
단기 비즈니스
여행/휴가
가족방문/사회 행사 참여
아마추어 스포츠 행사 참여

방문 비자 연장 시 준비물
- ★ 비자신청폼
- ★ 비자신청비
- ★ 여권
- ★ 여권용 사진(최근에 찍은 것):비자신청 폼, 신체검사 시 필요
- ★ 왕복오픈항공권(복사본)
- ★ 숙박증명서
- ★ 은행잔고증명서(복사본):
  한 달 기준 N$1,000 이상
  (ex: 3개월 연장 시 N$3,000 이상)
- ★ 신체검사
  뉴질랜드 체류 6개월 이상: 엑스레이
  뉴질랜드 체류 1년 이상
  풀 메디컬체크, 엑스레이 포함

워킹홀리데이 비자 Working Holiday Visa

워킹홀리데이 비자(관광취업시증)는 만 18세~30세 이하의 청년들에게 발급되는 1년 복수비자로, 관광 및 3개월 이하 단기취업, 어학연수가 가능하다. 2000년도에는 연간 400명을 추첨해서 선발했는데(평균 1.75 대 1의 경쟁률), 2009년 4월 1일부터 1,800명으로 확대되었다. 2005년 12월 3일 온라인 확대 이전에는 매년 5월, 국내 체류 6개월 이상에 해당하는 사람들에 한해 추첨 후 비자를 발급해주고 발급까지 한 달 보름 이상 걸렸는데,

★ 이민성 정책에 따라 워킹홀리데이 비자 신청기간은 변경될 수 있다. 2010년에는 4월 15일에 모집 발표함.

2006년 모집 정원부터 온라인 선착순 신청으로(매년 4월 1일) 변경되면서 3일 이내 조기 마감되는 사례가 빈번해졌다. 머뭇거리다간 기회를 놓치기 쉬우니 서두르도록 하자.

워킹홀리데이 비자를 발급받으면 1년 이내 뉴질랜드에 입국해야 하며 입국일부터 1년간 뉴질랜드에 체류할 수 있다. 예를 들어 2010년 5월 1일 비자승인을 받으면 2011년 5월 1일까지 뉴질랜드에 입국하면 되고, 2011년 5월 1일 입국했다면 2012년 4월 30일까지가 비자 유효기간이다. 워킹홀리데이 비자 만료 후 뉴질랜드에 더 있고 싶으면 학생 비자로 전환해야 하는데 그럴 경우 추가비용이 든다.

뉴질랜드에 입국한 후 워킹홀리데이 비자를 신청할 수도 있는데 신체검사(풀 메디컬체크full medical chcek, 대략 N$500)를 받아야 한다. 혹 학생 비자를 신청할 때 풀 메디컬체크(NZ1007)를 받았다면 이민성에서 2년 동안 보관하기 때문에 다시 신체검사를 받지 않아도 된다.

학생 비자 Student Visa

★ 2012년 4월 이후 학생비자 신청 시, 1년 이상 공부하는 신청자는 1인당 생활비 잔고가 N$ 15,000로 적용된다.

학생 비자는 NZQA(New Zealand Qualifications Authority)에 등록된 정규 학교 및 어학연수 학교에 3개월(12주 이상) 풀타임full time으로 등록하고 학비를 완납한 사람에 한해 발급된다. 한국에서 발급받을 수도 있고 먼저 뉴질랜드에 방문 비자로 입국한 후 신청해서 받을 수도 있다(뉴질랜드의 총 연수기간이 3개월 미만인 경우에는 학생 비자를 받을 필요 없다). 단 13세 이하의 학생은 가디언의 동반이 없으면 학생 비자가 발급되지 않는다.

NZQA(New Zealand Qualifications Authority)

뉴질랜드의 교육 분야에 관해 전반적으로 심사하고 승인해주는 기관. 이민 신청자의 학력과 자격증 등에 관해 심사하는 국가 학력 심사기관이기도 하다. 즉, 뉴질랜드 이외의 나라에서 대학을 졸업한 경우 그 학위의 레벨을 뉴질랜드 학위와 비교분석하고 객관적인 데이터에 근거해 뉴질랜드에서 어느 레벨의 교육을 이수한 것과 같은지 심사한다. 현재 우리나라의 대학 중 41개의 대학이 NZQA 심사의 면제대상 대학이다.

가디언 비자 Guardian Visa

미성년자를 보호하기 위해 제정한 비자로, 유학생(17세 이하)의 학생 비자 유효기간 동안 가디언 비자를 소지한 부모나 법정 가디언은 자유롭게 뉴질랜드에 드나들 수 있다. 하지만 유학생 자녀를 뉴질랜드에 혼자 남겨두고 출국하면 가디언 비자가 취소되고 재발급 받을 수 없다. 또한 가디언 비자를 방문 비자나 취업 비자로 변경할 수 없다.

> ★ 뉴질랜드 장애인을 위한 정보 사이트
> www.weka.net.nz
> 전화 0800 17 19 81

장기사업 비자 Long Term Business Visa

장기사업 비자는 3년간의 취업 비자로, 뉴질랜드에서 사업체를 설립 또는 인수해 사업하고자 하는 경우에 해당한다. 이민성에서 요구하는, 뉴질랜드에 필요한 비즈니스를 오픈하는 경우, 사업 자금과 신청서 상에 있는 배우자, 자녀를 부양할 수 있는 충분한 자산 증명, 비즈니스 계획서, 영어검정시험 IELTS 4.0 이상의 성적을 제출해야 한다. 비자발급 이후 3년간 비자 연장이 가능하며 영주권을 바로 받을 수 있는 형태의 비자는 아니다.

> ★ 신청요건 및 구비서류
> www.immigration.govt.nz

취업 비자 Work Policy

장기부족직업군 Long Term Skill Shortage List과 단기직업부족군 Immediate Skill Shortage List으로 나누며 비자기간은 6개월에서 3년까지다. 취업 비자는 영주권 취득 시 추가 점수만 주어질 뿐 영주권으로 바로 이어지는 비자는 아니다. 다만 뉴질랜드에서 우선적으로 필요한 직종의 종사자들에게 발급해주는 비자다. (기술이민지원자의 경우 IELTS 6.5 필수)

2012년 4월 기술이민 개정안 시행으로 장기부족 직업군 학과에 등록한다고 해서 자녀학비가 면제되고 배우자에게 취업 비자가 발급되는 것은 아니다. 반드시 레벨7 이상의 장기부족 직업군 학사과정에 등록해야 배우자에게 취업 비자가 발급된다.

> 전자비자: 출력해서 여권과 함께 보관하고 있다가 입국 시 보여주면 라벨비자로 교환 가능하다.

03. 비자 신청

★ 영문 이름은 차후 변경이 불가하니 최초 여권 발급 시 신중하게 정하자.
★ 전자여권제가 시행됨에 따라 여권의 대리 신청이 불가하며 주소지에 관계없이 신청할 수 있다. 단 본인이 직접 신청할 수 없을 정도의 신체적·정신적 질병, 장애나 사고 등이 생겼을 경우 의사의 진단서 또는 소견서를 제출해야 하며 친권자, 후견인 등 법정대리인, 2촌 이내의 친족으로 18세 이상인 사람이 대리 신청할 수 있다.

여권 신청

여권passport은 외국 여행 시 소지자의 국적과 신분을 증명하고 보호를 의뢰하는 공식적인 문서다. 비자를 신청할 때, 출국 및 입국할 때, 환전할 때, 면세점에서 물건을 구입할 때, 은행계좌를 개설할 때, 국제운전면허증을 신청할 때, 차를 임대할 때, 숙소에서 체크인할 때, 뉴질랜드 IRD 번호를 신청할 때 등등의 상황에서 필요하다. 연고지에 상관없이 가까운 구청에 신청하면 2주 이내 발급된다.

여권 신청 시 준비물
★ 여권신청서: 발급기관에 비치
★ 신분증: 주민등록증 혹은 운전면허증
★ 주민등록등본 1통: 지역에 상관없이 각 구청에서 발급
★ 여권용 사진 2장(3.5×4.5): 여권용 컬러 사진, 6개월 이내 촬영한 것

여권 발급기관
★ 서울: 종로구청, 영등포구청, 서초구청, 동대문구청, 노원구청, 강남구청, 마포구청, 구로구청, 송파구청, 성동구청, 중구청, 강북구청, 강서구청, 강동구청, 광진구청, 용산구청, 은평구청, 중랑구청, 관악구청, 금천구청, 도봉구청, 동작구청, 성북구청, 양천구청, 서대문구청
★ 지방: 각 지방 광역시청 및 도청(부산시청 제외)

여권 종류 및 인지대 (국제교류 기여금 포함)

여권 종류	유효기간	수수료	대상
복수여권(PM) (유효기간 중 횟수제한 없이 여행 가능)	10년	55,000원	만 18세 이상 희망자
	5년	47,000원	만 8세 이상
		35,000원	만 8세 미만
	5년 미만	15,000원	국외 여행 허가 대상자, 잔여 유효기간 부여 재발급
단수여권(PS)	1년	20,000원	1회 여행만 가능
여행증명서(TC)		12,000원	1년 이내 1회 사용
기재사항 변경		5,000원	

전자여권 2008년 8월 25일부터 여권을 신청하면 전자여권이 발급되며 바이오정보 수록은 2010년 1월 1일부터 시행된다.

워킹홀리데이 비자 신청

정보 수집 – 비자 신청 – 지역선택 및 출국계획 – 항공권 예약 – 비자 승인(이메일) – 항공권 발권 – 출국

워킹홀리데이 비자를 신청하려면 우선 뉴질랜드 웹사이트에 로그인한 후 워킹홀리데이 신청서 Create New Working Holiday Application를 온라인에서 작성하고 비자신청비를 결제하면 된다. 비자의 이름과 생년월일은 반드시 여권과 동일하게 한다. 또한 범죄사실이 있거나 타국가로부터 입국이 거절된 사실이 있으면 신청 시 반드시 명기해야 한다. 이런 사실이 비자승인 이후 밝혀지면 뉴질랜드에 입국할 수 없다. 비자신청비는 뉴질랜드 달러로 N$140이며 비자카드나 마스터카드로만 결제할 수 있다. 온라인 접수가 끝나면 뉴질랜드 이민성에서 지정한 병원에서 신체검사를 받고 신체검사결과를 뉴질랜드 이민성으로 보낸다. 대략 10일 정도 지난 후 뉴질랜드 이민성 사이트에 들어가면 본인 이름, 여권번호, 비자 종류, 비자 결제, 신체검사결과 서류 도착 유무를 확인할 수 있다. View Visa Details 항목을 클릭해서 비자가 화면에 나오면 출력해서 보관한다.

다른 국가에서 워킹홀리데이 비자를 신청할 때도 온라인상 절차는 동일하다. 단 신체검사를 신청할 때 이민성 사이트에서 각 국가별 Panel Doctors를 확인해야 한다(뉴질랜드에서 신체검사를 받을 때는 모든 병원에서 가능).

★ 비자신청 방법
뉴질랜드 이민성
www.immigration.govt.nz
뉴질랜드이야기 카페
http://cafe.daum.net/newzealand

입국 시 잔고증명은 비자카드나 마스터카드로 대신할 수 있다. 온라인 신청 시 잔고증명을 물어볼 때 YES라고 체크한다.

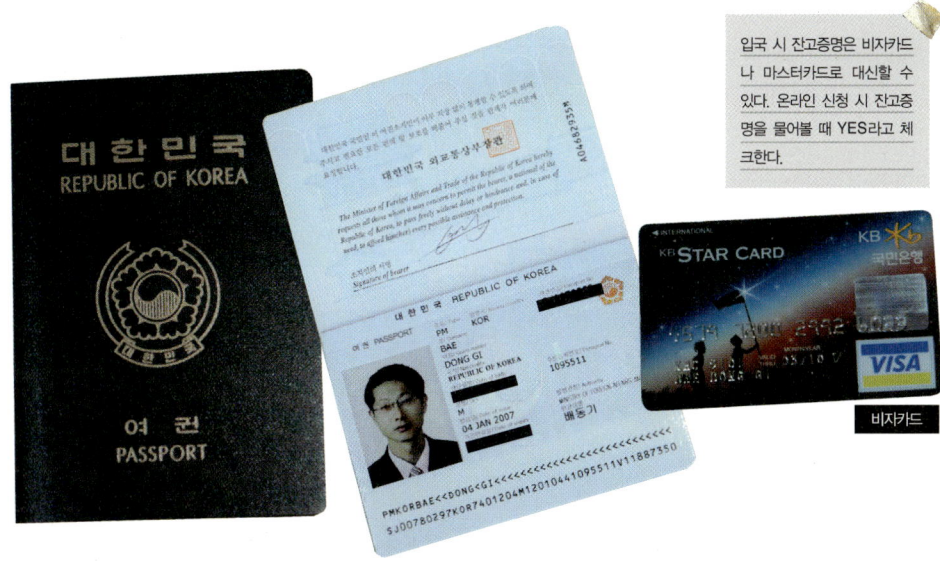

비자카드

신체검사 비용 및 준비물

	비용	준비물	검사 종류
1년 미만 체류자	50,000원	여권, 사진 2매	X-ray 촬영
1년 이상 체류자 (이민 포함)	300,000~ 350,000원	여권, 사진 4매	시력, 소변, 피검사, X-ray, 혈압, 진찰

★ 신체검사
검사결과는 3개월 미만까지만 유효

국내 지정병원

★ 연세세브란스병원 국제진료센터
평일: 오전 9:00~11:00, 오후 1:30~3:30
토요일: ARS 안내에 따라 예약센터로 연결한 후 예약
전화: 1599-1004, 02-2228-5808~9

★ 서울성모병원
평일: 오후 1:00~3:20
토요일(홀수 번째 주): 오전 10:00~11:30
[토요일은 예약 필수, 성인 신체검사만 가능]
전화: 1588-1511, 02-2258-1858

★ 하나로의료재단
평일: 오전 8:30~11:00, 오후 1:00~4:30
토요일: 오전 8:30~11:30
전화: 02-723-7701

★ 부산침례병원
평일: 오전 9:00~12:30, 오후 13:30~17:00
전화: 051-580-1313
부산침례병원(외국인진료센터)의 경우에는 2주 전에 예약할 것.

신체검사 시 유의사항

1. 식사제한은 하지 않으나 과식, 과음은 삼간다.
   (1년 이상 체류를 위한 검사 시 저녁식사 후 금식)
2. 신체 상태가 좋을 때 검사받는 것이 유리하다.
3. 여성의 경우 1년 이상 체류를 위한 검사 시 소변검사는 생리가 완전히 끝난 후 받는 것이 좋으며 다른 검사는 생리와 관계없이 받을 수 있다.
4. 안경이나 렌즈를 착용할 경우 반드시 지참한다.
5. 과거에 폐질환을 앓은 적이 있다면 비교 판독을 위해 과거 흉부 X-선 필름을 가져가고 어린 시절 앓았더라도 폐소견상 흔적이 남아있을 수 있으니 미리 상담하는 것이 바람직하다.
6. 영문 이름은 여권과 동일하게 기재한다.

★ 호주 워킹홀리데이 비자
뉴질랜드 워킹홀리데이 비자와 호주 워킹홀리데이 비자를 동시에 받아두면 두 나라를 자유롭게 왕래하며 일, 여행, 학업을 할 수 있다.
뉴질랜드 워킹홀리데이 비자는 뉴질랜드에 방문 비자로 입국한 후 온라인으로 신청해도 발급 가능하지만 호주 워킹홀리데이 비자는 무조건 호주 밖에서 온라인으로 접수해야 한다.

신체검사결과 보내는 주소

★ 한국에서 보낼 때
주소: Online Applications Immigration New Zealand, Hong Kong Branch Suite 6508, Central Plaza, 18 Harbour Road, Wanchai, Hong Kong
연락처: 852-2877-4488

★ 뉴질랜드에서 보낼 때
주소: Online Applications Working Holiday Schemes Team Po Box 3773, Shortland Street, Auckland, New Zealand

이민성으로 우편물을 보낼 때는 신체검사결과 서류만 보내면 되고 동봉된 걸 열어보면 절대 안 된다.

학생 비자 신청

정보 수집 – 입학 가능 여부 확인 – 학교 신청 및 입학허가서 수령 – 항공권 예약 – 구비서류 준비 – 비자 신청 – 비자 승인 – 항공권 발권 – 출국

한국에서 유학원을 통해 신청하면 시간도 절약되고 다리품도 덜 판다는 장점이 있지만 일부 유학원의 미흡한 현지 정보로 뉴질랜드에 도착한 후 실망하는 사례가 적지 않다. 유학원을 통하든 직접 신청하든 본인이 인터넷이나 뉴질랜드 전문 유학원, 경험자들을 통해 다양한 정보를 수집하는 작업이 선행되어야 한다.

직접 학생 비자를 신청할 때는 가고자 하는 학교나 학원에 입학이 가능한지 먼저 확인하고, 학비를 보낸 후 입학허가서를 받으면 등록금 납부 영수증과 여권, 제반 서류(보험 포함)를 뉴질랜드 대사관에 제출한다. 학생 비자를 발급받기까지는 어느 정도 시간이 걸린다.

방문 비자로 뉴질랜드에 입국한 후 다닐 학교를 정하는 방법도 있다. 무료 수강도 해보고 여러 곳을 둘러보면서 현지 유학원 에이전트와 상담하면 정확하고 다양한 최신 정보를 얻을 수 있다. 간혹 환불을 요구하는 학생들이 있는데 가장 민감한 학비 환불 부분은 학교를 선택하기 전에 학교나 어학원 또는 소개한 유학원에 확인해보는 것이 좋다.

> 필리핀에서 연계연수를 한 후 뉴질랜드에 입국하는 경우가 있는데 저렴한 비용으로 영어의 기초를 다지고 자신감을 키울 수 있는 반면, 뉴질랜드 도착 후 문화적 괴리감에 빠져 적응하기 힘들 수도 있다.

학생 비자 신청서

학생 비자 구비서류

- 신청서 작성(NZIS 1012): 뉴질랜드 이민성에서 다운로드, 뉴질랜드 대사관에 비치
- 여권
- 여권사진 2장
- 이민성 접수비용 N$200: 현금, 자기앞수표, 우편환수표 접수 가능, 계좌이체 및 신용카드 결제 불가능
- 입학허가서
- 등록금 납부 영수증: 뉴질랜드 학교에서 발급한 것으로 원본 또는 뉴질랜드 학교에서 대사관으로 보낸 팩스본 또는 이메일
- 재정증명서: 은행 잔고 증명
- 주거 확인 편지: 18세 이상은 주거 확인 편지를 제출하지 않는 대신 숙박 유지비로 월 N$1,000 이상을 지불하고 있음을 증명해야 한다.
- 신체검사: 유효기간 3년 이내
- 경찰 신원 조회

★비자 결과(여권)를 우편으로 돌려받기 희망하는 경우 동봉
 1) 본인 주소를 적은 반송용 봉투(우편번호 기재)
 2) 등기용 우표 (반송용 봉투에 부착)

지역 선택

뉴질랜드는 북섬의 오클랜드, 남섬의 크라이스트처치 같은 대도시와 왕가레이, 네이피어, 인버카길처럼 인구 4~5만의 그보다 훨씬 작은 소도시들로 구성되어 있다. 대도시에는 소도시에 비해 일자리가 많고 연수 프로그램도 다양해서 학교나 어학연수 학교를 선택할 때 선택의 폭이 넓지만 물가가 비싸다. 소도시의 경우, 분위기는 평온하지만 학교 선택의 폭이 좁고 교통 및 각종 편의시설이 불편하고 지루하다고 느낄 수 있다. 처음에는 대도시에서 영어연수나 일을 한 후 정보를 얻어 소도시 쪽으로 이동하는 것이 좋다.

웰링턴

오클랜드

크라이스트처치

더니든

04. 항공권 예약 및 발권

뉴질랜드 항공권은 유효기간이 편도, 3개월, 1년으로 나눠지며 뉴질랜드의 국제선 취항도시는 오클랜드, 웰링턴, 크라이스트처치다. 소도시의 경우, 현지 국내선으로도 갈 수 있지만 국내선 요금보다 육로가 더 저렴해서 최종 목적지가 소도시인 사람들은 보통 대도시로 입국한 후 육로로 이동한다.

출국날짜와 체류기간, 도착도시가 정해지면 미리 항공권을 예약하는 것이 좋다. 성수기에는 원하는 날짜에 항공권을 구하기가 어려울 수 있고 성수기와 비수기의 요금 차이도 크다. 항공권이 많은 여행사일수록 다양한 일정을 갖고 있고 그룹 발권을 할 때 함께 이용할 수 있어 선택의 폭이 넓다. 예약 후 발권 전(구입 전)까지 수수료 없이 변경 및 취소할 수 있으니 좌석이 있을 때 먼저 예약을 해두고 본인의 상황에 맞게 발권하자. 항공사의 요금과 조건 때문에 고민된다면 각기 다른 항공사별로 예약을 해두고 나중에 결정해도 된다.

★ 발권 시한은 예약 후 확인할 수 있으며 요즘에는 사전 구입을 해야 하는 항공권이 많아지고 있다. 물론 비자나 기타 상황으로 발권이 늦어질 경우 미리 여행사와 상의해서 예약을 변경하는 것이 좋다.
★ 평균 이상으로 저렴한 항공권은 사전에 규정을 반드시 알아보도록 하자.

★ 예약 시 필요사항
여권과 동일한 영문 이름
출발날짜와 도착도시
체류기간

항공사별 대략적인 평균요금(왕복)

항공사	콴타스항공 (QF)	일본항공 (JL)	대한항공 (KE)	캐세이패시픽 (CX)	에어뉴질랜드 (NZ)	싱가폴항공 (SQ)
1년 오픈, 비수기	1,023,800원	105~135만 원	150~160만 원	95~105만 원	110~120만 원	120만 원
1년 오픈, 성수기	1,202,000원	125~155만 원	170~190만 원	115~125만 원	140만 원	130~135만 원
성수기	7/17~8/15 12/16~2/28	7/1~8/31 12/24~2/13	7/19~8/4 12/16~2/28	7/15~8/15 12/1~2/6	7/19~8/2 12/18~1/31	7/1~8/15 12/1~2/28
스톱오버	가능	가능	불가	가능	불가	가능
스톱오버 도시	도쿄/마닐라/홍콩/방콕/싱가포르/호주 내 도시	오사카/도쿄 오클랜드 (크라이스트처치 출국)	–	홍콩	–	싱가폴
스톱오버 비용	왕복 중 1회 무료 2회 5만 원	왕복 중 1회 무료 (14일 이내)	–	왕복 중 1회 무료	–	왕복 중 1회 무료
날짜 변경	1회당 5만 원+서비스비 (A$40~80)	첫 예약 무료 추가 변경 시 서비스비 부과	변경 무료 서비스비 부과	1회당 7만 원+ 서비스비 부과	변경 무료 서비스비 부과	변경 무료 서비스비 부과

★항공사별

1) 콴타스항공 – 요금이 저렴. 동남아와 호주 스탑오버가 가능하기 때문에 연계 연수를 원하는 승객에게 적합하다.

2) 일본항공 – 일본에서 스탑오버 가능. 남, 북섬에 체류하는 승객 모두에게 적합하다.

3) 대한항공 – 국적기 마일리지가 적립된다. 뉴질랜드까지 직항이다.

4) 캐세이패시픽 – 항공 요금이 저렴하다. 홍콩에서 스탑오버로 마카오까지 여행할 수 있다.

5) 에어뉴질랜드 – 워킹홀리데이 비자 소지자에게 3개월 티켓을 1년 항공권으로 발권해준다. 다양한 경유지에서 스탑오버할 수 있다.

6) 싱가폴항공 – 아시아나 마일리지를 적립할 수 있다. 고객 선호도가 높은 항공사이다.

*항공사별로 소지한 비자 타입이나 나이 제한에 따라 요금에 차이가 있을 수 있다.

*각 항공사별로 NOSHOW(예약 후 미탑승)의 경우, 수수료가 부과되며 항공

권 이용이 불가할 수 있다.
*위의 정보는 항공사의 요금 정책에 따라 수시로 변경될 수 있다.

★뉴질랜드까지 소요시간
- ▶콴타스항공: 18시간 15분 가량(시드니 경유 시간(최대 4시간 5분) 포함)
  (콴타스 항공 부산 출발 시: 14시간 50분 가량(도쿄, 시드니 경유))
- ▶일본항공: 18시간 20분 가량(도쿄 경유 시간(약 2시간) 포함)
- ▶대한항공: 11시간 20분 가량
- ▶캐세이패시픽항공: 17시간 40분 가량(홍콩 경유시간(약 3시간 10분) 포함)
- ▶에어뉴질랜드항공: 15시간~19시간 40분 가량(오사카 경유시간(2시간 55분) 포함)
- ▶싱가폴항공: 22시간 45분 가량(싱가폴 경유(약 6시간 50분) 포함)

*각 항공사별 항공편 또는 사정에 따라 다소 차이가 있을 수 있고 1박 하는 경우에는 최대 38시간 이상 걸리기도 한다.

스톱오버 Stopover

경유지에서 24시간 내 출발하지 않고 체류하는 것. 경유지에서의 여행을 위해 스톱오버를 계획하고 있다면 항공권 예약 시 추가요금을 지불하고 예약한다. 항공권 하나로 두 나라를 여행할 수 있다. 스톱오버할 국가가 무비자 국가가 아니라면 별도의 비자를 발급받아야 한다. 항공사 스케줄 때문에 어쩔 수 없이 체류하는 경우에는 항공사에서 1박을 위한 숙박권을 제공한다.

05. 준비물

★ 뉴질랜드 중앙은행(RBNZ)
www.rbnz.govt.nz

신용카드

환전

뉴질랜드 화폐 단위는 뉴질랜드 달러(N$)이고 보조 단위의 100센트는 N$1다. 지폐로는 N$5, N$10, N$20, N$50, N$100가 있으며 10센트, 50센트, N$1, N$2 동전을 사용한다. 뉴질랜드 지폐도 호주 지폐와 마찬가지로 폴리머라는 플라스틱 재질로 만들어져 내구성이 강해 쉽게 찢어지지 않고 청결성이 뛰어나다. 하지만 한번 접히면 잘 펴지지 않거나 불에 약하다는 단점이 있다. 1달러는 한화로 약 900~930원 정도.

뉴질랜드 여행자 수표가 국내에서 더 이상 발행되지 않으므로 돈은 한꺼번에 환전하지 말고 현지 도착 후 당장 쓸 만큼(대략 N$500)만 환전하고 나머지는 현지 계좌를 개설한 후 송금받는다. 혹은 국내 계좌에 돈을 입금해 놓고 해외 직불카드나 신용카드를 사용해서 결제해도 된다.

고액의 금액을 환전하는 사람들은 공항 환전소를 피하도록 하자. 환율을 낮게 적용받아 상대적으로 손해다. 자신이 거래하는 은행의 인터넷 뱅킹으로 인터넷 환전을 하면 수수료를 절감할 수 있고 함께 출발하는 사람이나 동호회 모임 사람들과 공동구매로 환전해도 환율 우대를 받을 수 있다. 간혹 어떻게 환전해야 할지 몰라 미국 달러로 바꾼 후 현지에서 다시 뉴질랜드 달러로 바꿔 이중, 삼중 수수료를 부담하는 사람들이 있는데, 바로 뉴질랜드 달러로 환전하면 된다..

대략적인 물가

분류	품목	가격
식료품	쌀(호주쌀 기준) 25kg	N$60~70
	한국 농협쌀 20kg	N$105
	고추장 3kg	N$28~34
	김치 10kg	N$65
	식빵 700g	N$4.48~
	감자 2.5kg	N$6.98~
	냉동 채소	N$4.50~
	양파 1.5kg	N$3.28~
	코카콜라 1.5l	N$2.19~
	요플레 6팩	N$5~
	올리브오일 500ml	N$6.49~
	토마토케첩 560g	N$6.50
	우유 2l	N$4.5~5
	소고기 1kg(스테이크)	N$16.49~44.99
	돼지고기 1kg(등심)	N$21.99~
	닭고기 가슴살 kg당	N$24(정육점별/시기별 편차가 심함)
	닭고기 1마리	N$6.5~7
	계란 1판(30개)	N$7~8 (Free range N$20 가량)
	라면 신라면 1개	N$1.3
	사과(Fuji) kg당	N$3.5~4.5
	바나나 한 손	N$2.5~5.0
	햄버거 음료수, 감자튀김 세트	N$7.5~8.5
	피자 수퍼 수프림 1판	N$6.49~
	양파과자 150g	N$2.19
술	Lion Red 330ml 12팩	N$18.99~
	Grolsch 330ml 12팩	N$19.99~
	Export Gold 330ml 12팩	N$29.99~
담배	20개비	N$14.50~
세면용품	니베아 바디로션 400ml	N$7.5~
	도브 비누 4팩	N$7.5~
	치약 120g	N$2~4
	칫솔	N$1.50
	샤워젤 375ml~	N$4~6
교통	휘발유 무연 보통	N$2.079
	휘발유 무연 고급	N$2.199
	경유	N$1.69
	엔진오일 교환(일반 승용차)	N$70
	버스 요금 구간	N$0.5~10.3
	택시 요금 시내	공항-시내 N$60~70
통신	휴대전화	N$12.0+GST(플랜별 다름)
	인터넷 (집전화+인터넷 95GB+GST)	N$129.95~
주거	오클랜드 플랫 주당	N$180~240(1인당)
	크라이스트처치 플랫 주당	N$120~150
	아파트 임대 주당	N$200~350
	홈스테이 주당	N$180~300
미용 문화비	이발비, 미용실(컷)	N$40 내외(키위 N$70~100)
	영화 관람료 (성인)	N$15(화요일 무비데이 N$12)
의복	남성면바지	N$29~
	남성청바지	N$29~
	여성청바지	N$29~850
	내의	N$40
	가디건	N$200

* 각 브랜드/지역/상점에 따라 차이 있음

★ 뉴질랜드에서는 가장 작은 화폐 단위인 1~5센트 동전이 없어지면서 4사5입 방식인 스웨덴식 끝전처리 제도로 절상 또는 절사 처리한다. 예를 들어 N$10.7는 N$11, N$10.4는 N$10으로 처리된다.

★ 뉴질랜드에서는 1개월 기준 최소 생활 유지비를 N$1,000 정도로 규정하고 있다. 현금 없이 신용카드만 소지한 채 방문할 숙소나 홈스테이, 친지 연락처를 모르는 경우 입국 거부되는 사례가 종종 있다.

국제직불카드

최근에는 안정성, 경제성을 따져 해외 직불카드를 많이 가져가는데, 직불카드는 본인이 주로 거래하는 은행에 가서 통장을 개설하면 즉시 발급해준다. (앞면 상단 INTERNATIONAL 또는 뒷면 cirrus 마크 반드시 확인). 통장에 입금된 돈은 현지 ATM(cirrus 마크 부착 확인)에서 뉴질랜드 화폐로 즉시 인출할 수 있고, 뉴질랜드 가맹점에서 물품을 구매할 때도 직불카드로 사용할 수 있다. 일부 직불카드는 현금인출만 가능하고 가맹점에서 사용할 수 없으니 출발 전에 반드시 확인하도록 한다. 전신료, 송금 수수료, 해외은행 수수료 등이 발생하는 송금에 비해 상대적으로 수수료 절감 효과를 얻을 수 있다. 해외 이용 수수료는 U$ 기준이며, 은행마다 현금인출 수수료와 잔액조회 수수료, 가맹점 물품구매 수수료가 다르다. 고액을 인출할 때는 ATM 건당 인출 한도가 정해져 있기 때문에 수수료를 지불해야 할 수도 있다. 이 경우에는 송금을 받아 창구에서 인출하는 것이 유리할지 국제직불카드를 사용하는 것이 유리할지 잘 따져보고 선택하자.

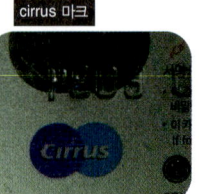
cirrus 마크

★ 국제직불카드 사용 시
건당 수수료+이용금액의 환전 수수료 발생
출금 당시 전신환 매도율(송금할 때 환율) 적용

신용카드

신용카드는 비상시를 위해 하나 정도 가져가는 것이 좋겠지만 직불카드에 비해 수수료 부담이 크기 때문에 자칫 잘못 사용하면 낭패를 볼 수 있다. 비상시라는 전제하에 가져가는 것이 좋다. 종류에는 Master Card, Visa Card, American Express Card, Diners Card, JCB Card 등이 있는데 뉴질랜드에는 비자카드와 마스터카드 가맹점이 많다. 분실 시에는 해당 카드사에 바로 신고해야 불이익을 당하지 않고 보상받을 수 있다.

신용카드 결제 기준은 U$다. 만일 신용카드로 결제한 날 U$1의 가치가 1,400원이었는데 결제되는 당일 U$1이 1,500원이라면 그 차액 10%와 이자를 함께 결제해야 한다. 환가료는 현지 달러(U$ 기준)와 원화 가치에 따라 달라진다. 출국하기 전에 본인의 신용카드 한도와 결제날짜를 확실하게 확인하자.

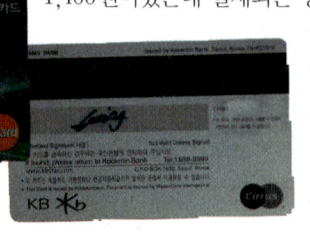

★ 환가료 exchange commission: 환율차액 + 이자
지급일로부터 대금이 결제되기까지 카드사에서 이자로 징수하는 수수료
★ ISA(International Service Assessment) 수수료. 일종의 중개 수수료로 카드사의 전산처리 비용

★ 비자카드
www.visacemea.com
★ 마스터카드
www.mastercard.com

숙박 할인카드

뉴질랜드에서 사용할 수 있는 숙박 할인카드로는 BBH, VIP, YHA 카드가 있다. 카드마다 각종 장거리 교통비 및 국립공원 입장료 할인, 렌터카 할인, 다양한 액티비티 정보 제공 및 할인 등을 받을 수 있는데 할인율이나 혜택이 조금씩 다르다. BBH 카드 가맹점이 VIP나 YHA 카드 가맹점보다 많은 편이고 할인 혜택도 다양하다. 호주 여행을 계획하고 있다면 호주와 뉴질랜드, 양쪽에서 할인받을 수 있는 VIP 카드를 준비하자.

BBH(Budget Backpacker Hostels) 카드(N$45)를 사면 N$20 만큼 공중전화를 사용할 수 있고(한국통화 150분) 숙박 시 N$2~3 정도 할인받을 수 있다. 비가맹점에 비해 가맹점 숙소가 깨끗하고 시티에서 근거리에 있으며, 국제남극센터 10% 할인 등 혜택이 다양하다. 단, 뉴질랜드에서만 사용 가능하다.

YHA(Youth Hostels Association) 카드는 전세계 94개국 6천 개의 호스텔에서 N$2~3 정도 할인받을 수 있다(가맹점에서 최대 15%까지). 가맹점의 시설이 좋은 편이라 성수기에는 예약하지 않으면 방을 구하기 힘들다. 하지만 버스정류장에서 도보로 10~15분 떨어진 호스텔들이 많고 타 숙소에 비해 N$2~3 가량 비싸다는 단점이 있다. 발급비용은 25세 이하 21,000원, 25세 이상 30,000원이며 유효기간은 1년에서 평생회원까지 다양하다.

VIP(VIP Backpackers)카드는 N$1~2의 숙박 할인혜택과 N$5의 무료통화가 주어진다. 가맹점에서 침대 시트와 이불 커버 등이 대부분 무료로 제공되며(N$2) 무엇보다 숙소 정보를 쉽게 얻을 수 있어 미리 숙소를 예약하지 않고 출발할 경우 편리하다. 유효기간은 발급받은 달부터 1년이며 국내 유학원이나 여행사에서 약 36,000원에 구입하면(현지에서 또는 웹사이트를 통해 구입 가능) 숙박 및 할인 안내책자를 준다(키위 익스피어리언스 5% 할인 포함).

★ VIP 카드
www.vipbackpackers.com
★ YHA 카드 뉴질랜드
www.yha.co.nz
(국내) www.kyha.or.kr
★ BBH 카드
www.bbh.co.nz

국제운전면허증 발급

차를 구입하거나 임대할 생각이라면 국제운전면허증을 발급받도록 하자. 뉴질랜드에서 무면허로 운전하다 적발되면 3개월 구금에 N$4,500의 벌금이 부과된다. 국제운전면허증을 분실한 경우 영사관에서 공증을 받고 운전을 할 수 있기 때문에 국제운전면허증이 있더라도 국내운전면허증을 가져가는 것이 좋고(차량 임대 시 국내운전면허증을 요구하는 곳도 있다.) 장기간 운전할 사람들은 뉴질랜드 면허증을 취득하는 것이 바람직하다. 여권, 여권용 사진 1장(3.5×4.5cm), 운전면허증, 수입인지대(7,000원)를 가지고 가까운 운전면허 시험장에 가면 30분 이내 국제운전면허증을 발급받을 수 있다. 유효기간이 발급일로부터 1년이기 때문에 출국 1~2주 전에 발급받는 것이 좋다. 신청 시 국제운전면허증의 영문 이름 스펠링과 여권상 영문 이름 스펠링이 일치하지 않거나 국제운전면허증의 서명과 여권상 서명이 다르면 효력이 발생하지 않는다.

★ 운전면허시험관리단
http://dl.koroad.or.kr
★ 운전면허시험관리단 콜센터
1577-1120

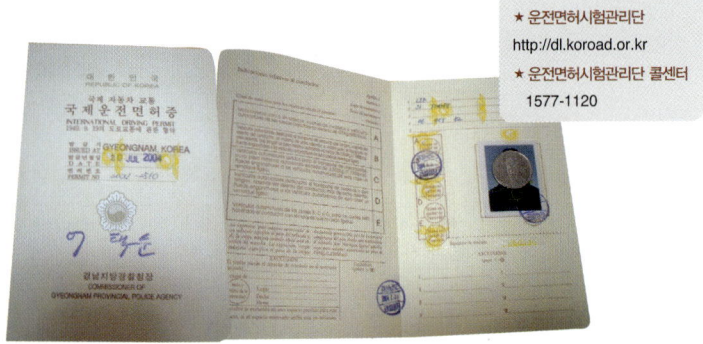

여행자 보험

여행자 보험은 일종의 해외 의료보험이다. 2개월 미만의 해외여행을 목적으로 출국할 사람들은 해외 여행자보험을, 2개월 이상 체류할 사람들은 워킹홀리데이 또는 유학생 보험을 가입하도록 한다. 유학이나 어학연수는 보험 가입이 필수지만 그 밖에는 선택사항이다. 하지만 만약의 경우를 대비해 보험에 가입하는 것이 좋다.

국내에서 가입하는 보험료는 23~30만 원이 적정선이다. 상해 시에는 본인부담금이 없지만 질병으로 병원에 갔을 때는 본인이 10만원을 부담해야 한다. 뉴질랜드 현지보험은 질병이나 상해 시 본인부담금이 없는 대신 보험료가 35~40만 원 이상이다. 평소 병원을 자주 이용했던 반 건강상태 즉 허약체질인 사람들은 혜택 면에서 현지보험을 가입하는 것이 유리하고 그렇지 않은 사람들은 국내보험을 가입하도록 한다. 보험은 보험사나 보험 모집자격을 갖춘 여행사, 유학원을 통해 가입하자.

노트북

노트북의 어댑터가 110~240V 프리볼트면 뉴질랜드에서도 사용할 수 있고 흔히 '돼지코'라고 부르는 삼각형 모양의 플러그(현지 구입 N$ 4 정도)를 끼워 쓴다. 최근에는 플랫이나 홈스테이 중에도 인터넷이 연결되어 있는 곳이 많고 어학연수 학교에서도 선을 연결해 무료로 인터넷을 사용할 수 있다. 한국에서 쓰던 것을 가져가거나 현지에서 귀국 세일하는 저렴한 중고 노트북을 구입하는 것도 좋은 생각이다. 노트북이 있는 사람들은 디지털 카메라로 찍은 사진을 보관하기 위해 외장하드를 가져가는 것도 좋겠다. 단, 뉴질랜드에서는 인터넷 종량제를 실시하고 있으며 인터넷 속도가 느리다. 뉴질랜드에서도 최근 태블릿PC 유저들이 조금씩 늘어나고 있는 추세지만 한국 실정과는 다른 인터넷 환경으로 인하여 유학생들은 노트북이나 넷북 중 개인 선호도에 따라 선택하여 사용하고 있다.

★ 질병치료
여행도 좋고 경험도 좋지만 가장 중요한 것은 건강이다. 뉴질랜드에서 병원 진료를 할 경우 시간과 비용이 많이 들기 때문에 출국 2~3개월 전에 치과 치료 등 개인적 질병에 대한 진료 및 치료를 반드시 받도록 하자.

노트북은 A/S가 가능한 곳이 많지 않고, 국내 제품의 경우에는 거의 없다.

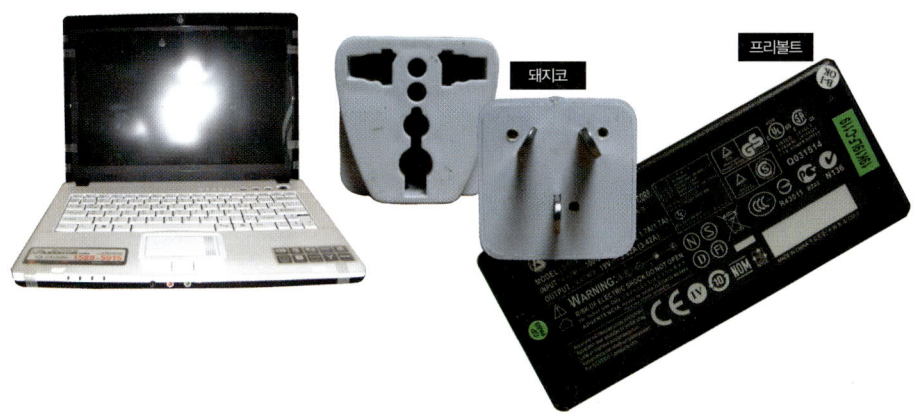

돼지코 프리볼트

06. 짐 꾸리기

"짐은 늘게 마련이다." 배낭에 넣은 포장 김치와 고추장이 공항에서 터져 민망해하며 가방 안에 있던 물건들을 버려야 했던 상황, 가져간 자명종 시계의 부피가 너무 커서 말 그대로 이동할 때마다 짐이 됐던 상황 등등을 겪으며 나름 '짐은 최소화하는 것이 가장 좋다'라는 결론을 내리게 되었다.

생필품 중 소모품은 꼭 필요한 것만 챙기고 나머지는 현지에서 구입하도록 하자. 김치, 밑반찬, 고추장, 참기름 등을 가져갈 경우에는 밀봉을 확실히 하고 안에 든 음식이 무엇인지 영문으로 표기해둔다. 뉴질랜드는 일교차가 심해 여름철에도 아침, 저녁으로 쌀쌀한 편이라 긴 옷과 짧은 옷을 반반씩 준비하면 좋다. 겨울철 남섬을 여행하려면 두터운 외투가 필요하다. 짐을 쌀 때 의류용 압축팩을 이용해 부피를 줄여보자.

가방은 가벼우면서도 잘 찢어지지 않고 내용물이 쉽게 파손되지 않는 튼튼한 것으로 준비한다. 한때 유학을 목적으로 한 지역에 오랫동안 체류하는 여학생들 사이에서 이민가방이 유행했었는데 이민가방은 넣다 보면 중량을 초과하는 경우가 많고 시중가보다 저렴한 제품인 경우 바퀴부분이 잘 파손된다. 바퀴 주변을 꼼꼼하게 살펴보고 바퀴 숫자가 많은 가방을 구입하도록 하자. 가방에 케이블락이나 자물쇠를 채워 도난을 방지하고 고액의 현금을 환전한 경우에는 안전복대를 구입해서 휴대하는 것이 좋다. 농장이나 여행을 주로 계획하고 있다면 용량이 큰 튼튼한 배낭과 기내용 가방을 추천한다.

항공사 좌석등급마다 수화물 무게 규정이 다른데, 대부분 20kg까지 허용하며, 기내에는 기내용 가방(7kg)과 노트북을 들고 들어갈 수 있다.(1kg당 초과 시 추가운임을 지불).

기내용 가방은 가로(55)×세로(40)×높이(20)=115cm 이상이면 기내좌석 선반에 넣을 수 없으니 반드시 규정을 지키도록 하자.

뒤 페이지의 준비물을 참고해서 나의 준비물 체크 리스트를 적어보자.

★ 24인치 기내용 가방은 자체 무게가 대략 4.85~5.5kg 가량
★ 단상 220V(±5V) 60헤르츠로 고정되어 있는 국내제품은 과부하되면 제품에 열이 나서 쉽게 고장 난다.

나의 준비물 체크 리스트

목록	예

준비물

각종 서류 및 필수품

항공권(전자티켓): 왕복 항공권으로 준비하고 스케줄을 확인한다.

여권 사진: 2장 정도

한화: 약간의 한화를 가져가고 1,000원짜리는 선물용으로도 활용 가능하다.

달러: 뉴질랜드 달러로 준비한다.

여권: 유효기간이 길수록 좋고 최소 6개월 이상 (만료기간 확인) 체크 (여권복사본, 여권 기재사항은 본인 이메일에 저장)

침구

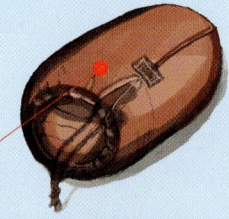

침낭: 부피가 작고 얇은 침낭은 꼭 필요하다. (현지 구입 가능하고 여행 시 유용하게 사용됨.) 백패커에서 담요를 빌리면 하루 N$1~2 정도.

★ 이것만은 꼭!

- 워킹홀리데이 승인메일: 워킹홀리데이 비자승인서를 출력해서 가져가면 뉴질랜드 입국 심사대에서 비자 발급
- 국제운전면허증: 준비해가면 뉴질랜드에서 운전이 가능하고 국내면허증도 함께 가져가는 것이 좋다.
- 체크카드(국제직불카드): 국내에서 통장개설 후 뉴질랜드 달러로 인출 가능하다.
- 보험: 3개월 이상 어학연수 시 필수가입(현지가입 가능)
- 보험증 사본: 보험증 분실 시 활용
- 숙박 할인카드: 숙박이용 시 할인 및 각종 할인 혜택
- 포켓 수첩: 간단한 메모 활용
- 영문이력서, 경력증명서: 일자리 구할 때 활용
- 공항버스 할인쿠폰: 오클랜드 공항버스 이용 시 쿠폰을 제시하면 N$1 할인받을 수 있다.
www.airbus.co.nz.

의복류

긴팔티, 반팔티: 각 3~5벌 정도
긴바지, 반바지: 각 2~3벌 정도
트레이닝복: 1~2벌 (얇은 것, 두꺼운 것)

모자: 자외선 차단용 몇 개 챙겨간다.

외투: 봄가을용 1~2벌, 겨울용 1벌 (부피가 크기 때문에 계절에 맞게 준비하는 것이 좋고 현지에서 구입할 수 있다.)

가방: 학원을 다닌다면 메는 가방 준비

내의 및 양말: 속옷 5벌, 양말 7켤레 정도

신발: 운동화, 샌들, 슬리퍼 각 1켤레씩

수영복: 수영장 규칙이 그렇게 까다롭지는 않다. 남자는 반바지로 수영이 가능하지만 수영복이 있다면 챙겨가자.

세면도구

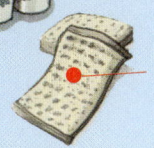
세면도구: 비누, 샴푸 등 당장 쓸 것만 준비해가고 현지에서 구입한다.

치약, 칫솔: 간단하게 준비하고 현지에서 구입

샤워타올, 때밀이수건: 한인 슈퍼에서 살 수 있지만 한두 장 정도 준비해간다.
수건: 3~5장 정도 가져가면 충분하다.

면도기: 1회용 면도기보다 날 교체가 가능한 것이 좋다. 전기면도기의 경우 전압 확인

비상약

선사약, 소화제, 밴드, 소독약, 물파스, 파스, 상처연고, 평소 복용하는 약 처방전이 필요 없는 약품은 현지에서 구매 가능하고 비타민의 경우에는 마트에서도 살 수 있다.

화장품

선크림: SPF 15~30

화장품: 쓰던 것을 가져가면 된다.

전자제품

카메라: 쓰던 걸 가져가자.

전자사전: 유용하게 쓰이지만 수업시간에 사용하지 못하게 하는 어학연수 학교도 있다.

자명종: 현지에서 싸게 살 수 있다. 부피가 작으면 챙긴다.

MP3 / CD플레이어: 쓰던 것 가져간다.

노트북

학용품

필기구, 노트: 간단하게 준비, 현지에서 싸게 구매 가능

영어사전: 쓰던 것을 가져가고 영영사전은 현지 구매 가능

★ 기타 챙길 것

- 외장하드: 사진이나 자료 보관 시 유용하다.
- 시계: 손목시계가 있으면 가져가자.
- 건전지: 건전지는 가격이 비싸기 때문에 여유 있게 준비한다.
- 책: 자신에게 맞는 문법책 한 권 정도 가져간다.
- 렌즈 세척제: 현지에선 비싸기 때문에 여유 있게 준비한다.
- 식염수: 가격이 비슷하니, 적당하게 준비한다.
- 우산, 우의: 특히 농장에서 일할 때 필요하다.
- 선물: 가격이 저렴하면서 가장 한국적인 것, 복주머니에 1,000원을 넣어주고 복이 들어온다고 이야기해주면 좋다. 젓가락, 젓가락받침, 책갈피, 차받침, 열쇠고리(고무신, 장고, 각시탈) 등도 좋다. 또 남자들은 팩소주를 좋아하고 일본 친구들은 김이나 고추장을 좋아한다.
- 안경: 사용하고 있는 것 말고 1~2개 정도 추가로 가져간다.(자외선이 강해 안경 착용 권함)
- 선글라스: 햇빛이 강해서 필요하다.

뉴질랜드에서
홀로서기
SURVIVAL
ENGLISH

01. 출국

> ★ 공항버스
> www.airportlimousine.co.kr
> ★ 공항철도
> www.arex.or.kr

인천 국제공항에 가려면 시내버스, 공항 리무진(일반, 고급), 지하철 등의 대중교통을 이용할 수 있으며 KTX 이용객은 광명역에서 공항 리무진으로 환승할 경우 할인 혜택이 주어져 비용이 다소 절감된다. 또한 서울역에서는 인천 국제공항까지 연결된 직통 열차를 운행 중이기 때문에 시간 단축에 용이하다.

출국 당일 여행자 가방에 넣은 짐을 확인하다 보면 오히려 휴대하는 여권, 지갑 등을 깜빡할 수 있으니 미리 꼼꼼하게 챙겨두고 출국 당일에는 여유롭게 공항으로 출발하도록 하자. 탑승 시간 2~3시간 전에 도착해서 출국 수속을 밟는 것이 좋다.

> 낯선 사람이 짐을 부쳐달라 거나 운반해달라고 할 경우에는 정중하게 거절하는 것이 서로에게 좋다. 세관검사 시 반입금지 물품이 적발되면 벌금 또는 재판까지도 받을 수 있다.

공항에 도착한 뒤 예약 항공사의 체크인 데스크로 가서 여권을 보여주고 수화물을 부치면 수화물 보관증 baggage claim tag 을 준다. 한번 부친 수화물은 경유 비행기를 타더라도 스톱오버나 숙박을 하지 않으면 대개 뉴질랜드 목적지까지 운송된다. 다만 항공사별로 카운터 운영 방법이 다를 수 있고 연결 항공편의 사정이나 공항 사정상 가끔 중간 도착지에서 짐을 찾아야 하는 경우가 있으니 짐을 부칠 때 꼭 확인해보자.

좌석이 배정된 탑승권boarding pass을 발부받으면 탑승권에 기록된 비행기의 편명flight no.과 탑승구 번호gate no, 좌석번호seat no., 탑승시간boarding time을 확인하고 출국 심사장으로 들어간다.

세관신고 물품이 없으면 검색요원이 여권과 탑승권을 확인하고 기내반입 물품을 검색대 컨베이어 벨트 위에 올려 X-ray 검사를 한다. 보안 검색대를 통과할 때는 주머니에 있는 동전이나 지갑, 금속제품을 미리 옆에 놓인 플라스틱 바구니에 담도록 한다. 보안 검색대를 지나면 출국 심사대가 나오는데 여권과 탑승권을 보여주고 출국확인 도장을 받으면 출국 수속 끝!

일단 출국 심사장 안으로 들어가면 다시 돌아 나올 수 없으니 들어가기 전에 배웅하러 나온 가족들이나 친구들과 인사를 모두 마치도록 한다.

탑승권에 적힌 편명과 탑승구 번호를 운항정보 모니터에서 확인하고 탑승구로 이동하든지 여유가 있다면 면세점을 구경하자.
탑승 수속은 비행시간 30분 전에 시작해서 10분 전에 마감된다.

❶ ❸ 면세점
❷ ❹ 보안 검색대
❺ 탑승구
❻ 출국 심사대

part 2. 출국

02. 비행기 안에서

탑승구를 통과해서 비행기 입구에 도착하면 승무원들이 탑승권을 확인하고 상냥한 미소로 해당좌석이 있는 통로를 안내해준다. 탑승권에 표시된 자리를 찾아가서 머리 위 선반overhead bin에 기내용 가방을 올려놓는다. 좌석을 못 찾을 때는 Could you show me my seat, please?(제 좌석을 가르쳐주시겠어요?)라고 승무원에게 물어보자.

승무원	탑승권을 보여주시겠습니까?
	May I see your boarding pass, please?
동기	예, 여기 있습니다.
	Yes, here you are.
승무원	감사합니다. 10F네요. 오른쪽 복도로 가세요.
	Thank you. Your seat number is 10F.
	Please take the aisle to the right.

좌석은 창가보다 통로 쪽이 화장실을 오갈 때 훨씬 편하다. 비행기가 완전히 이륙한 후에는 좌석이 불편한 경우 옮겨달라고 부탁하면 여유 좌석으로 옮겨주기도 한다.

> 저기 빈자리로 좌석을 옮겨도 될까요?
> Could I move to an empty seat over there?
> 창문(복도) 쪽 자리로 주세요. 저는 경치 보는 것을 좋아해요.
> Window(aisle) seat, please. I enjoy looking at the view.

자리에 앉으면 안전벨트 표시등이 꺼질 때까지 안전벨트를 매고, 표시등이 꺼지더라도 기체 요동이 있을 때는 매고 있는 것이 좋다. 기내 화장실은 남녀공용이며 사용 중이면 Occupied, 비어 있으면 Vacant라고 표시된다.

> 이 헤드폰은 어떻게 사용하나요?
> How do I use these headphones?
> 담요 좀 주시겠어요?
> Could you bring me a blanket?
> 첫 번째 기내식은 언제 주나요?
> When do you serve the first meal?
> 머리가 아픈데 약 좀 주세요.
> Could I have some medication? I have a headache.

뉴질랜드에 갈 때 처음 비행기를 타다 보니 뭐가 뭔지 몰라 좌석에 있는 버튼을 잘못 눌러 본의 아니게 승무원을 여러 번 불렀던 기억이 있다. 좌석에 부착된 승무원 호출 버튼은 도움이 필요하거나 담요나 음료수 등 기내 서비스가 필요할 때만 이용하재

평소에 멀미를 자주하는 사람은 빈속으로 비행기를 타는 것보다 가볍게 음식을 먹고 충분히 휴식을 취한 후 탑승하는 것이 좋다. 간편하게 몸에 붙이는 멀미약을 사용할 때는 개인마다 부작용이 있을 수 있으니 자신에게 맞는지 미리 테스트해보자. 또한 멀미가 안정될 때까지 책이나 신문 등을 가급적 보지 않도록 한다. 비행기 내부가 건조하기 때문에 기내에서는 렌즈보다는 안경을 착용하고, 생수나 주스 등 수분을 자주 섭취하고 피부 보습제나 스킨, 로션 등을 발라준다. 한두 번 일어나서 복도를 걷거나 다리를 폈다 구부렸다 하면 혈액순환에 좋고, 여러 번 기내식을 먹을 때는 과식을

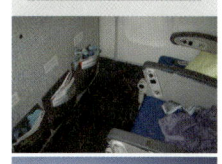

하면 운동량이 적어 위장에 부담이 되고 가스가 쉽게 차니 가볍게 식사하도록 한다.

비행기를 타면 이착륙 시나 고도변경 시 기압변화 때문에 귀가 멍멍해지는데(항공중이염) 이럴 때는 가볍게 턱 움직이기, 코를 막고 침 삼키기, 입을 다물고 코를 막은 다음 가볍게 불기, 하품하기, 물을 마시거나 껌 씹기 등을 해본다.

기내 서비스

비즈니스석의 경우에는 별도의 기내식 메뉴판을 보고 주문하지만 이코노미석에서는 대부분 두 가지 메뉴 중 한 가지를 선택한다.

승무원	생선으로 하시겠어요, 소고기로 하시겠어요? Would you like the fish or beef?
동기	소고기로 주세요. Beef, please.
승무원	음료는 스프라이트로 하시겠습니까, 레몬에이드로 하시겠습니까? What would you like to drink, sprite or lemonade?
동기	레몬에이드로 주세요. Lemonade, please.

한때 배낭여행하는 학생들 사이에서 비행기 담요가 가볍고 따뜻하고 기념이 될 만하다 해서 비행기에서 가지고 내려야 할 최고 인기품목으로 잘못 인식된 적이 있었다. 그러다 보니 가방에 몰래 넣고 내리다가 승무원의 제지를 당하거나 항공료에 포함된 거라며 당당하게 가지고 나오다가 망신을 당한 사람들도 많았다. 담요는 기내에서만 개인에게 지급되는 물품이고 기내 밖으로는 가지고 나올 수는 없다는 것을 명심하자.

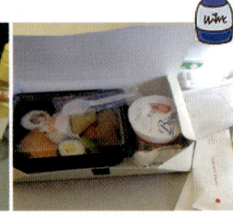

03. 환승

최종 목적지인 뉴질랜드까지 가지 않고 제3국을 경유해서 연결된 항공편으로 갈아타는 것을 환승transfer이라고 한다. 환승의 경우에는 다른 비행기로 갈아타야 하기 때문에 기내에서 짐을 다 가지고 내려야 한다. 무조건 사람들을 따라가다 보면 Arrival로 나갈 수 있기 때문에 Transit Passengers 안내판이나 Transfer 또는 Flight Connection이란 안내판을 보고 따라가도록 한다. 길을 잃었다면 영어가 서투르다고 창피하게 생각하지 말고 공항직원에게 Excuse me, I'm lost. Where can I transfer? (실례합니다. 길을 잃었어요. 어디에서 갈아탈 수 있나요?) 혹은 How can I transfer?(어떻게 갈아타나요?)라고 물어보자. 대답을 이해 못 한 경우에는 과감하게 Can you go with me?(저랑 같이 가주실 수 있나요?)라고 해보자.

같은 항공사끼리 연결편이 제공되거나 transit(잠시 내렸다가 같은 비행기를 타고 계속 여행)할 경우에는 탑승권을 받을 필요가 없지만 다른 비행기로 갈아탈 때는 환승지의 항공사 데스크에서 탑승권을 새로 발급받아야 한다. 우스운 에피소드이지만 동우회에서 함께 출발한 세 사람이 환승지에서 탑승권을 발급받을 때 한 명씩 공항 직원이 하는 말을 앞부분, 중간 부분, 마지막 부분으로 나누어 듣고 나중에 세 부분을 합쳐 무슨 말인지 이해했다고 한다.

> 같은 항공사로 연결편이 제공될 경우에는(JAL-JAL) 출발지(한국)에서 탑승권을 두 장 받고, 연결편이 다를 경우에는(JAL-Qantas-Qantas) 각 경유지마다 탑승권을 새로 받아야 한다.

연결편이 같은 항공사일 경우에는 최초 출발 전에 갈아탈 비행기의 탑승권까지 모두 끊어주기 때문에(탑승권이 2장인지 확인할 것) 별도로 환승 공항에서 탑승권을 받지 않아도 된다.

공항직원 안녕하세요. 탑승권 좀 볼까요?
　　　　Good afternoon. May I see your ticket?

동기　　여기 있습니다. 아, 창문 쪽 좌석으로 주시겠어요?
　　　　Here you are. Oh, could I have a window seat, please?

공항직원 물론이죠. 좌석번호는 16A입니다. 10시에 7번 탑승구에서 탑승하실 수 있습니다.
　　　　Certainly. Your seat number is 16A. Your flight is boarding from Gate 7 at 10:00.

★ 환승 transfer 이란?
최종 목적지까지 바로 가지 않고 경유지에서 다른 비행기로 갈아타는 것.
다른 비행기로 환승하기 때문에 기내에 있는 물건을 모두 가지고 내려야 한다.

★ 통과 transit 이란?
승무원 교대, 급유, 급수, 기내식의 보급, 기내 청소, 기체 정비 등의 이유로 목적지로 향하는 도중 경유지 공항에 들러 승객이 30분~1시간 정도 내렸다가 다시 타는 것. 승객은 기내에 남아 있거나 공항 내의 트랜짓 룸에서 대기하는데 좌석 배정을 다시 받지 않아도 된다. 기내에 남아 있을지, 트랜짓 룸에서 기다릴지는 승무원의 지시에 따르면 되고, 비행기에서 내릴 때 탑승구에 있는 승무원에게 탑승권을 보이면 승객의 증명이 되는 트랜짓 카드를 발급해주거나 옷에 스티커를 붙여준다. 스티커나 카드가 없으면 재탑승 시 문제가 될 수 있으니 잘 보관하도록 한다. 또한 미리 탑승 시간과 탑승구를 확인해두고 귀중품은 반드시 가지고 나온다. 청소원들이 짐을 쓰레기로 오해해서 버릴 수도 있고 가지고 내릴 수도 있으니 말이다.

환승 대기시간은 평균 2시간에서 4시간 정도인데 처음 해외여행을 하는 경우에는 갈아타야 한다는 심적 부담감 때문에 면세점도 눈에 안 들어올 것이다. 그럴 때는 출발 대기실에서 〈뉴질랜드에서 홀로서기〉를 펴고 뉴질랜드 공항 입국 편을 다시 한 번 읽어보도록 하자.

만일 면세점 구경을 하다가 갈아타는 비행기를 놓친다면 많이 당황스러울 것이다. 서두를 걸 후회도 되고 눈물이 찔끔 나올 수도 있겠다. 이럴 때는 항공사 데스크나 환승 라운지에 가서 비행기를 놓쳤다고 말하면 패널티를 무는 경우도 있지만 대부분 다음 비행기 편을 이용할 수 있도록 연결해준다. 현지 공항에 도착해서 본인 짐만 컨베이어 벨트 위를 빙빙 돌아가고 있는 것을 보면 또 한 번 울컥하게 될지도 모르겠다. 환승할 사람들은 시간적인 여유를 두고 가급적 탑승구 앞에서 책이나 신문을 보면서 기다리도록 하자.

> 제시간에 도착하지 못하는 바람에 갈아탈 비행기를 놓쳤어요.
> Excuse me, I didn't arrive in time to make my connecting flight.
> 갈아탈 비행기를 놓친 것 같아요.
> I think I missed my connecting flight.

04. 뉴질랜드 공항 입국

입국 심사대

비행기에서 내려 Arrivals, Passport Control, Baggage Claim 안내판을 따라가다 보면 입국 심사대가 나오는데, 내국인New Zealand, Citizens과 외국인Visitors, Other이 서는 줄이 다르다. 기내에서 미처 입국 신고서를 작성하지 못한 사람은 이곳에서 작성하고, 외국인 줄에서 대기하고 있다가 차례에 맞게 입국 심사를 받도록 한다.

> 방문(관광) 비자 입국 시 비자 연장을 목적으로 항공권을 일 년 오픈으로 구입했다면 리턴 날짜를 3개월 미만으로 일단 확정해놓고 입국 심사가 끝난 차후에 변경하는 것이 좋다. 학생 비자를 받지 않고 어학 연수를 목적으로 입국했다 하더라도 방문(관광) 비자로 입국했음을 명심하고 입국 심사 시 비자 특성에 맞게 체류기간이나 방문 목적을 대답한다.

심사관	여권을 보여주시겠습니까? May I see your passport?
동기	여기 있습니다. Here you are.
심사관	사진이 본인 맞나요? 사진하고 많이 다르네요. Is this you? This picture doesn't look like you.
동기	예, 접니다. Yes, it's me.

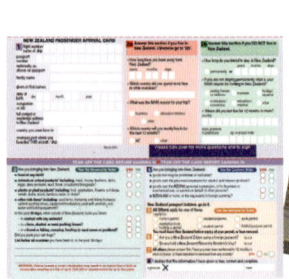

입국 심사대 작성 요령

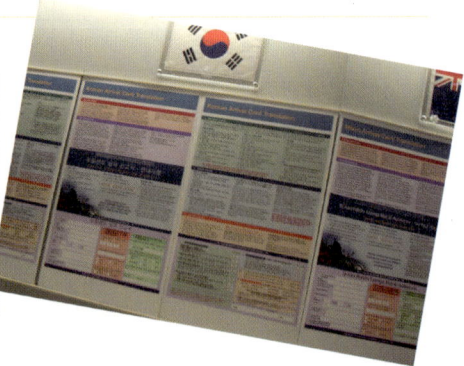

얼마 동안 이곳에 체류하고자 하십니까?
How long are you staying here?
How long will you be here?
6개월(1년) 머무를 겁니다.
I'll stay for 6 months(a year).
오클랜드에는 처음 오셨습니까?
Is this your first visit to Auckland?
네, 처음입니다.
Yes, it's my first time.
아니오, 두 번째입니다.
No, this is my second time.
아니오, 겨울마다 옵니다.
No, I come here every winter.
어디에서 지내실 예정입니까?
Where are you going to stay?
친구 집에서 지낼 거예요.
I'm going to stay at my friend's house.
여행자 숙소에 머물 거예요.
I'll be staying at a backpackers.
방문 목적은 무엇입니까?
What's the purpose of your visit?
What are you here for?
방문 차 왔어요.
I'm here for a visit.
쇼핑/공부/관광하러 왔어요.
I'm here for shopping/studying/sightseeing.
돌아갈 항공권을 갖고 있습니까?
Do you have a return airplane ticket?

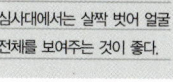

★ 모자를 쓰고 있었다면 입국 심사대에서는 살짝 벗어 얼굴 전체를 보여주는 것이 좋다.

★ 비자 특성에 맞게 입국해야 하며 입국 신고서의 리턴 날짜와 항공권 리턴 날짜가 맞는지 꼼꼼하게 확인한다. 여행계획서 작성 시 숙소 예약과 주소를 명확하게 지정해 두는 것이 좋다. 뉴질랜드인들은 거짓말하는 것을 가장 싫어하기 때문에 정직하게 답변하는 것이 유리하다.

★ 입국 거부 사례 예방
- 방문 목적에 맞는 비자를 받아간다.
- 입국심사 시 방문 목적에 따라 일관성 있게 답변한다.
- 입국 신고서 상의 리턴 날짜와 항공권 날짜를 확인하고 꼼꼼하게 작성한다.
- 입국 목적에 맞는 합리적인 물품을 소지한다.
(예) 방문비자로 입국 시 다량의 학습 도구, 미용 기구, 농장 용품 등 소지 시 입국이 거부될 수 있음.
- 급하게 하루, 이틀 전 항공권 구입을 자제한다.
- 건강 상태 및 대화 시 태도에 따라 입국이 거부될 수 있다.

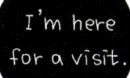
I'm here for a visit.

입국/세관 신고서

항공편 번호/선박명
여권번호
여권에 기재된 국적
성
이름
생년월일 일○○ 월○○ 년○○○○

뉴질랜드 거주자인 경우 아래 사항을 대답해주십시오
그렇지 않은 경우, 2b로 가십시오.

뉴질랜드 거주자가 아닌 경우
아래 사항을 대답해주십시오.

NEW ZEALAND PASSENGER ARRIVAL CARD

1. flight number/name of ship
passport number
nationality as shown on passport
family name
given or first names
date of birth: day month year
occupation or job
full/contact or residential address in New Zealand
country you were born in
overseas port where you boarded THIS aircraft / ship

March 2001

2a. Answer this section if you live in New Zealand. Otherwise go to '2b'.
- How long have you been away from New Zealand? years months days
- Which country did you spend most time in while overseas?
- What was the MAIN reason for your trip?
  - business
  - education/medical
  - other
- Which country will you mostly live in for the next 12 months?
  - NZ
  - other

2b. Answer this section if you DO NOT live in New Zealand.
- How long do you intend to stay in New Zealand? years months days
  - permanently or
- If you are not staying permanently what is your MAIN reason for coming to New Zealand?
  - visiting friends or relatives
  - business
  - holiday/vacation
  - conference/convention
  - education/medical
  - other
- Where did you last live for 12 months or more?
  - country
  - state, province or prefecture
  - zip or postal code

Please turn over for more questions and to sign

직업
뉴질랜드 내 연락처 및 거주지 주소
출생국
귀하가 해당 항공기/선박에 탑승한 해외 출발지
뉴질랜드에 얼마 동안 체류할 계획입니까?
영구히 또는 ○○○○○○○○(년 월 일)
지난 12개월 또는 그 이상 귀하는 어디에서 거주했습니까?
국가
지역, 도
우편번호
귀하가 영구 거주를 목적으로 뉴질랜드에 입국하지 않았다면 이번 방문의 주요 목적은 무엇입니까?
친구 또는 친지 방문   사업   휴가
회의참석   교육/치료   기타

52 내 인생을 바꾸는 뉴질랜드에서 홀로서기

3. 귀하가 뉴질랜드에 가져오는 품목 중 아래 항목이 있습니까? *검역 정보 참조
 · 음식?
 · 동물 또는 동물 관련 제품: 육류, 꿀, 깃털, 가죽, 달걀, 낙농제품, 양모, 뼈 또는 배양균?
 · 식물 또는 식물 관련 제품: 과일, 채소, 꽃, 잎, 씨앗, 씨주머니, 목재, 대나무, 솔방울 또는 짚?
 · 기타제품: 사용한 텐트, 스파이크 달린 스포츠화/신발, 동물과 함께 사용한 장비, 흙 또는 물, 낚시 장비

지난 30일 동안 뉴질랜드 밖에서
 − 동물과 접촉한 적이 있습니까?
 − 농장이나 도살장, 육류 포장소에 간 적이 있습니까?
 − 숲, 시골, 공원에서 하이킹이나 캠핑, 사냥을 한 적이 있습니까?

직접 짐을 쌌습니까?
30일 이내 귀하가 갔던 나라들을 모두 쓰세요.

6. 뉴질랜드 시민권자로 타국 여권을 사용하고 있습니까?
 뉴질랜드 재입국 영주 비자를 가지고 있습니까?

4. 귀하가 뉴질랜드에 가지고 온 물품 중 아래 항목이 있습니까?
 *관세 정보 참조
 · 금지된 또는 규제된 물품들?
 · 1인 허용 한도를 초과한 주류와 담배 제품들?
 · 1인 N$700을 넘는 고가품, 사업 또는 상용 목적의 물품,
   또는 타인을 대신해 운반하는 물품들?
 · 1인 N$10,000 이상의 외환?

귀하가 뉴질랜드 여권을 소지한 경우, 8번으로 가십시오.

5. 그렇지 않으면 아래 문항 중 하나를 신청하십시오.
 본인은 아래 체류 허가를 신청합니다.
 방문자 체류 허가   영주 허가   노동 허가
 체류 허가 면제   학생 체류 허가   체류 허가
 귀하의 체류허가가 만료되기 전에 뉴질랜드를 출국해야 합니다.
 그렇지 않을 경우, 강제 출국을 당하게 됩니다.

7. 기타. 다음 질문에 대답해주십시오. 귀하는 1년 혹은 그 이상의
   범죄형량을 선고받거나 국외 추방 혹은 이주된 적이 있었나요?

8. 위 사항이 틀림없음을 선언합니다.
   서명   날짜

수화물 찾기

입국 심사를 마치고 Baggage Claim이라는 안내판을 따라가면 수화물 찾는 곳baggage claim area이 나오는데, 전광판에서 항공편명을 확인한 후 컨베이어 벨트에서 짐을 찾는다. 아무리 기다려도 짐이 나오지 않을 경우에는 Baggage Claim에 가서 분실신고를 하고 만약 파손되었을 경우에도 항공사 직원에게 즉시 알리는 것이 좋다. 다만 항공사 규정에 따라 고가품은 대부분 보험처리가 되지 않으니 수화물에 넣지 말고 기내에 가지고 타도록 한다. 비슷한 가방들이 많다 보니 인천 공항에서 출발하기 전에 카메라로 수화물을 찍어두는 센스도 필요하다. 분실신고를 할 때는 가방의 특징이나 내용물 목록, 연락처, 배송지 주소 등을 꼼꼼하게 알려주고 수화물 보관증을 보관한다.

일부 항공사에서는 수화물 분실신고가 들어오면 300여 개 항공사에서 사용하는 수화물 추적 시스템world tracer system을 통해 분실된 수화물을 추적 조회해준다.

> 수화물 찾는 곳이 어디 있습니까?
> Where is the baggage claim area?
>
> 제 짐이 파손됐어요.
> My baggage was damaged.
>
> 제 짐이 아직 도착하지 않았어요.
> My baggage hasn't arrived yet.
>
> 제 가방이 없어졌어요.
> My bag is missing.

세관 검사대 통과하기

짐을 찾아 정면으로 걸어가다 보면 색깔로 구별된 세관 검사대가 나온다. 아무것도 신고할 것이 없으면 Nothing to declare 녹색으로 가고 세관신고 물품이 있으면 Goods to declare 적색으로 가자. 잘 모를 경우에는 신고카드를 갈색이나 초록색 제복을 입은 농수산부 MAF 검역관에게 보여준다.

★ Knowledge is power.
아는 것이 힘이다.
잘 모를 때는 무조건 물어보는 것을 습관화하자.

세관신고할 물품이 없으면 빨리 입국할 수 있지만 라면 하나 정도는 괜찮겠지 하고 녹색라인으로 가다 보면 신고하지 않았다고 실랑이가 벌어지기도 한다. 상황마다 조금씩 다르게 적용되기 때문에 음식물은 무조건 신고하는 것이 좋다. 적색라인으로 가면 음식물 신고 때문에 시간이 많이 걸리는데, 김치, 무말랭이, 멸치볶음, 김, 고추장을 비롯한 웬만한 한국 음식은 별달리 묻지 않고 통과된다. 간혹 진공포장을 했어도 일일이 정밀 조사를 하는 경우가 있는데, 이때는 음식물을 보이기 쉽게 제일 위에 따로 모아두거나 미리 겉에 영문으로 표시해두고 음식물 리스트를 보여주면 훨씬 빨리 검열이 끝날 수 있다.

봉인 혹은 개봉되지 않은 상태라면 통과될 가능성이 상당히 높다. 개봉된 음식이 있다면 포장을 해야 문제되지 않는다. 가루는 마약으로 오해받을 수 있기 때문에 반드시 신고해야 하고 인삼, 홍삼(가공 포함), 대추 등을 가져올 경우 벌금을 많이 물 수도 있다.

★ 음식물 영문 표기
김치 KIMCHI
멸치 DRIED ANCHOVIES
고추장 HOT PEPPER PASTE
　　　　CHILLI PASTE
고춧가루 CHILLI POWDER
미숫가루 POWDER OF
　　　　ROASTED GRAIN
　　　　(Mixed Grain Flour)
참기름 SESAME OIL
미역 DRIED SEAWEED
김 DRIED LAVER
포 DRIED FISH
오징어포 DRIED CUTTLEFISH
북어포 DRIED POLLACK
마른새우 DRIED SHRIMP
된장 SOYBEAN PASTE
간장 SOY SAUCE
젓갈 SEASONED SEAFOOD
　　　ANCHOVY SAUCE

심사관	신고할 것이 있습니까?	
	What do you have to declare?	
동기	신고할 게 없어요.	
	I have nothing to declare.	
심사관	그 가방에 무엇이 들었습니까?	
	What do you have in your bag?	
동기	카메라와 개인 소지품만 있어요.	
	Just my camera and personal belongings.	
심사관	가방을 열어주시겠어요? 저건 뭡니까?	
	Could you open your bag? What is that?	
동기	친구에게 줄 선물이에요.	
	They are gifts for my friend.	

★ It's for my personal use.
이것은 제가 사용하는 거예요.
세관검사 시 이런 표현은 사용하지 않는 것이 좋다. '의료적인 이유나 개인적인 사용으로 소유할 수 있다'라고 하면 미국에서는 마리화나를 소지했다라고 생각한다. 뉴질랜드 세관에서도 이런 표현을 사용하면 마치 마약을 소지하고 있다는 오해를 불러일으켜 더 주의 깊게 조사받을 가능성이 높다.

가방을 여기에 놔주세요. 호주머니에 들어 있는 금속 제품을 전부 빼주세요.
Put your bags just right here. Remove all metal objects from your pockets.
안전을 위해 안경, 신발, 벨트를 벗어주세요.
Take off your glasses, shoes, belt for security.
양팔을 들어주세요.
Please raise both your arms.
금속 탐지기를 통과해주세요.
Please walk through the metal detector.

담배 값이 워낙 비싸다 보니 입국할 때 담배를 낱개로 뜯어 가져가는 경우가 있는데 운 좋게 반입될 때도 있지만 만일 적발되면 세금을 내야 하며 N$200에서 최고 N$100,000 또는 죄질이 심할 경우에는 5년 이하의 징역형에 해당하는 형사 조치를 당할 수 있으니 정량을 지켜 반입하도록 한다. 뉴질랜드는 자국의 환경을 우선시하기 때문에 해충이나 질병을 일으킬 수 있는 물품에 대해 엄격하게 처리한다.

★ 오클랜드 공항
www.auckland-airport.co.nz
★ 크라이스트처치 공항
www.christchurchairport.co.nz
★ 웰링턴 공항
www.wellingtonairport.co.nz

면세 범위

담배 200개비 이하, 시가 50개 이하, 타바코 200g 이하
와인 4.5L 이하 또는 맥주 4.5L
1,125ml 이하의 병에 담긴 알코올 함유 음료 3병
양주 1인당 1L 이하 1병
소주 250ml로 개인당 4팩 허용
좀 더 자세한 사항은 www.quarantine.govt.nz에서 확인

금지 품목

반입금지 품목은 완벽한 서류를 구비하지 않으면 반입이 금지되며 반입을 요할 시 반드시 신고해야 한다.

1. 신선한 채소(생화): 생고추, 생마늘 포함
2. 신선한 과일
3. 계란과 계란 가공품: 계란, 우유, 분유, 버터, 치즈, 우유가 들어간 드링크나 아기 음식, 계란 상자도 포함
4. 꿀: 로열젤리, 꽃가루, 벌집, 꿀이 들어간 약이나 꿀벌제품
5. 육류와 육류 가공품(깡통에 든 것을 제외한 날것과 요리된 것): 고기소시지, 베이컨, 마른고기, 소고기포, 민물고기, 어패류 등
6. 녹용, 녹산, 웅담, 건조 파충류(뱀, 도마뱀) 기타 약제로 사용되는 건조된 동물부위
7. 천연기념 동식물이나 이들을 재료로 만든 제품(약품, 장신구, 보석, 기념품, 공예품): 코스터스 뿌리, 사향, 난초, 산호, 상아, 뱀가죽, 고래뼈, 대합조개, 바다거북, 민물거북
8. 살아 있는 동물: 곤충, 애완동물, 물고기, 새, 거북 포함
9. 식물: 꺾꽃이, 구근, 낟알, 뿌리줄기, 덩이줄기

*반입금지 품목은 공항보세구역에 있는 농수산부 폐기함에 버려진다.

05. 공항에서 시티, 숙소로 이동

★ 주차요금
오클랜드 공항 주차비는 최초 10분까지 무료이고 1시간에 N$8, 3~4시간에 N$19, 하루에 N$38, 1주일 주차 시 N$69~136이다. 크라이스트처치 공항의 경우, 외곽 주차장Standard을 이용하면 최초 15분까지 무료이고 1시간 N$4, 2시간 N$7, 이후부터 시간당 N$2씩 추가되어 하루 N$19, 1주일 N$57이다.

공항에 픽업해주는 사람이 나오는 경우에는 대부분 공항 라운지에서 팻말을 들고 기다리고 있겠지만, 혹시 만나지 못했다면 메모해놓은 전화번호로 통화를 시도해본다. 공중전화는 동전, 신용카드, 전화카드로 사용할 수 있으며 동전이 필요하면 환전해서 사용한다. 연락이 안 되면 당황하지 말고 교통편을 이용해서 시티에 숙소를 마련한 뒤 다시 전화해보도록 한다.

인터넷 동호회에서 만난 사람이 픽업해줄 경우에는 무료 픽업인줄 알고 있다가 갑자기 돈이나 담배 등을 요구하면 감정적인 싸움으로 번질 수 있으니 사전에 미리 무료인지 다른 조건이 있는지 명확하게 확인하는 것이 좋다. 유학원이나 홈스테이를 통할 경우에도 마찬가지로 픽업 비용에 대한 부분은 사전에 확인하고 가는 것이 좋다. 공항까지 와서 기다렸다가 다시 목적지까지 가고, 주차비에 유료비까지 내야 하니 현지 입장에서 보면 공짜가 조금 무리이긴 하다. 픽업 나온 사람이 없다면 공항버스나 셔틀버스, 택시를 이용해서 시티나 숙소로 이동하자.

■ 각도시별 공항에서 시티까지 가는 교통편

공 항	거 리	교 통 편	소요시간	요금(N$)
오클랜드	약 25km	Airbus Express Shuttles Taxi	약 45분 약 30~50분 약 30분	N$16 N$30~40 N$80
웰링턴	약 8km	City Flyer Bus Shuttles Taxi	약 25분 약 15분 약 5분	N$4.50~10 N$23~26 N$30~40
크라이스트처치	약 12km	Number 29 via Fendalton Number 10 via Merivale Shuttles Taxi	약 25분 약 30분 약 20~30분 약 15~20분	N$2.80~N$7.50 N$15~20 N$30~50
해밀턴	약 14km	Shuttles Taxi	약 40~50분 약 20~25분	N$21~22 N$40~50
더니든	약 30km	Taxi Shuttles	약 30분 약 30~40분	N$70~85 N$20~60
퀸스타운	약 9km	Connectabus Connexions Shuttles Taxi	약 25~30분 장거리 운행 약 20~30분 약 15~20분	N$6 I~Site 방문 N$10 N$30

공항버스

동기	안녕하세요. 스카이타워 근처에 섭니까? Kia ora! Does this bus stop near the Sky Tower?
운전기사	예. Yes.
동기	얼마입니까? How much is the fare?
운전기사	편도인가요, 왕복인가요? One way or return?
동기	편도입니다. Just one way.
운전기사	백팩커 카드나 할인카드를 가지고 있습니까? Do you have a Backpacker's Card or something?

동기	공항버스 쿠폰을 가지고 있습니다.	
	I have Airbus Express coupon.	
운전기사	와, 잘 됐네요. 14달러입니다.	
	Wow, good job. One way is fourteen dollars.	
동기	신용카드를 사용할 수 있나요?	
	Does Airbus Express accept credit cards?	
운전기사	안타깝게도 이 버스에서는 사용할 수 없습니다.	
	Unfortunately not on our buses at the moment.	
동기	제가 어디서 내려야 하는지 말씀해주세요.	
	Can you please tell me when to get off?	
운전기사	내려야 할 때 알려드릴게요.	
	I'll let you know when you should get off.	

공항버스는 대부분 공항청사 정문에서 탈 수 있으며 티켓은 버스 운전기사에게 현금을 주고 바로 구입한다. 오클랜드 공항의 경우에 VIP 카드, YHA 카드 소지자에게 요금을 할인해준다.

공항에서 버스를 타고 시티로 갈 때 오클랜드의 경우 퀸스트리트 근처 또는 스카이타워에서 내리고, 크라이스트처치의 경우 대성당 광장 Cathedral Square 정류장 주변에서 내리는 것이 좋다.

공항버스

1. 오클랜드 공항 ➡ 오클랜드 시티

편도(Adult One Way) - N$16(VIP, YHA 카드- N$14, 어린이 N$6)
왕복(Adult Return) - N$26(VIP, YHA 카드- N$20, 어린이 N$12)
자전거, 서프보드 등(Bikes, surfboards etc) - N$6

* 쿠폰을 프린트하면 N$1 할인해준다.
* 왕복 티켓의 경우, 정해진 유효기간 없이 사용 가능하다.
* 주간에는 20분 간격으로 운행, 야간에는 30분 간격으로 운행한다.
  ● 24시간 운행으로 오전 7시부터 오후 8시까지 15분 간격.
    오후 8시부터 오전 7시까지 매 30분 간격으로 운행한다.

★ 오클랜드 공항버스 www.airbus.co.nz

2. 크라이스트처치 공항 ➡ 크라이스트처치 시티

편도(Adult One Way) - N$7.50(어린이 N$4.50)
왕복(Adult Return) - N$13(어린이 N$7.50)
Red Bus Family Day Pass는 성인 2명+어린이 3명에 N$20

* Number 29 viz Fendalton과 Number 10 via Merivale 버스가 운행
* 두 대의 버스가 15분 간격으로 교차 운행되며 시티 중심으로 30분 가량 소요
  ● 크라이스트처치 지역 국제공항이 오픈되어 국내선 및 국제선 항공 운항을 하고 있으며
    타 지역을 연결하는 주요 도로도 통행이 가능하나 지진 피해로 크라이스트처치 시티로는 출입이 제한되고 있다.
    에어포트 플라이는 주말에는 오전 11~오후 4시에 30분마다 출발하며 이후에는 1시간 간격으로 운행한다.

★ 크라이스트처치 공항버스 www.metroinfo.org.nz

· 해밀턴 공항 www.hamiltonairport.co.nz
· 더니든 공항 www.dnairport.co.nz
· 퀸스타운 공항 www.queenstownairport.co.nz

택시

오클랜드 국제공항은 오클랜드 시티로부터 남서쪽으로 약 25km 떨어져 있다. 택시 기본요금은 N$2.40~3.00이며 1km당 N$3.00 정도다. 오클랜드 공항에서 시티까지 택시를 타면 요금이 N$60~80 정도 나오고 시간은 30분 정도 소요된다. 요금이 비싼 만큼 서비스가 좋은 편이다.

단일 청사로 되어 있는 크라이스트처치 국제공항은 국내선, 국제선 환승이 모두 편리하고, 크라이스트처치 중심에서 북서쪽으로 약 12km 떨어져 있다. 교통편이 모두 청사 바깥쪽에서 출발하기 때문에 쉽게 이용할 수 있으며 택시를 타면 시티까지 15~20분 걸리고 요금이 N$30~50 정도 나온다.

웰링턴 국제공항은 예술적인 감각으로 잘 꾸며져 있어 산뜻하다는 느낌을 주지만 다른 공항에 비해 규모가 작아 Air New Zealand, Qantas, Pacific Blue, Freedom Air 등 규모가 작은 기종 비행기만 이착륙한다. 시티까지 15분 정도 소요되며 택시 요금은 공항에서 Railway Station까지 N$28~32, Courtenay Place까지 N$23~26, Upper Hutt까지 N$85~95 정도다.

동기	시티로 갈 수 있을까요? Can you take me to the city?
운전사	물론이죠. 시티 어디 가세요? Sure. Where do you want to go in the city?
동기	이 주소로 좀 가주시겠니까? Will you take me to this address?

운전사	볼까요? 음. 오클랜드 하이스트리트 50. 알겠습니다.
	Can I see? Um, 50 High Street, Auckland. All right.
동기	트렁크 좀 열어주시겠어요?
	Could you please open the boot?
운전사	(잠시 후) 도착했습니다.
	Here we are.
동기	얼마예요?
	How much is the fare?
운전사	60달러입니다.
	It's 60 dollars.

셔틀버스

여행자들에게 보다 질 좋은 서비스를 제공하기 위해 인가된 회사에서 공항과 시티를 오가는 셔틀버스shuttles를 운행하는데, 시티 중심가, 숙소, 심지어 도착지까지 데려다 주기도 한다. 승객이 몇 안 될 경우에는 조금 기다리기도 하고 도착지가 각각 다르다 보니 운행시간이 그만큼 길어진다는 단점도 있지만 짐이 많은 개인의 경우 택시보다 저렴하게 이용할 수 있다.

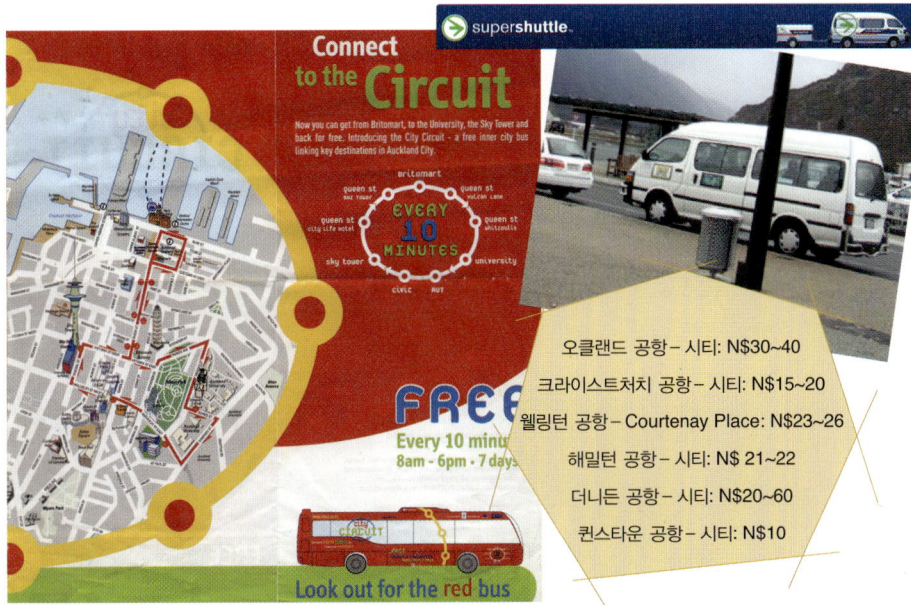

오클랜드 공항– 시티: N$30~40
크라이스트처치 공항– 시티: N$15~20
웰링턴 공항– Courtenay Place: N$23~26
해밀턴 공항– 시티: N$ 21~22
더니든 공항– 시티: N$20~60
퀸스타운 공항– 시티: N$10

뉴질랜드에서
홀로 서 기
SURVIVAL
ENGLISH

Part 3

숙소

01. 백팩커스 호스텔

백팩커스 호스텔Backpackers Hostel은 비용이 저렴하고, 지역 투어 및 관광 코스를 예약하거나 다양한 정보를 제공받을 수 있어 워홀 메이커, 여행자들이 가장 많이 찾는 숙박시설 중 하나다. BBH 카드나 VIP 카드 안내책자, 인포메이션 센터 등을 통해 백팩커 정보를 얻을 수 있으며 행인에게 물어봐도 친절하게 알려준다.

방은 백팩커마다 조금씩 차이가 있지만 일반적으로 1인 싱글 Single, 킹사이즈 침대 하나를 2명이 함께 사용하는 더블Double, 2명이 싱글사이즈 침대를 각각 사용하는 트윈Twin 4~8명이 같이 사용하는 공동침실Dormroom이 있다. 단기 여행자들은 숙박비가 저렴한 공동침실을 주로 이용하는데, 남녀혼숙Mixed Dorm 하는 곳이 많지만 그리 위험하지는 않다. 규모가 있는 백팩커에는 여성 여행자만 사용할 수 있는 여성전용Sanctuary 방이 별도로 마련되어 있다.

숙박비는 편의시설이나 침실에 따라 다른데, 하루에 싱글의 경우 N$55~70, 더블 N$37.50~75, 트윈 N$37.50~92이고, 공동침실은 한 사람당 하루 8인실 N$29.50~, 6인실 N$24~29, 4인실 N$31.50~, 여성전용 N$32~ 정도 한다.

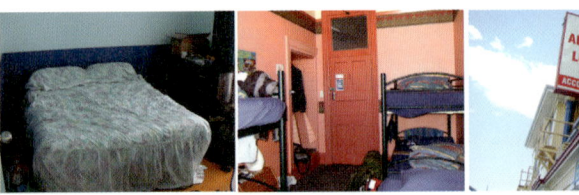

직접 음식을 해먹을 수 있도록 주방에 취사도구(냄비, 식기, 냉장고, 전자레인지 등)가 갖춰져 있기 때문에 캠핑족이 아니라면 따로 취사도구를 챙길 필요가 없다. 싱글, 더블, 트윈의 경우 별도의 TV나 화장실이 있는 곳도 있지만 대부분 휴게실에 TV가 설치되어 있고, 주방, 화장실, 샤워실은 공동으로 사용하며, 인터넷, 세탁기 사용 시 별도의 요금을 지불해야 한다.

리셉션	안녕하세요. BBH 백팩커입니다. 무엇을 도와드릴까요?	
	Hi, there. Welcome to BBH backpackers. What can I do for you?	
동기	방을 부탁합니다.	
	I need a room, please.	
리셉션	얼마나 묵으실 건가요?	
	How many nights will you be staying?	
동기	3일 정도 숙박할 예정입니다.	
	I'll be staying for three nights.	
리셉션	BBH 회원카드를 가지고 있으세요?	
	Do you have a BBH membership card?	
동기	네, 가지고 있어요. 여기 있습니다.	
	Yes. I have a BBH card. Here it is.	
리셉션	2달러 할인해서 23달러입니다.	
	You can have a two dollar discount. So that's twenty three dollars.	

> 리셉션에서 체크인을 하면 방 열쇠를 주는데, 이때 낸 열쇠 보증금 deposit은 체크아웃할 때 다시 돌려받는다.

★ Ensuite는 화장실이 딸린 방

두 명이 잘 수 있는 방을 주세요.
I need a room for two.
실례합니다. 귀중품을 맡길 수 있을까요?
Excuse me. Can I deposit valuables here?
체크아웃 시간이 언제죠?
When is checkout?
이틀 정도 더 연장할 수 있을까요?
I'd like to extend my stay for 2 more nights.

★ 숙소 정보
http://aatravel.co.nz
★ 퀄마크 인증 숙소
www.qualmark.co.nz

백팩커는 시골 구석구석 없는 곳이 거의 없고, 농장이 있는 시골 백팩커에서는 일자리를 알선해주거나 농장까지 픽업해주기 때문에 농장에서 일하려는 여행자들이나 워홀 메이커들이 많이 이용한다. 마음 맞는 배낭족들끼리 여행 동반자로 인연을 맺기도 하고 카풀 메이트를 구한다는 전단지가 자주 붙어 있어 기름값만 조금 부담하면 함께 여행을 즐길 수도 있다.

여행 중 돈이 떨어졌거나 아껴야 할 상황이라면 백팩커에서 숙박비 대신 청소를 해주면서 지낼 수도 있다. 규모가 큰 시티 내 백팩커에서는 팀을 만들어 청소를 하기 때문에 일이 많이 힘들지 않다. 나 역시 백팩커에서 지낼 때 청소를 잘한다고 일부러 떠들었더니 청소일을 해줄 수 있겠냐고 여러 번 제의를 받았고, 아는 친구들도 백팩커에서 청소를 하면서 숙박과 약간의 돈을 제공받았다. 실컷 청소해놓은 바닥이 미처 마르기도 전에 사용하려는 얌체들 때문에 속상할 수는 있지만 돈을 절약할 수 있어 좋다.

Top Floor라는 백팩커에서 장기투숙하면서 한국 여행자를 비롯해 여러 나라 친구들을 만났는데, 그때의 기억은 지금도 아련한 추억으로 남아있다. 정말 산업혁명 시대 때나 볼 수 있을 법한 엘리베이터, 숙소 근처 유명한 스테이크 가게에서 풍겨오는 맛있는 냄새, 가끔씩 심술부리는 주인장 코너, 한여름의 크리스마스 파티… 5개월간 보냈던 Top Floor에서 정말 재미있는 경험을 많이 했다.

백팩커라고 낭만만 있는 것은 아니다. 많은 나라의 사람들이 오고가는 곳이다 보니 간혹 남의 물건에 손을 대는 사람들도 있다. 가방에는 반드시 자물쇠를 채워두고 현금은 되도록 가방에 보관하지 않아야 한다. 현지에 도착하면 바로 계좌를 개설하고 카메라나 귀중품들을 스스로 잘 관리하는 것이 좋다.

또 개념 없는 애들은 공동침실처럼 여러 사람이 쓰는 공간에서 낯 뜨거운 장면을 연출하는데, 사랑을 말릴 수도 없고 대략 난감할 때가 종종 있다. 퀸스타운을 여행하던 중 이런 경우를 한번 당했는데 중간에 분위기를 망칠 수도, 그렇다고 잠도 안 오는데 멀뚱멀뚱 천장만 쳐다보고 있을 수도 없어서 밖으로 나갔다. 퀸스타운의 차가운 밤바람을 맞으며 서성거리다가 안되겠다 싶어 다시 방으로 들어가면서 한마디 해줬다. 한국말로. "야, 너무 부럽다!" 천장만 쳐다보던 그날 밤은 뉴질랜드에서 가장 길게 느껴졌던 밤이었다.

유스호스텔YHA

대도시에 있는 유스호스텔에는 장기투숙하는 유학생들이 많기 때문에 쉽게 자리가 나지 않고 며칠에서 몇 주를 기다려야 한다. 타 지역으로 이동할 때도 출발 전에 예약을 하는 것이 좋다.
뉴질랜드에는 51곳의 YHA 숙소가 있는데 일반적으로 1인당 N$19~33, 방당 N$54~90 정도 한다. YHA 회원 카드 소지자에게는 N$3~4의 할인 혜택이 주어진다.
www.yha.co.nz

모텔Motel

예약을 하지 않고 여행을 하다 보면 성수기에는 빈방이 없어 모텔에서 숙박을 해야 하는 경우가 더러 있는데 하루 숙박비는 인원수에 따라 다르다. 간혹 돈을 아끼기 위해 2명이 잔다고 하고 나중에 몇 명이 더 와서 잠을 자는데 정말 좋지 않은 행동이다. 모텔비가 하루에 2인 기준으로 N$100~170 정도 하다 보니 부담스러운 건 사실이지만 정직하게 추가비용을 지불해야 불이익을 당하지 않는다. 모텔은 우리나라 펜션과 비슷하고 요리를 할 수 있도록 취사도구들이 준비되어 있다. 체크아웃 시간을 지키지 않으면 추가비용을 내야 하거나 좋지 않은 인상을 남기게 된다.

퀄마크

퀄마크Qualmark란 뉴질랜드 관광의 품질을 높여주고 질 좋은 서비스, 신뢰할 수 있는 업체를 선택할 수 있도록 도와주는 공식적인 품질 인증마크다.
퀄마크 인증 제도는 백팩커에서 학생 기숙사까지 다양한 숙박시설에 별 표시 등급제를, 투어업체, 액티비티, 교통편에는 해당 상품을 보증하는 마크를 각각 부여하고 있다.

★합격
★★양호
★★★우수
★★★★최우수
★★★★★최상

도시별 추천 백팩커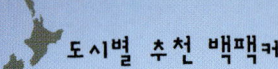

오클랜드 Auckland

Base Backpackers Auckland Hostel (ACB)
오클랜드 퀸스트리트에 있으며 여행자들 사이에서 유명한 곳으로 예약하지 않으면 쉽게 자리가 나지 않는다.
229 Queen St.(Cnr of Queen St and Darby St), Auckland
Phone: 64 9 358 4877
Freecall: 0800 BASE NZ (0800 2273 69) within New Zealand
Email: acb@stayatbase.com
Homepage: www.stayatbase.com

Surf 'N' Snow Backpackers
오클랜드의 상징 스카이타워 정면에 자리하고 있으며 다른 곳에 비해 비싼 편이지만 공동으로 쓰는 주방이 깨끗하고 VIP, YHA 카드가 있으면 할인해준다.
Corner Victoria St. & Albert St, Auckland
Phone: 64 9 363 8889
Fax: 64 9 363 5502
Email: info@surfandsnow.co.nz
Homepage: www.surfandsnow.co.nz

YHA Auckland International
오클랜드 중심가에서 걸어서 5분 정도 거리에 있고 시설이 좋아 학생들이 장기간 이용하기 때문에 사전 예약이 필요하다.
5 Turner St. Auckland
Phone: 64 9 302 8200
Fax 64 9 302 8205
Email: book@yha.co.nz
Homepage: www.yha.co.nz/Hostels/North+Island+Hostels/AucklandInternational/

로토루아 Rotorua

YHA Rotorua, Treks
로토루아 호수와 인터시티 버스정류장에서 3분 거리에 위치해 있고 주차공간도 넓고 전체적으로 깨끗하다.
1278 Haupapa St. Rotorua
Phone: 64 7 349 4088
Fax: 64 7 349 4086
Homepage: www.yha.co.nz/Hostels/North+Island+Hostels/Rotorua/

Planet Nomad Backpackers Rotorua
위치가 좋아 밤에 도착한 배낭여행자의 눈에 바로 들어오는 곳이며, 인터넷 사용을 제외하고는 크게 불편하지 않고 투어 예약이 가능하다.
1193 Fenton St. Rotorua
Phone / Fax: 64 7 346 2831
Email: downtown-rotorua@xtra.co.nz
Homepage: www.rotoruaplanet-backpackers.co.nz

Kiwi paka Backpackers
시티까지 도보로 20분 거리에 있어 '픽업 서비스'를 제공하는 곳이다. 차를 이용하는 여행자라면 바bar도 있고 조용해서 크게 불편하지 않다.
60 Tarewa Road, Rotorua
Phone: 64 7 347 0911

Fax: 64 7 346 3167
Email: stay@kiwipaka.co.nz
Homepage: www.kiwipaka.co.nz

네이피어 Napier

Archie's Bunker
편한 라운지에서 DVD를 시청할 수 있고 자전거를 타고 근거리 투어도 가능하다. BBH 카드 소지자에 한해 할인율이 높은 편이다.
14 Herschell St. Napier
Phone: 64 6 833 7990
Fax: 64 6 833 7995
Homepage: www.archiesbunker.co.nz

Art Deco Backpackers
VIP 가맹점으로 체크인 시간은 오후 1시부터 저녁 8시 30분까지이다. 깨끗하고 편안하며 무료로 아침식사를 제공하고 스태프들도 다정하다.
48 Emerson St. Napier
Phone: 64 6 835 2059
Fax: 64 6 835 2370
Email: backpack@criterionartdeco.co.nz
Homepage: www.criterionartdeco.co.nz

웰링턴 Wellington

YHA Wellington City
웰링턴을 찾는 사람들이 많이 이용하는 백팩커로, 주방 2개가 1층에 있고 4인용 공동침실에도 화장실이 있다. 가격이 비싼 만큼 시설이 좋은 편이다.
292 Wakefield St.(Cnr Cambridge Tce), Wellington
Phone: 64 4 801 7280, 64 4 801 7278
Homepage: www.yha.co.nz/Hostels/North+Island+Hostels/Wellington/

Downtown Backpackers Wellington
웰링턴의 역사적인 Art Deco Waterloo Hotel이 있었던 곳에 위치하며 1953년 영국 여왕의 대관식 투어에 선택되었던 곳이기도 하다. 웰링턴 역과 마주보고 있어 쉽게 찾을 수 있으며 VIP, BBH 카드 가맹점이다.
1 Bunny St. Wellington
Phone: 64 4 473 8482
Freecall (NZ only) 0800 BAKPAK (0800 225 725)
Fax: 64 4 471 1073
Email db@downtownbackpackers.co.nz, gb@downtownbackpackers.co.nz(Group Bookings)
Homepage: www.downtownbackpackers.co.nz

넬슨 Nelson

Accents on the Park
(formerly Trafalgar Square Backpackers)
퀄마크에서도 5성급을 받은 가장 친절한 곳이다. 성수기에는 자리가 없으며 VIP 카드가 있으면 할인받을 수 있다.
335 Trafalgar Square, Nelson
Phone: 64 3 548 4335
Freecall: 0800 888 335 (within NZ only)
Fax: 64 3 548 4334

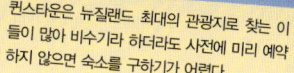
퀸스타운은 뉴질랜드 최대의 관광지로 찾는 이들이 많아 비수기라 하더라도 사전에 미리 예약하지 않으면 숙소를 구하기가 어렵다.

Email: stay@accentsonthepark.com
Homepage: www.accentsonthepark.com

YHA Nelson Central
인포메이션 센터와 버스 정류장에서 가까운 위치에 있고 근거리에 마트나 카페, 공원 등이 있다. 깨끗하고 조용한 편이며 퀄마크에서도 5성급이다.
59 Rutherford St. Nelson
Phone: 64 3 545 9988
Fax: 64 3 545 9989
Email: book@yha.co.nz
Homepage: www.yha.co.nz/Hostels/South+Island+Hostels/Nelson

Paradiso Backpacker Hostel Nelson
분위기가 좋으며 12m 작은 수영장이 있고 간단한 아침식사를 제공한다. 저녁에 불쇼를 구경할 수 있으며 BBH, VIP 카드 할인점이다.
42 Weka St. Nelson
Freecall: 0800 269 667
Phone: 64 3 546 6703
Fax: 64 3 546 7533
Homepage: www.backpackernelson.co.nz

크라이스트처치 Christchurch

Around the World Backpackers
전화 64 3 365 4363
Email · website stay@aroundtheworld.co.nz

At The Right Place
전화 64 3 366 163
Email · website stay@atrp.co.nz

Avon City Backpackers
전화 64 3 389 6876
Email · website avoncitybakpak@clear.net.nz

Canterbury House
전화 64 3 377 8108
Email · website canterburyeh257@hotmail.com

Chester Street Backpackers
전화 64 3 377 1897
Email · website chesterst148@gmail.com

Foley Towers
전화 64 3 366 9720
Email · website foley.towers@backpack.co.nz

Haka Lodge
전화 64 3 980 4252
Email · website info@hakalodge.com

Jailhouse Accommodation
전화 64 3 982 7777
Email · website stay@jail.co.nz

Kiwi Basecamp
전화 64 3 366 6770
Email · website stay@kiwibasecamp.com

Kiwi House
전화 64 3 381 6645
Email · website nori@kiwihouse.co.nz

New City Hotel
전화 64 3 962 7910
Email · website newcity.hotel@xtra.co.nz

Point Break Backpackers
전화 64 3 388 2050

더니든 Dunedin

On Top Backpackers
하얀 건물로 1층은 바bar이고, 백팩커는 오른쪽 문을 통해 2층으로 올라간다. 더니든 시내를 걸어서 돌아다니는 데도 별 무리가 없는 위치에 있고 할인카드를 보여주면 할인해준다.
Cnr Filleul St. & Moray Place, Dunedin
Phone: 64 3 477-6121
Fax: 64 3 477-6141
Email:ontopbackpackers@hotmail.com
Homepage: www.ontopbackpackers.co.nz

YHA Dunedin
인포메이션 센터에서 15분 정도 거리에 있다. 리셉션은 오전 7시 30분에서 오후 8시 30분까지 열고, 체크인은 오후 2시부터, 체크아웃은 다음날 오전 10시까지다.
71 Stafford St. Dunedin
Phone: 64 3 474 1919 s
Fax: 64 3 479 2165
Homepage: www.yha.co.nz/Hostels/South+Island+Hostels/Dunedin/

퀸스타운 Queenstown

Base Discovery Lodge
위치가 좋고 퀄마크에서도 5성급으로 좋은 평가를 받은 곳이다. 무선 인터넷을 할 수 있으며 멋진 라운지가 있다.
49 Shotover St. Queenstown
Phone: 64 3 441 1185
Freecall: 0800 BASE NZ (0800 2273 69)
Email: bookings.basequeenstown1607@ siteminder.com.au
Homepage: http://b2b.hotelclub.net/DirectHotel.asp?id=41942

YHA Queenstown Lakefront
퀸스타운에는 YHA가 두 군데 있는데, 호숫가의 정취를 느끼고 싶어 하는 사람들에게 추천하는 숙소. 주차 공간이 넓고 시티까지 걸어서 10~15분 거리다.
88-90 Lake Esp, Queenstown
Phone: 64 3 442 8413
Fax: 64 3 442 6561
Email: book@yha.co.nz
Homepage: www.yha.co.nz/Hostels/South+Island+Hostels/QueenstownLakefront/

홀리데이 파크

홀리데이 파크Holiday Park는 캠퍼밴(캠핑카), 텐트를 이용하는 배낭여행자들과 가족 여행자, 휴일에는 키위들이 주로 이용하는 숙박 시설 중 하나이다. 대부분 도시에서 조금 떨어져 있거나 해변에 있어 차가 없으면 아무래도 이용하기가 불편하다. 숙박에 필요한 시설이 잘 갖춰져 있는 편으로, 공동으로 사용할 수 있는 주방을 비롯해 화장실, 샤워 시설shower facilities, 운동장, BBQ용 화로, 세탁기 및 건조기laundry with dryer가 있다. 인터넷이 별도로 설치되어 있는 곳도 있다. 캠퍼밴이나 텐트로 야영할 경우, 전기가 연결된 곳은 추가로 N$3 정도 지불해야 한다.

텐트나 캠퍼밴이 없는 경우에는 파크 모텔Park Motel, 방갈로식의 샬레Chalet, 고정된 캠퍼밴, 키친 캐빈Kitchen Cabin, 로지 캐빈Lodge Cabin 등의 숙박시설을 선택한다. 파크 모델의 경우 1~5명이 자급자족하는 Studio Park Motel, 1~8명까지 이용하며 내부에 더블침대와 부엌이 있는 2 Bedroom Park Motel이 있고, 백팩커 캐빈Backpacker Cabin의 경우 싱글침대가 각각 있어 2명이 이용 가능하다.

방갈로식의 샬레는 하루 N$85 정도로 주방, TV, 소파, 퀸사이즈 침대가 있고, 간편한 취사가 가능한 키친 캐빈의 경우는 더블침대 2인 기준으로 하루 N$70 정도다. 로지 캐빈도 백팩커 캐빈과 비슷한데 2인 기준으로 N$55~65 정도 하며 인원이 추가될 때마다 1인당 N$18 정도 지불해야 한다. 지역이나 방의 종류, 비수기/성수기에 따라 가격이 다소 차이 나며 이용 전에 예약을 해두는 것이 좋다. Top 10의 경우, 멤버 가입 시 10% 할인해주기도 한다.

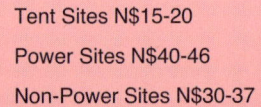

Tent Sites N$15-20
Power Sites N$40-46
Non-Power Sites N$30-37

지역별 홀리데이 파크

	지역	사이트 주소
북섬	코로만델 Coromandel	www.shellybeachcoromandel.co.nz
	오클랜드 마누카우 Manukau	www.manukautop10.co.nz
	오클랜드 오래래 Orere	www.orerepointholidaypark.co.nz
	북섬 마타코헤 Matakohe, Northland	www.matakohetop10.co.nz
	뉴플리머스 New Plymouth	www.nptop10.co.nz
	네이피어 Napier	www.kennedypark.co.nz
	오포티키 Opotiki	www.ohiwaholidays.co.nz
	통가리로국립공원 Tongariro National Park	www.ohakune.net.nz
	베이 오브 플랜티 Bay of Plenty	www.ohopebeach.co.nz www.waihibeach.com www.papamoabeach.co.nz
	오래와 Orewa	www.orewaholidaypark.co.nz
	헤이스딩스 Hastings	www.hastingstop10.co.nz
	투아카아우 Tuakau	www.portwaikatoholidaypark.co.nz
	로터루아 Rotorua	www.bluelaketop10.co.nz www.rotoruatop10.co.nz www.holdensbay.co.nz
	러셀 Russell	www.russelltop10.co.nz
	타우포 Taupo	www.taupotop10.co.nz www.taupodebretts.com www.greatlake.net.nz
	와이토모 Waitomo	www.waitomopark.co.nz
	왕거누이 Wanganui	www.wrivertop.co.nz
	왕가레이 Whangarei	www.whangareitop10.co.nz
	카이타이아 Kaitaia	www.whatuwhiwhitop10.co.nz www.ninetymilebeach.co.nz
	카우리 Kauri	www.kauricoasttop10.co.nz
	케리케리 Kerikeri	www.kerikeritop10.co.nz www.rvparknz.com
	웰링턴 Wellington	www.huttpark.co.nz

지역		사이트 주소
남 섬	블레넘 Blenheim	www.blenheimtop10.co.nz
	카이코우라 Kaikoura	www.alpine-pacific.co.nz
		www.kaikouratop10.co.nz
	크라이스트처치 Christchurch 캔터베리 Canterbury 아카로아 Akaroa	www.christchurchtop10.co.nz
		www.geraldineholidaypark.co.nz
		www.kiwicamps.com
		www.hanmerriverholidaypark.co.nz
		www.akaroa-holidaypark.co.nz
	마운트 쿡 Mount Cook	www.glentanner.co.nz
	센추럴 오타고 Central Otago	www.cromwellholidaypark.co.nz
	페어리에 Fairlie	www.fairlietop10.co.nz
	프란츠 요셉 Franz Josef	www.mountain-view.co.nz
	그레이마우스 Greymouth	www.top10greymouth.co.nz
	핸머 스프링스 Hanmer Springs	www.mountainviewtop10.co.nz
	인버카길 invercargill	www.invercargilltop10.co.nz
	모투에카 Motuek	www.motuekatop10.co.nz
	오아마루 Oamaru	www.oamarutop10.co.nz
	오마라마 Omarama	www.omaramatop10.co.nz
	픽턴 Picton	www.pictontop10.co.nz
	골든베이 Golden Bay	www.poharabeach.com
	퀸스타운 Queenstown	www.camp.co.nz
		www.shotoverholidaypark.co.nz
	넬슨 Nelson	www.nelsontop10.co.nz
		www.mapualeisurepark.co.nz
		www.brookholidaypark.co.nz
		www.tahunabeach.co.nz
	테 아나우 Te Anau	www.teanautop10.co.nz
	피오르드랜드 Fiordland	www.fiordlandgreatviewsholidaypark.co.nz
	티마루 Timaru	www.timaruholidaypark.co.nz
	와나카 Wanaka	www.wanakatop10.co.nz
	웨스트포트 Wesport	www.top10westport.co.nz
	더니든 오타고 Otago, Dunedin	www.leithvalleytouringpark.co.nz
		www.aaronlodgetop10.co.nz

02. 홈스테이

홈스테이는 주당 일정한 방세와 식비를 내고 숙식하는 숙박형태로 우리나라로 하면 대학가 근처에 밀집되어 있는 하숙과 비슷한 개념이다. 처음부터 플랫(자취)을 구하고 스스로 밥을 해먹는 것이 부담스럽다면 비용이 좀 더 들더라도 홈스테이를 두세 달 정도 경험해보는 것이 좋다. 식사 및 부대비용이 포함된 비용이라 할지라도 주중/주말에 몇 끼의 식사가 제공되는지, 방청소, 설거지, 빨래를 해주는지 등을 미리 확인해보자.

키위 문화를 직접 체험하면서 생활 영어도 배울 수 있기 때문에 대부분 키위 가정 홈스테이를 선호하는데, 홈스테이에서 성별과 연령에 제한을 두어 자리가 바로 없는 경우가 종종 있다. 만약 뉴질랜드 초기 정착에 초점을 맞춘다면 키위 홈스테이만 고집하지 말고 한식이 제공되는 한국인 가족 홈스테이나 비용이 약간 저렴한 마오리 가족, 다국적 가족(중국인, 인도인, 일본인, 필리핀 이민가정) 홈스테이도 고려해보자.

홈스테이를 구하는 방법에는 유학원, 카페, 학교, 어학원 친구로부터 소개받거나 직접 현지 신문이나 한인 신문 광고를 보고 찾아가는 방법 등이 있다. 출국 전에 유학원, 카페를 통해 미리 예약하면 공항에서 픽업 서비스를 받을 수 있다. (홈스테이 소개비 및 공항 픽업 서비스 비용을 별도로 청구하기도 한다.)

키위 홈스테이 주당 비용(단위: N$)

	지역	오클랜드	웰링턴	크라이스트처치	더니든	기타 지역
금	2식의 경우	250~275	180	250	170	150
	1식의 경우	180~220	~225	170~200	~220	~200
액	식사(1식/2식/3식), 전기, 전화, 인터넷, 세탁 요금 포함 및 즉시입주 가능 여부, 지역과 환경에 따라 금액이 다소 차이 난다.					

홈스테이 선정 시 고려사항

1. 지역 선정

학교나 어학연수 학교를 주 5일 이상 다녀야 하기 때문에 홈스테이 집과 학교가 가까우면 이동 시간을 최소화할 수 있고 덜 피곤하다.

2. 교통 상황 및 주변 환경

교통시설로의 접근이 용이한지, 소음은 없는지, 주변 환경이 쾌적한지, 늦게 귀가할 때 안전한지 등도 고려한다. 편의시설 및 쇼핑센터, 마트 등이 가까이 있는지도 살펴본다.

3. 홈스테이 생활환경

뉴질랜드는 난방 시스템이 열악하기 때문에 너무 오래된 집이면 겨울에 고생할 각오를 해야 한다. 잘 관리하지 않은 오래된 카펫으로 알레르기가 생길 수 있으니 청소 상태도 확인하자. 혹 노부부만 사는지, 자녀들이 너무 많지 않은지, 애완동물을 기르는지, 채식주의 가정은 아닌지, 인터넷 및 전화 요금이 홈스테이비에 포함되었는지 등도 고려 대상이다.

돈 때문에 홈스테이 학생을 받는 일부 몰지각한 홈스테이 가정들이 있는데, 이런 집에 들어가면 제대로 못 먹거나 물과 전기를 사용할 때 눈치를 봐야 한다. 따라서 믿을 수 있는 소개가 아니거나 잘 모를 때 계약 자체를 짧게 하고 생활하면서 연장하는 것이 좋다.

홈스테이 에티켓

홈스테이는 외부인을 자기 가족처럼 맞이해서 함께 살아가는 공동체 계약이기 때문에 기본적인 예의를 지킬 때 돈독한 신뢰관계를 유지하고 가족 구성원으로 인정받을 수 있다. 홈스테이를 하다 보면 문화적인 부분에서 오해가 쌓이기 쉬운데 이해가 안 되거나 문제가 있을 때는 그때그때 대화를 통해 해결해나간다.

1. 전화

뉴질랜드는 우리나라보다 3시간 또는 4시간이 빠르다. 한국 시간에 맞추다 보면 홈스테이 가족들이 생활하는 데 불편할 수 있으므로 시차에 대해 설명하도록 한다. 국제전화를 사용할 때는 선불카드를 사용하기 때문에 따로 비용이 청구되지 않는다는 점도 알린다. 뉴질랜드는 밤 9시 이후 또는 아침 8시 이전에는 특별한 상황이 아니면 전화를 하지 않는다. 외출하고 늦게 들어갈 경우, 외박할 경우, 저녁식사 시간을 넘길 경우에는 사전에 전화를 해서 알리는 것이 좋다.

2. 목욕과 설거지

샤워는 짧게 하는 것이 좋으며, 자기가 먹은 것은 자기가 설거지하거나 홈스테이 가족이 많을 경우에는 순번대로 돌아가면서 설거지한다.

3. 전기 사용

오래전부터 뉴질랜드인들은 절약이 몸에 배여 있다. 외출할 때나 거실을 이용할 때 또는 장시간 방을 비울 때는 전등을 끄고, 텔레비전이나 컴퓨터, 인터넷을 사용할 때도 전기세를 아끼도록 한다. 특히 겨울에 춥다고 개인전용 장판이나 히터를 몰래 사용하다 들켜서 오해받지 말고 미리 허락을 받도록 하자.

4. 음식

홈스테이를 하다 보면 식습관 때문에 마찰이 일어나는 경우가 많은데 맛이 없더라도 성의를 봐서 먹고, 정 먹기가 거북하면 대화를 통해 해결책을 찾도록 한다. 음식이 입맛에 맞지 않는다고 아무 말도 없이 혼자 자주 요리를 해먹으면 오해를 불러올 수 있다.
홈스테이 주인이 허락한 간식(예: 하루 계란 1개, 사과 1개)외

에는 냉장고에 서 음식을 임의로 꺼내먹지 않도록 한다. 음식 하나로 마음이 엄청 상할 수 있다.

5. 친구 초대
친구를 초대할 때는 허락을 받는 것이 좋다. 그렇지 않으면 혹시 홈스테이 가족의 물건이 없어졌을 때 본인 책임으로 돌아갈 수 있다.

6. 열쇠 분실
집에 들어갈 수 없는 상황일 경우(열쇠 분실 등) 전화를 하거나 식구들이 올 때까지 기다리는 것이 좋다. 정문이 아닌 창문으로 넘어 들어갈 경우 위법 행위로 경찰에 신고 당할 수 있다.

7. 저녁시간
밤늦은 시간, 거실에서 떠들거나 텔레비전을 시청하거나 간식을 해먹거나 출입문을 쾅 닫거나 샤워나 빨래를 하거나 화장실을 요란하게 사용하면 제재를 받게 되고 서로 기분이 상할 수 있으니 주의한다.

8. 홈스테이를 떠날 때
홈스테이를 떠난 후에도 홈스테이 가족과 관계를 유지할 수 있다면 뉴질랜드 생활에 많은 도움이 된다. 만약 기물을 파손한 것이 있으면 주인과 상의해서 보상하자. 만에 하나 물건이 탐나서 허락 없이 가지고 나올 경우, 이는 개인적인 문제로 끝나지 않고 현지 교민을 포함한 한국 유학생들에게 엄청난 피해를 줄 수 있다.

반기문 유엔사무총장은 1962년 적십자 비스타vista 프로그램으로 케네디 전대통령을 만나러 미국에 갔을 때 홈스테이 주인 패터슨 할머니를 만나 40년간 계속 연락해오다 2005년 서울로 초대해 극진히 대접했다고 한다. 홈스테이로 한번 맺은 인연을 일평생 유지한 것이다.

애완동물에 대한 에티켓

1. 개와 고양이를 키우는 홈스테이 가정에서 생활할 때 주의할 점
   개와 고양이를 가족처럼 사랑하고 아끼는 것은 똑같다. 하지만 우리나라에서 사람이 먹는 음식을 개나 고양이에게 주는 것처럼 뉴질랜드에서 애완동물에게 사람이 먹는 음식을 주면 주인이 상당히 불쾌하게 생각한다.
2. 개와 고양이를 좋아하지 않는다고 길을 가다가 무심결에 돌을 던지거나 발로 차면 동물학대방지법에 의해 낭패를 당할 수 있다.

03. 플랫

호주에서는 셰어하우스라고 하고 뉴질랜드에서는 플랫이라고 하는데, 일종의 자취와 같은 개념이다. 대부분 집주인과 기존 세입자가 상의해서 플랫비를 결정하는데, 나이, 성별, 기간 등 조건들을 무척 까다롭게 내놓는 경우도 있다. 플랫은 뉴질랜드 현지 신문, 교민 잡지나 교민 신문, 어학연수 학교 및 백팩커 알림판, 동호회 카페, 부동산 등을 통해 구할 수 있다. 실전 영어를 배우는 차원에서 지역 신문을 보고 직접 연락해서 구해보는 것도 좋다. 플랫을 구할 때는 인터넷 검색, 혹은 지인을 통해 충분히 정보를 알아본 후 플랫비를 조정하도록 하자.

별도의 계약서는 작성하지 않지만 주당 방세에 물세, 전기세, 인터넷 요금이 포함되는지, 별도로 부담하는 부분이 있는지 확인하도록 한다. 방세는 지역마다, 집의 상태마다 약간씩 차이가 있지만 대략 1인 1실 N$180~240, 2인 1실 N$140~160 정도 하고 여러 명이 함께 지낼 때는 좀 더 비용이 줄어든다.

★ 뉴질플랫메이트
www.nzflatmates.co.nz

★ 플랫 메이트 간의 분쟁은 주택렌트법의 적용을 받지 않는다. 주세입자가 있고 나머지 사람들이 전세 입자인 경우는 예외로, 그들 간에 상호 서면계약이 있고 그 계약서에 주택렌트법을 적용하겠다라는 내용을 명시했을 경우이다.

★ 고가품은 잘 모르는 사람에게 자랑하지 말고 잘 관리해서 도난당하지 않도록 주의한다.

2인 1실의 경우, 플랫 메이트와의 관계가 중요하다. 만약 잘 때 코를 심하게 골거나 설거지를 미룬다거나 개인 생필품을 허락 없이 쓴다거나 말도 없이 냉장고에서 음식을 꺼내먹는 등 사소한 생활습관에서 트러블이 계속 생기면 함께 지내기가 무척 불편해진다. 이럴 때는 집주인이나 세입자에게 이야기하고 장기계약이 아니라면 다른 곳으로 옮기는 것이 좋다. 이사를 갈 때는 이사 가기 3주 전에 미리 알려야 하며 약속한 기간을 채우지 못하고 이사를 가면 보증금을 돌려받지 못하는 경우가 많다.

> 저녁을 먹고 나면 설거지 좀 부탁합니다.
> Would you please wash the dishes after dinner?
> 세탁물은 바구니 안에 넣어줄래요?
> Please put your laundry in that basket.
> 아침에 화장실은 몇 시에 쓰시나요?
> What time do you usually use the bathroom in the morning?

간혹 영어 때문에 외국인 친구를 플랫 메이트로 구하려는 사람들은 우리와 그들의 문화가 많이 다르다는 걸 먼저 기억하자. 아는 동생이 외국인 플랫 메이트와 같이 살게 된 이후 골치가 아프다며 백팩커에 놀러 올 때마다 넋두리를 늘어놓았었다. 최근에는 그렇게 많지 않지만 밖에서 맨발로 다니다가 그 발로 온 집안을 돌아다니는 애들도 있다. 처음에는 기가 막히지만 시간이 지나다 보면 한번쯤 따라해 보고 싶은 충동을 느끼기도 한다.

백팩커에서 생활한 지 5개월이 넘었을 무렵, 아파트를 렌트한 브라질 친구 루이스가 플랫 메이트를 제안하면서 플랫 생활을 시작하게 되었다. 여러 명이 함께 지냈기 때문에 불편한 점도 있었지만 청소만 조금 도와주고 아주 싼 비용에 지낼 수 있었기에 만족스런 생활이었다. 당시 집주인은 중국계 아주머니였는데 수시로 집을 드나들며 주변을 둘러보고 몇 명이나 살고 있는지 확인했다.

나중에서야 알게 되었지만 집주인이 세입자의 집을 방문할 때는 48시간 전에 통보하고 허락을 받아야 하며, 4주에 1회에 한해서만 집을 둘러보고 검사할 수 있다. 또한 렌트한 사람이 양도나 전대하는 것을 계약 시 금지하지 않았다면 이 부분도 간섭할 수 없다. 하지만 모든 것이 규정이나 법으로만 해결할 수 없는 법. 집주인이 좋아하지 않으면 다른 점에서 까다롭게 굴수 있기 때문에 주인의 동의를 구하지 않고 플랫 메이트를 다시 구하는 것은 좋지 않다. 또한 계약서에 인원을 정해놓은 경우에는 그 인원수보다 초과한 사람이 살아서는 안 되며 집주인에게 어떤 사람이 같이 산다고 미리 양해를 구하는 것이 바람직하다.

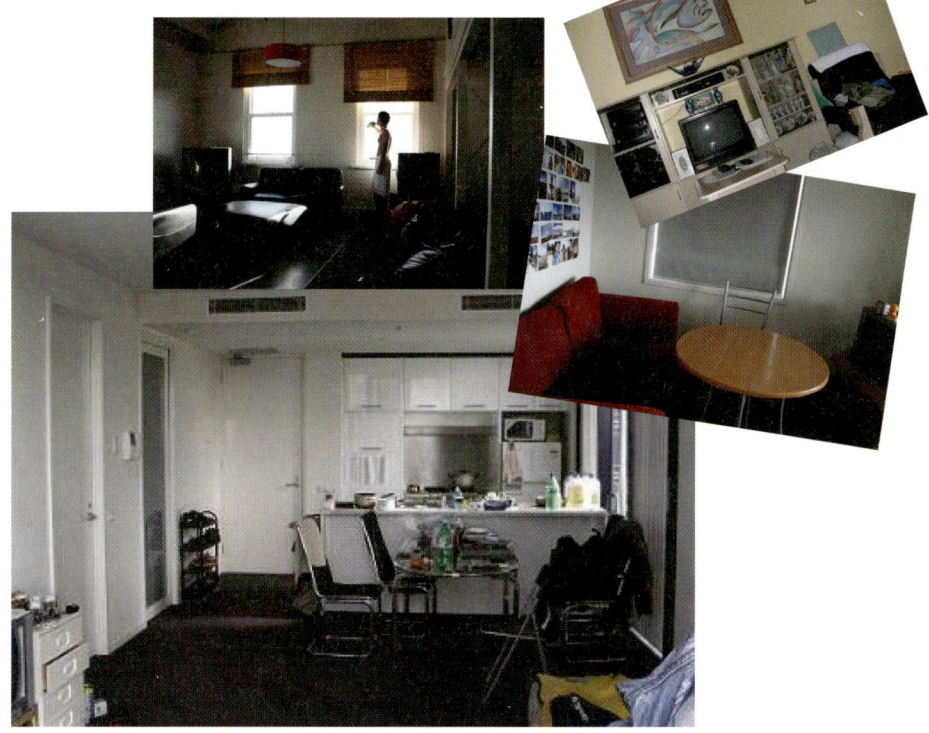

04. 렌트

공공도서관 리셉션에 가면 주황색 바탕의 소책자인 주택임차법에 대한 종합안내서Renting and you, A guide to the law about renting를 무료로 받아볼 수 있다. 뉴질랜드의 주택임대차보호법이 자세히 나와 있으며 다행히 한글판도 있다. 많은 부분에 있어서 세입자의 사생활과 인권을 보호하고 있는 것이 뉴질랜드 주택임차법Residential Tenancies Act 1986인데, 주인과 세입자는 서로 책임과 의무를 다해야 한다. 집을 렌트할 때 그 나라의 주택임차법에 관련된 사항들을 먼저 확인해보면 상당히 돈을 절약할 수 있고 불이익을 당하지 않을 수 있다.

> 텐넌시 홈페이지에 접속해서 메인화면 Tenancy 아래쪽에 있는 Download tenancy forms을 클릭한 후 다음 화면 왼쪽 General information about renting을 클릭한다. 화면 정중앙에 있는 Korean을 클릭하면 한국어로 번역된 주택임차법 PDF 파일을 볼 수 있고 부동산에 관련된 각종 서식도 출력 가능하다.
> ● 텐넌시 홈페이지 www.tenancy.govt.nz
> ● 전화 0800 83 62 62

★ 행복한양
www.happysheep.co.nz

렌트를 구할 때는 주로 신문을 활용하거나 trademe.co.nz와 같은 뉴질랜드 현지 사이트에 들어가서 가격price, 지역location, 방의 개수number of bedroom, 집의 종류style of home, 실내 난방heating system, 특별한 사항들 special features에 대한 정보를 구한다.

매니지먼트 회사가 운영하는 아파트는 매니지먼트사에서 신문이나 사이트에 글을 올려 입주자를 구하는 경우가 많은데, 매니지먼트 회사에서 전적으로 모든 관리를 맡아 해주기도 하고 세입자만 구해주고 나머지는 집주인과 세입자가 직접 처리하기도 한다. 아무래도 집주인과 직접 거래하면 비용을 흥정해볼 여지가 있다. 아파트 입구마다 매니지먼트사 매니저 연락처가 있으니 직접 발품을 팔아 상담을 하고 집을 구하도록 한다. 부동산을 통해 구할 때는 부동산이 중재해서 삼자가 함께 계약을 완료하는 것이 일반적이다.

보통 입주 전에 렌트비 2주치와 보증금bond(최대 주당 렌트비 4주치)을 우선 지급한다. 또한 부동산을 통해 주당 N$300짜리 집을 구했다면 일주일치 렌트비(+GST)를 포함해 N$300+GST(12.5%)를 부동산에 지급해야 한다.

보증금은 집주인이 아닌 주택부 기관에서 보관하는데, 주택부에서 보증금 영수증을 세입자에게 발행해주고 계약이 종료되거나 세입자가 다른 곳으로 이사하면 보증금을 돌려준다. 다만 렌트비가 연체되거나 집안 기물이 파손되면 그 비용을 보증금에서 제하고 남은 금액만 돌려준다.

계약을 할 때 집 안 기물 파손 여부 및 수량을 파악해서 부동산검사보고서Property Inspection Report를 작성하고 집 안의 모습을 카메라로 찍어두면 좋다.

렌트비는 자동이체로 납부해줄 것을 요구하기 때문에 계좌개설이 필요하다. 2주에 한번 렌트비를 지불하고 전기세, 물세, 인터넷, 전화설치비는 개인이 별도로 내야 한다.

★ 보증금을 현금으로 지불했다면 반드시 영수증을 챙겨야 한다.

생활하는 동안 주인의 허락 없이 열쇠 하나 바꾸는 것도 문제가 될 수 있으니 쌍방의 권리와 의무에 대해 알아두고, 집주인이 권리와 의무를 지키지 않을 경우에는 먼저 대화로 풀고 그래도 시정이 안 되면 테넌시 서비스tenancy service(주택임대차 관리청)에 자문을 구해 정보를 제공받도록 한다.

★ 임차계약서에 사인을 한 사람이 그에 따른 모든 책임을 지며 임차계약서를 작성한 이후의 구두계약도 법적인 효력이 발생할 수 있으니 언행에 신중하도록 하자.

> 왜 제가 보증금을 적게 돌려받았는지 궁금합니다.
> I'm curious why I received less money on the refund.
> 저는 단지 2달 살았고 가구도 파손된 것이 없습니다.
> I lived only 2 months and haven't made any damage to your furniture.
> 200달러를 빼는 건 부당해 보이네요.
> It seems inappropriate for you to deduct N$200.

렌트는 미확정렌트periodic와 확정기간렌트fixed가 있다. 만약 내가 세입자로 확정기간렌트를 했다면 상황이 좋지 않아 더 이상 살 수 없게 되더라도 계약 만기 시까지 또는 다른 세입자를 찾을 때까지 렌트비를 부담해야 한다. 유학생들이 이 부분을 몰라 환불을 요구하거나 개인사정을 호소하는데 원칙에 가깝게 일을 처리하기 때문에 돈을 돌려받기는 어렵다. 렌트나 플랫을 하기 전에 미리 물어 조언을 듣도록 하자.

> 한국 유학생 중에는 방 2개가 딸린 아파트를 렌트해서 본인은 주당 100달러만 내고 같은 한국 유학생 플랫 메이트에게 주당 200달러를 받는 학생들이 있다. 보증금이나 추가비용이 들어간 부분은 이해되지만 아파트 렌트로 떼돈을 벌 생각이 아니라면 좀 더 합리적인 비용으로 서로에게 도움을 주면 좋겠다.

권리와 의무	rights and obligations
임차	renting
기간미확정임차	periodic tenancy
기간확정임차	fixed-term tenancy
렌트계약서	tenancy agreements
보증금센터	bond centre
분쟁	disputes
중재	mediation
렌트분쟁심판소	tenancy tribunal
분쟁쟁의소	the dispute tribunal
중재명령서	mediated order
집행	enforcement
심판관	adjudicator
중재관	mediator
보복통지의 경우	retaliatory notice
임차희망자 & 구입희망자	prospective tenant or buyer
금전지불명령	monetary order
청구분쟁	claim not agreed
서면통보	written notice
통보주소	address for service
세입자가 수리를 원할 때	tenant wanting repairs
약정기간	periodic term
고정약정기간	fixed term
보증금	key money
차별대우	discrimination
인권위원회	human rRights commission
양도	assign
재임대	wublet
강제집행	enforce
연대책임	jointly and severally liable
렌트의 종류	type of tenancies
렌트 시세	market rent
플랫 공유	sharing a flat
렌트 주택 비우기	leaving the premises
선불 렌트비	rent in advance
불법침입자	trespasser
강제퇴거 및 종료	eviction & termination
보증금 반환	return of the bond
보증금 양도	bond transfer
보증금반환신청서	bond refund form
보증금납부양식	bond lodgement form
집주인변경신청서	change of landlord form
세입자변경신청서	change of tenant form
동산	chattels
보상	compensation
법률적인 구속력	legally binding
계량기에 의한 물세	metered water
종료통보	notice to quit

쓰레기 처리

청정지역으로 알려진 뉴질랜드도 피해갈 수 없는 것이 바로 쓰레기 문제다. 100여 곳의 쓰레기 매립지를 가진 뉴질랜드에서는 몇 년 전만 해도 분리수거를 하지 않았지만 지속적인 인구유입과 소비생활의 촉진으로 지금은 쓰레기를 줄이기 위해 여러 모로 노력 중이다.

쓰레기 처리 방법 중 독특한 것이 바로 음식 쓰레기 처리인데, 싱크 개수대 밑에 분쇄기가 설치되어 있어 자동으로 음식 쓰레기를 갈아 밖으로 배출한다. 일반 음식물은 개수대에 버리고 딱딱한 뼈, 껍질류만 따로 비닐팩에 담아 버린다. 일반 쓰레기의 경우에는 봉투를 구입해서 버리거나 대형통을 구입해서 배출한다. 병이나 캔 등 각종 재활용품은 따로 분리수거하지 않고 재활용통에 담아 내놓는데 재활용통도 버리려면 따로 비용을 지불해야 한다. 6개월에 N$30, 12개월에 N$50이며 재활용통 recycling bin은 무료로 나눠준다. 지역마다 수거하는 요일과 시간이 다르지만 일반적으로 2주 1회, 보통 7시 이전에 내놓아야 수거해가며 유해생활폐기물의 경우 별도 업체에 연락해야 한다.

일반 쓰레기통 rubbish bin	12개월	6개월
작은 사이즈 (최대 20kg)	N$190	N$135
보통 사이즈 (최대 25kg)	N$225	N$150
대형 사이즈 (최대 50kg)	N$350	N$215

단기간 머무는 사람의 경우에는 쓰레기봉투를 구입해서 버리는 것이 훨씬 저렴하다.
· 플라스틱 전선을 태우다가 징역형을 받은 사례가 있기 때문에 쓰레기를 함부로 태우지 않도록 한다.

쓰레기 처리 안내문

쓰레기통

쓰레기통 문구

뉴질랜드에서 홀로서기
SURVIVAL ENGLISH

01. 은행

> 은행에서 요구하는 신분증, 서류 등이 없을 경우 계좌 개설이 안 될 수 있다. 또한 방문 비자의 경우에도 아무래도 은행에서 꺼린다.

현재 뉴질랜드에는 HSBC, Citi Bank 같은 세계적인 다국적 은행을 포함해 전국적인 지점망을 가진 은행들(ANZ, ASB, National Bank, Westpac Bank, BNZBank of New Zealand)이 많이 있다. 우체국에서 운영하는 Kiwi Bank는 시작 단계라서 규모는 크지 않지만 수수료 감면 혜택 등으로 고객 유치에 나서고 있다. 오클랜드에는 각 은행마다 대부분 한국인을 위한 전용 데스크가 마련되어 있어 은행 계좌를 개설하는 데 큰 무리가 없다. 또한 National Bank 등 한국어 지원 ATM현금자동지급기를 갖춘 곳도 있다.

계좌 개설은 3개월 이상 거주를 목적으로 승인된 입국 비자를 가지고 있는 경우에만 가능한데, 유학이나 이주를 목적으로 뉴질랜드에 6개월 이상 체류할 사람들은 뉴질랜드에 도착하기 전에 온라인, 전화, 우편 등으로 미리 계좌를 개설할 수 있다(National Bank, ANZ 등).

ANZ 브로슈어

학생들이 주로 이용하는 National Bank와 ANZ는 ANZ Banking Group의 일원으로 전국에 지점이 많고 ASB Auckland Savings Bank는 Auckland 지역을 대표하는 은행으로 인터넷 뱅킹 처리 속도나 카드 발급이 빠르다는 장점이 있다.

계좌 개설

여권 원본 및 본인 거주지가 증명되는 우편물만 있으면 대부분 계좌를 개설할 수 있다. 하지만 지점에 따라 요구 조건이 까다로운 곳이 있으므로 국제운전면허증 등 신분증이 2개 이상 있으면 좋다.

계좌를 개설하면 기본적으로 입출금 카드가 발급되며 통장 대신 은행 거래내역서를 매달 우편으로 발송해 준다. 우리나라에서는 계좌를 개설하면 이자를 받지만 뉴질랜드 은행에서는 오히려 매달 계좌 유지비 monthly fee를 내야 한다. 아무래도 전국에 지점망이 많은 은행이나 계좌 유지비, 이자, 수수료, 업무처리 등에 혜택을 많이 주는 은행을 선택하는 것이 좋기 때문에 두세 곳을 직접 방문해서 상담을 받아보도록 한다.

National Bank 카드

ASB 카드

은행직원	기다려주셔서 감사합니다. 무엇을 도와드릴까요? Thanks for your waiting. How can I help you?	
동기	계좌를 개설하려고 하는데요. I would like to open a bank account, please.	
은행직원	여권 좀 보여주시겠습니까? Would you show me your passport, please?	
동기	여기 있습니다. Yes, here you are.	
은행직원	여기 주소가 있나요? Do you have an address here?	
동기	네, 여기 있습니다. Yes, here you are.	

은행직원	계좌가 두 종류가 있는데 어떤 계좌를 원하세요? We have two types of account. Which one do you want?	
동기	스트림라인 계좌로 해주세요. Streamline, please	
은행직원	오늘 얼마 입금하시겠습니까? How much do you want to deposit today?	
동기	2,000달러를 입금하고 싶습니다. I'd like to deposit 2,000 dollars.	
은행직원	카드 비밀번호를 정해주세요. 네 자리 숫자를 누르고 엔터를 누르시고 한 번 더 반복해주세요. 감사합니다. 모든 처리가 끝났습니다. Please choose a pin number for your bank card. Please enter a four digit number twice, please. Everything has finished. Thanks	

★ 뉴질랜드 은행의 영업시간은 오전 9시부터 오후 4시 30분까지(월요일-금요일)다.

★비밀번호(PIN, Personal Identification Number): 입출금 카드를 발급받을 때 지정하는 4자리 숫자, 새로 발급 또는 교체가 가능하다.

계좌번호 : 뉴질랜드에서 일반적으로 사용되는 계좌번호

12　-　3230　-　0000000　-　00
A　　　B　　　　C　　　　D

A : 은행번호 (2자리)
B : 지점번호 (4자리)
C : 계좌번호 (7자리)
D : 계좌종류번호 (2자리)

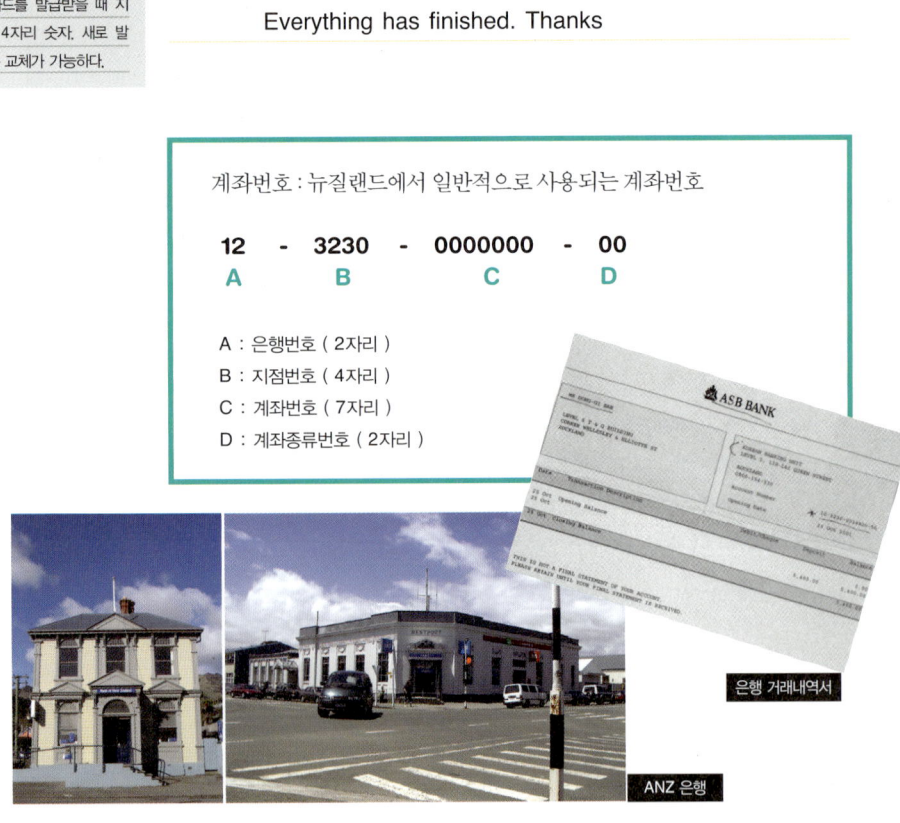

은행 거래내역서

ANZ 은행

계좌 종류는 은행마다 다양하지만 일반적으로 수표계좌, 저축계좌, 정기예금계좌로 구분할 수 있다.

ASB 은행을 예로 들면, 수표계좌Cheque Account-Unlimited 중에서 유학생들은 스트림라인Streamline 계좌를 가장 많이 사용하는데 매달 계좌 유지비 N$3을 지불하면 전산거래에 대한 수수료가 없고 창구를 이용할 때만 건당 N$3이 추가된다. 대부분 물건을 사고 결제할 때 EFTPOS현금카드 결제를 이용하고 ATM으로 입출금하기 때문에 가장 수수료를 절감할 수 있는 계좌다.

> 은행마다 개설 계좌의 수료, 인출한도가 각각 다르다. ASB 은행 ATM의 경우 하루 인출 한도가 N$2,000이다.

▶수표계좌(Cheque Account-Unlimited)
이율 없이 저축 용도가 아닌 일상거래 용으로 사용하는 계좌Everyday Transaction를 말한다. 수표계좌로는 언리미티드Unlimited, 스트림라인Streamline, 옴니Omni가 있다.

▶고금리 저축계좌(Savings Account-Fastsaver)
Fastsaver(고금리 인터넷 저축계좌)는 인터넷 뱅킹을 이용해서 입출금을 자유롭게 할 수 있는 계좌로, 수수료가 전혀 없고 고금리를 받을 수 있다. 또한 이자가 한 달에 한 번 지급된다. 이자적용을 위한 최소 예치금이 정해져 있지 않고 잔고 금액에 관계없이 이자가 적용된다.

▶정기예금계좌(Term Deposit Account-Term Deposit)
직접 예금하는 기간에 맞춰 이율을 적용받을 수 있도록 편리하고 자유로운 방법을 제공하고 있는데 정기예금이 가능한 최소 금액이 정해져 있다.

계좌 운영 방법

하루 24시간, 주 7일 전국 어디에서나 ATM을 이용해 입출금(추가 수수료 부과) 및 잔액조회(모든 ATM에서 가능한 것은 아님)가 가능하며 타 은행 ATM에서도 가능하다. 하지만 급하게 입금이 처리되어야 할 상황이라면 굳이 수수료 때문에 ATM으로 입금하지 말고 창구를 이용하도록 한다. ATM은 보통 봉투에 넣어 입금하는 FastDeposit의 경우, 당일 저녁 혹은 다음날 처리된다.

뉴질랜드 계좌는 마이너스 통장은 아니지만 어느 정도 잔고가 부족해도 입출금 카드로 결제를 할 수 있다. 결제를 하고 당일 입금을 하도록 하는 제도인데 잘 몰라서 마이너스 잔고인 채로 그냥 두었다가 과태료가 부과

> 타 은행 ATM을 사용하면 입출금, 잔액조회를 포함한 모든 거래 시 수수료가 부과된다. 거래 은행의 경우에도 어떤 거래든 사용하는 계좌의 전자거래비가 나간다. 스트림라인은 전자거래비가 무료.

되는 경우가 많다. ASB 은행의 경우, N$20 이상 마이너스 잔고로 하루 이상 넘어가면 다음 달 계좌 유지비에 N$20 Overdraft fee와 마이너스가 된 금액에 대한 이자가 부과된다. 자주 잔고를 확인하면서 계좌를 관리하고 오랫동안 멀리 가거나 귀국할 때는 꼭 계좌를 해지해서 매달 수수료 등으로 계좌가 마이너스가 되지 않도록 주의한다. 자신도 모르게 신용불량자가 될 수 있다.

입출금 카드로 가능한 업무

▶ 직불카드 결제(EFTPOS)

상점에서 물건을 구매할 때 사용할 수 있으며 이때 약간의 현금도 출금 가능하다. 대부분의 슈퍼마켓, 주유소, 일반 상점에서 EFTPOS로 지불할 수 있다. 직불카드 결제이기 때문에 계좌에 예치된 잔액 내에서만 사용할 수 있으며, 하루에 사용할 수 있는 직불결제 한도액은 은행마다 다소 차이가 있다.

▶ 인터넷 뱅킹(Fastnet Classic)

주 7일 24시간 언제든지 인터넷을 통해 입출금 및 계좌이체를 할 수 있다. 일부 서비스에 한해서는 수수료가 할인되거나 면제된다.

ATM에서 받을 수 있는 서비스(ASB 은행)

1) 출금 Withdraw
2) 잔액 조회와 영수증 출력 Balance
3) 최근 내역서 출력 Mini Statement
4) 입금 Deposit
5) 본인 계좌 내 이체 Transfer
6) 휴대전화 잔액 충전 Vodafone Prepay
7) 수표책 주문 Chequebook Request
8) 내역서 주문 Statement Request
9) 통장 갱신 Passbook Update

ASB 은행 계좌 유지비 Monthly fee N$0 만들기

1. 일반 Streamline 계좌와 FastSaver 계좌 두 개를 동시에 개설한다.
   FastSaver는 매달 이자를 지급해주는 반면 Streamline 계좌는 이자를 지급하지 않는다.

2. 인터넷 뱅킹 접속 후 Bank Statement 발송을 중단시킨다.
   Bank Statement 발송을 중단하면 기본 계좌 유지비가 무료다.

3. 급여를 받는 계좌를 반드시 FastSaver 계좌로 지정해둔다.
   Bank Teller(창구)를 통해 Streamline 계좌로 급여를 이체하면 N$3의 수수료가 Streamline 계좌에서 빠져나간다.

4. 인터넷 뱅킹으로 생활비를 FastSaver 계좌에서 Streamline 계좌로 이체한 후 ATM에서 인출한다.
   FastSaver 계좌는 ATM에서 입출금할 수 없고 인터넷 뱅킹으로만 가능하다. 인터넷 뱅킹으로 생활비를 Streamline 계좌로 이체한 후 ATM으로 인출하면 일체의 수수료가 청구되지 않는다. 다만 Bank Teller를 이용한 모든 입출금은 수수료가 든다.

계좌 폐쇄

계좌를 개설하고 폐쇄하지 않으면 매달 계좌 유지비가 빠져 나가기 때문에 귀국하기 전에 반드시 여권과 지급받은 카드를 가지고 은행에 가서 계좌를 폐쇄하도록 한다.

계좌를 닫고 싶습니다.
I'd like to close my account.

은행 홈페이지

ASB 은행 www.asb.co.nz
National 은행 www.nationalbank.co.nz
ANZ 은행 www.anz.co.nz
Kiwi 은행 www.kiwibank.co.nz
Westpac 은행 www.westpac.co.nz
BNZ 은행 www.bnz.co.nz

02. 전화

휴대전화

휴대전화mobile phone는 주로 일자리를 구할 때나 급한 연락을 해야 할 때 유용하게 쓰인다. 통화료가 비싼 편이라 받는 용도 이외에는 주로 문자 메시지를 주고받게 된다.

주요 휴대전화 회사로는 텔레콤Telecom과 보다폰Vodafone이 있는데, 대부분 뉴질랜드에서 모바일 시장 점유율이 큰 보다폰을 이용한다.

한국의 경우 CDMA에서 3세대이동통신 W-CDMA으로 통신 기술이 확대되고 있는 반면 뉴질랜드에서는 유럽 전기 통신 표준 협회 GSM과 CDMA를 함께 사용하고 있다. 그 중 보다폰은 021 식별번호로 GSM 방식 운영체계를 서비스하고 있고 텔레콤은 두 가지 방식을 모두 채택해서 운영하고 있다.

휴대전화는 회사, 모델 종류, 기능에 따라 N$100~600까지 가격이 다양하며 보다폰 대리점에서 구입할 수 있다.

한국처럼 12개월부터 최장 36개월까지 의무 약정기간을 두고 휴대전화를 구입하는 온 어카운트 플랜On Account plans을 이용하면 기기를 무상으로 제공받거나 싸게 구입할 수 있다. 3개월 이상 체류 가능한 비자 소지자들

> 새로 구입한 제품이 고장 나면 제조 결함의 경우 1년간 무상으로 수리받을 수 있으며 (영수증 필요) 개인 부주의로 인한 고장이면 서비스 요금을 별도로 지불해야 한다.

> ★ 한국에서 사용하는 스마트폰 중 갤럭시, 아이폰은 해외에 나가서 사용할 수 있게 컨트리락(Country Lock) 해제를 통신사 지점에 문의하고, 현지에서 아이폰 전용 심 카드를 구입하면 사용이 가능하다.

만 개통할 수 있는데, 12개월 이상 장기 체류할 사람들은 기간 약정 조건으로 구입한 후 본인에게 맞는 monthly 요금 제도를 선택하면 오히려 싸게 이용할 수 있다.

워홀 메이커들은 주로 중고를 구입해서 귀국할 때 되판다. 한국에서 사용하던 휴대전화를 로밍할까 고민하는 경우가 있는데 짧은 여행이라면 로밍이 편하겠지만 한 달 이상 장기 체류할 계획이라면 현지에서 휴대전화를 구입하는 것이 훨씬 저렴하다(로밍하지 않은 한국 휴대전화는 뉴질랜드에서 사용할 수 없다).

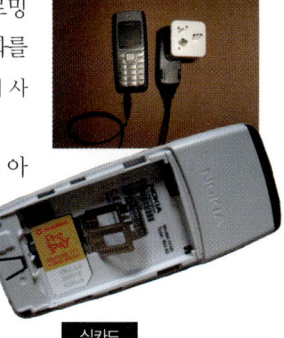
심카드

저녁 7시부터 다음날 아침 7시까지, 주말 금요일 저녁 7시부터 월요일 아침 7시까지 통화료가 저렴한 Get plans를 비롯해 다양한 요금제 plan가 있다.

워홀 메이커들이나 유학생들은 휴대전화 가격은 비싸지만 선불카드 형식의 심카드Sim Card를 사서 충전하면 그 금액만큼 사용할 수 있는 선불 요금제Pre Pay를 가장 많이 사용한다. 다른 휴대전화에 본인의 심카드만 넣으면 자신의 휴대전화처럼 사용할 수 있는데, 별도의 계약 없이 낮 시간 통화 시 분당 N$1.39, 밤 시간에는 분당 N$0.49, 문자 메시지는 건당 20C가량 한다. 심카드N$20, N$30, N$50은 가까운 편의점에서 판매하며, 보다폰 홈페이지에서 회원가입 후 신용카드로 충전하거나 보다폰 대리점 등에서 충전할 수 있다. ASB 은행 계좌가 있으면 ATM에서도 가능하다. 보다폰 요금제 중에서 Supa Prepay는 주중 저녁 7시 이후 또는 주말 2시간까지 보다폰 사용자끼리 통화하면 N$2만 청구되고 그 이후에는 분당 89C의 요금이 청구된다. BestMates 커플 요금제는 한 달에 N$6~18을 지불하면 지정된 3명까지 무제한 통화 및 문자가 가능하다.

문자를 주로 많이 이용하는 사람들은 N$10에 2,000개의 문자를 사용할 수 있는 TXT2000 요금제를 선택하자(문자 건당 20C).

보다폰 회사의 휴대전화를 잃어버렸거나 도둑맞았을 때는 0800 800 021이나 친구 휴대전화로 777을 누르고 2번과 #0번을 누르면 고객 서비스 센터와 통화할 수 있다. 분실 후 찾을 수 있는 확률은 그리 높지 않지만 만약을 위해 연락해두는 것도 나쁘지 않다.

★ 주요 휴대전화 회사
보다폰 www.vodafone.co.nz
텔레콤 www.telecom.co.nz
텔스트라클리어
www.telstraclear.co.nz

★ 중고 휴대전화 구입
뉴질랜드 이야기
http://cafe.daum.net/newzealand

★ 중고 휴대전화 살 때 주의할 점
휴대전화에 IOU라는 기능이 있는데, 휴대전화에 충전 금액이 없을 때 회사로부터 충전 금액을 마이너스 식으로 빌린 후, 다음 충전 시 수수료와 함께 그 금액이 빠져나가는 기능이다. IOU를 사용한 후 구매자에게 말하지 않고 휴대전화를 파는 경우가 있으니 휴대전화 판매자와 같이 가서 휴대전화를 충전해보자.

동기	실례합니다. 휴대전화를 사고 싶어요. Excuse me. I'd like to buy a mobile phone.
직원	어떤 종류의 휴대전화를 원하세요? What sort of mobile phone do you want?

동기	제일 싼 휴대전화를 보여주세요.
	Could you show me the cheapest mobile phone?
직원	알겠습니다. 이건 어떠세요?
	Okay. How about this?

일반전화

일반전화 서비스는 텔레콤Telecom New Zealand과 텔스트라클리어 TelstraClear에서 제공하고 있는데, 이 중에서 텔레콤이 국영통신회사로 회선 부분에 있어 독점적인 우위를 차지하고 있다. 신청을 하고 설치하기까지는 지역마다 다소 차이가 있지만 평균 5일 정도 걸린다.

기본상품을 선택하면 매달 N$44.85(GST 포함)가 청구되는데, 같은 지역으로 전화하면(오클랜드 -> 오클랜드) 통화 시간에 상관없이 무조건 무료이다. 다만 시외전화, 국제전화, 휴대전화 통화 요금은 별도로 청구된다.

★ **일반전화 신청**
온라인이나 전화로 신청할 수 있다.
· 텔레콤(한국어)
http://kr.telecom.co.nz
· 텔스트라클리어
www.telstraclear.co.nz
전화 0800 168 168

비상 전화 111은 모든 전화, 휴대전화를 포함해서 무료

공중전화

동전전화기와 카드전화기, 함께 사용할 수 있는 겸용 전화기가 있으며 신용카드로도 전화를 걸 수 있다. 전화카드는 편의점, 주유소, 신문가판대, 서점, 정비소, 인포메이션 센터 등에서 살 수 있고 N$5, N$10, N$20, N$50짜리가 있다. 유효기간이 있어 기간이 지나면 사용할 수 없다.

휴대전화가 보편화되면서 공중전화기를 사용하는 사람들이 줄어들고 있지만 뉴질랜드에서는 소수의 사람들을 위해 공중전화기의 수를 어느 정도 유지하고 있다. 하지만 정작 공중전화 통화료는 비싼 편이다(시내통화의 경우 분당 N$0.20).

★ **전화번호 안내 사이트**
www.whitepages.co.nz
www.yellowpages.co.nz

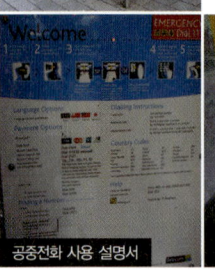

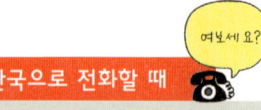

한국으로 전화할 때
편의점이나 슈퍼마켓에서 국제전화 선불카드를 구입해 카드의 금액만큼 전화하는 방법과 인터넷 전화를 이용하는 방법이 있는데, 주로 인터넷 전화를 많이 사용한다.

03. 인터넷

뉴질랜드에서는 사용시간과 데이터 전송량에 따라 인터넷 사용요금이 부과되는 인터넷 종량제를 실시하고 있다. 열어둔 포털사이트 웹페이지가 자동으로 다시 읽히는 경우(자동 리로드)가 아니라면 상관없지만 동영상에 접속한 후 장시간 플레이 상태로 두면 정해진 용량을 초과해버리기 쉽다. 용량이 초과되면 속도가 현저히 느려지고 초과데이터excess data 요금이 청구된다.

1G 용량은 온라인 게임 약 22시간, 포털사이트 검색 약 5,000페이지, 온라인 신문 약 4,000페이지 정도에 해당하며, CD 한 장 다운받을 경우 700Mbyte가 소모된다.

ADSLAsymmetric Digital Subscriber Line 방식을 사용하지만 가정용의 경우는 속도가 많이 떨어지고 동영상 버퍼링도 심해 한국 사람들은 주로 PC 방을 찾는 편이다.

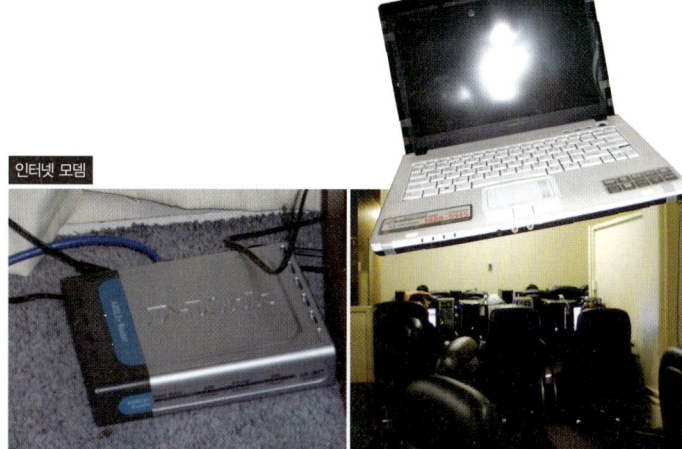

업로드upload 속도를 정할 때 간단한 정보를 검색하려면 256Kbps(0.256Mbps) 정도가 적당하고 조금 빠른 속도를 원한다면 2Mbps 이상이나 풀스피드Full Speed를 선택한다. 한국의 광랜의 경우, 업로드 시 70Mbps, 다운로드 시 100Mbps 정도인데 뉴질랜드에서는 풀스피드 다운로드라 하더라도 3~5Mbps 정도 나온다. 속도가 어느 정도 느린지 짐작할 수 있을 것이다.

설치 전에 전화 또는 회사 홈페이지로 인터넷 설치 가능 지역인지 먼저 확인하고, 하루 또는 월 개인의 사용량과 속도에 따라 plans 등을 따져보자. 일반전화가 개통되어 있으면 인터넷을 설치할 수 있는데 방문, 전화, 홈페이지 접속 후 신청서를 작성하거나 fax로 사용하는 전화 청구서를 보내면 인터넷을 설치할 수 있다. 만약 집주인이 다른 회사 인터넷을 사용하고 있으면 전화번호 하나로 두 개의 인터넷을 사용할 수 없으니 추가로 전화번호를 받도록 한다.

한국처럼 신청한 다음날 AS 기사가 방문해서 설치해주지 않기 때문에 모뎀과 VDSL 필터를 구입한 후 본인이 직접 설치해야 한다. 신규 가입자에 한해 프로모션을 하는 경우, 모뎀이나 필터 제공 등 무료혜택을 많이 주지만 해약 시 위약금이 있는지 따져봐야 하고 회사마다 요금제 변경 시 건당 N$10~15 정도의 수수료가 부과되기 때문에 신중하게 선택하는 것이 좋다.

최근 학생들 사이에서는 무선 인터넷 사용이 증가하는 추세다.

★인터넷 요금
텔레콤의 경우 3GB 용량에 업로드 속도 최대 128Kbps이면 N$ 39.95, 용량 10GB이면 N$49.95 정도이며 Digitalisland 회사의 5GB 용량, 양방향 풀스피드는 N$62.00이다. WOOSH의 경우 5GB 용량에 N$39.95, Worldnet은 한 달 1GB, 양방향 풀스피드 선택 시 N$39.90 정도다. 별도로 신규 설치 시 또는 이사할 경우 추가비용이 부과된다.

★텔레콤의 경우 집전화와 인터넷 콤보(Landline+Internet Combo) 가입 시 속도 Up MAX, Down MAX로 20GB 사용 시 한 달 요금은 오클랜드, 크라이스트처치, 웰링턴 지역이 N$94.95, 그 외 지역이 N$99.45 정도 된다. 95GB 사용 시 한 달 요금은 오클랜드, 크라이스트처치, 웰링턴 지역이 N$129.95, 그 외 지역이 N$134.45 정도 된다. 타사의 경우 100GB 용량에서 피크타임 40GB와 오프피크타임 60GB 사용 시 N$100 정도의 요금이 부과되며 별도로 신규 설치 또는 이사할 경우 추가비용이 부과된다.

담당자   안녕하세요? 무엇을 도와드릴까요?
          Hello, what can I do for you?
동기   인터넷을 신청하고 싶어요.
          I would like to connect to the internet.
담당자   주소 좀 불러주세요.
          Could you tell me your address?
동기   오클랜드, 하이 스트리트 50번지, 3층입니다.
          It's Level 3, 50 High Street, Auckland.
담당자   ADSL을 설치할 수 있는 지역이네요.
          It is possible to connect to ADSL in that area.

동기	오늘 개통 신청하면 언제 사용 가능한가요? If I apply for a connection today when will I be able to use the internet?
담당자	일반적으로 5일 걸립니다. It generally takes 5 days.
동기	개통할 때 무슨 장비가 필요합니까? What do I need to set up my connection?
담당자	라우터와 케이블이 필요하고 전화기에는 ADSL 필터가 연결되어 있어야 합니다. You will need a router, phone line and ADSL filter.
동기	혼자서 설치할 수 있을까요? 방문 서비스는 없습니까? Is it possible to install it by myself or does someone need to visit my home to set it up?
담당자	기본적으로 혼자서 설치하셔야 하고, 방문할 경우 비용이 발생할 수 있습니다. Basically you can set this up yourself if you need anyone to visit there is an extra charge.

★ 인터넷
www.digitalisland.co.nz
www.worldnet.co.nz
www.woosh.com
www.telecom.co.nz

★ 속도점검
www.telecom.co.nz/speedmeter

어디서 요금제와 가격에 대한 정보를 더 찾을 수 있나요?
Where can I find more information on Internet plans and prices?

5기가면 용량이 어느 정도 되나요?
How much is 5GB?

비밀번호를 잊어버렸는데 어떻게 해야 하죠?
I have forgotten my password. What should I do?

IP 계정은 어디서 찾나요?
How do I find my IP address?

현재 프로모션은 무엇입니까?
What is the current promotion?

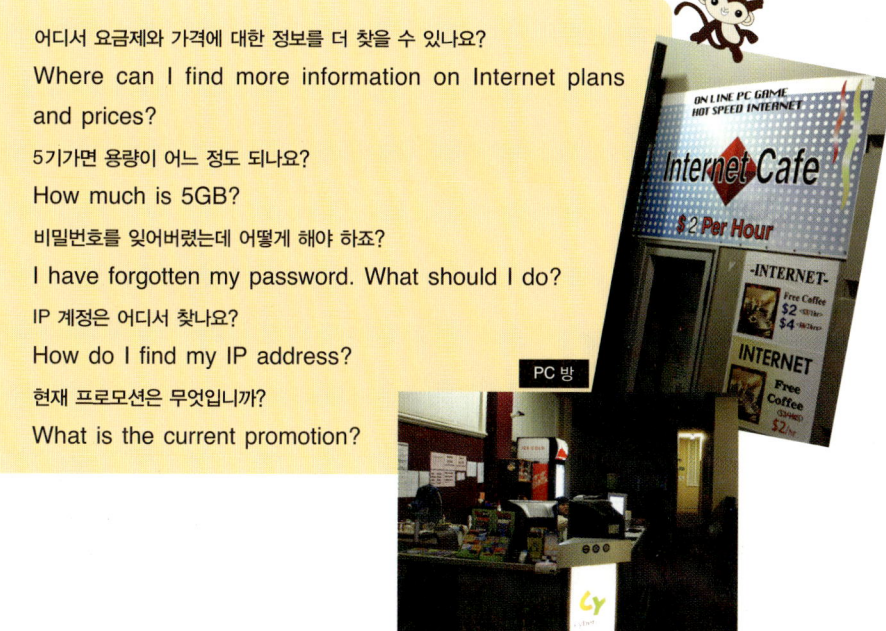

PC 방

04. 대중교통

버스

시내버스를 이용하려면 버스카드, 패스를 구입하거나 버스를 탈 때마다 현금을 낸다. 현금승차의 경우 버스기사에게 목적지를 말하고 단말기 옆에 돈을 놓으면 버스티켓과 거스름돈을 준다. 현금승차를 하는 사람이 많을 때는 출발까지 시간이 꽤 걸리지만 짜증을 내는 승객들은 극히 드물다. 간혹 중간에 버스티켓을 확인하기 때문에 버스티켓은 하차할 때까지 잘 보관하는 것이 좋다.

버스티켓에는 편도여행 현금요금 Single Trip Cash Fare(2시간 기준), 10번 탈 수 있는 10 라이드 Ride, 올데이패스 All Day Pass(하루 동안 무제한), 일주일이용패스 7-Day Pass, 먼슬리 패스 Monthly Pass(한 달 동안 무제한 이용), 통합된 패스 Integrated Passes 등이 있으며 도시마다 요금 체계가 조금씩 다르다.

오클랜드 버스 티켓

오클랜드 일일 승차 요금

(N$)

구역	성인 편도	성인 왕복	어린이 편도
시티 내	0.50	–	0.30
1구역	1.80	3.30	1.00
2구역	3.40	6.50	2.00
3구역	4.50	8.70	2.60
4구역	5.60	11.00	3.40
5구역	6.80	13.20	4.00
6구역	7.90	15.50	4.50
7구역	9.00	17.70	5.30
8구역	10.30	20.00	6.10

★ 주말과 공휴일에는 운행 횟수가 평일과 다르기 때문에 각 지역별 버스 시간표를 웹사이트에서 확인하자.

★ 버스 웹사이트
www.linkbus.co.nz
www.maxx.co.nz
www.metroinfo.org.nz
www.careers.nzbus.co.nz
www.nzbus.co.nz
www.metlink.org.nz

오클랜드 한 달 유효 버스카드에는 3종류(A Zone, B Zone, All Zone)가 있다. A Zone 버스카드는 링크버스Link Bus(시티 내 운행)나 스테이지코우치 버스Stagecoach Bus에서 모두 사용할 수 있으며 카드 비용은 N$130이다. A Zone은 North Shore and Hibiscus Coast, Go West, Metrolink and Auckland City, B Zone은 North Shore City, Waitakere City, Rodney District, Manukau City, Papakura District를 포함하며 카드 구입비용은 A Zone과 같다. All Zone 버스카드는 링크버스나 스테이지코우치 버스에 상관없이 여러 번 탈 수 있고 비용은 N$200이다. 모든 카드는 한 달 동안 해당 구역 내에서 무제한 이용할 수 있다. 하룻동안 여행을 즐기는 사람들을 위한 데이 패스Day Pass는 평일 또는 주말에 이용할 수 있으며 요금은 N$11.30이다. 10번을 타면 10%를 절감할 수 있는 멀티-저니Multi-Journey와 먼슬리 패스Monthly Pass의 경우 사용기간이나 횟수가 만료되면 다시 충전할 수 있고 최초 구입 시 낸 예치금은 예치금 영수증을 잘

Go West 버스

오클랜드 외곽버스

오클랜드 버스

챙겨두면 카드 반납 시 돌려받을 수 있다. 스페셜 패스Special Passes 중 한 달 동안 버스와 페리를 이용할 수 있는 정액요금제는 N$344이다.

크라이스트처치는 1 Zone(N$3.20), 크라이스트처치 도시 경계를 넘을 경우에는 2 Zone(N$4.40), 3 Zone(N$5.60)으로 구분되며 버스 요금은 현금 Cash fares 또는 메트로 카드Metro Card로 지불한다.

크라이스트처치 일일 승차 요금 (N$)

구간	방법	성인	어린이	환승
1 Zone	현금승차 1인	3.20	1.60	
	메트로 카드 1인	2.39	1.15	현금 승차 시 2시간 이내 1회 무료
2 Zon	현금승차 1인	4.40	2.20	
	메트로 카드 1인	3.30	1.65	메트로 카드 승차 시 2시간 이내 무제한
3 Zone	현금승차 1인	5.60	2.80	
	메트로 카드 1인	4.20	2.10	

★ 오타고 지역
N$1.50(1 Zone)~
N$5(7 Zone) 정도.

웰링턴 지역에는 일반 버스와 전선으로 연결된 지역만 운행하는 친환경적인 트롤리버스trolleybus가 있다. 메트링크 버스Metlink bus의 경우 1 Zone N$2.00, 2 Zone N$3.50, 3 Zone N$4.50, 4 Zone N$5.00, 5 Zone N$5.50, 6 Zone N$8.50 정도 하며 스마트 카드Smart Card 사용 시 20% 할인받을 수 있다. 먼슬리버스 티켓Monthly Bus Tickets의 플레티늄 패스Platinum Pass는 N$200 정도. 고웰링턴버스Go Wellington bus는 City section N$2.00, 1 Zone N$2.00, 2 Zone N$3.50, 3 Zone N$4.50이고 고카드GoCard의 경우 10% 할인 가능하다.

버스카드는 Bus Ticket Agents로 지정된 학교 사무실, 정류소 인접 편의점, 로또 가게 등에서 시간표와 함께 구입할 수 있고 크라이스트처치에서는 BusExchange에서 살 수 있다. 대도시에서는 전자 디스플레이 시스템

을 통해 버스시간을 알려주기도 한다. 메트로 카드는 신청서를 작성해서 여권이나 면허증을 보여주고 예치금 N$10을 내면 발급받을 수 있다. 내릴 때는 하차벨을 누르거나 창 쪽에 있는 줄을 아래로 잡아당기면 땡 하는 소리와 함께 운전기사 뒤쪽에 STOP이라는 신호가 켜진다.

동기	이 버스가 박물관 근처에 가나요?
	Does this bus go near the museum?
버스기사	갑니다. 왕복티켓을 드릴까요?
	Yes. Do you want a return ticket?
동기	네, 주세요. 얼마예요?
	Yes, please. How much is that?
버스기사	60달러입니다.
	It's N$ 60.
동기	네. 어디에서 내려야 하는지 말씀해주시겠어요?
	O.K. Could you tell me where to get off?
버스기사	물론이죠.
	Sure.
동기	돌아가는 버스는 언제 옵니까?
	When can I catch another bus back?
버스기사	여기 시간표를 보세요. 20분마다 옵니다.
	Here's a timetable. They run every 20 minutes.

택시

> 입출금 카드로도 택시요금을 계산할 수 있는데 회사마다 다르니 타기 전에 한번 확인해보자.

대부분의 택시들이 콜택시다. 회사나 지역마다 다소 차이가 있지만 기본요금이 N$3이고 분당 N$1, km당 N$3다. 하지만 장거리를 이용할 경우에는 요금을 흥정할 수도 있다. 뉴질랜드에는 손님 골라 태우기, 바가지 씌우기, 승차 거부가 없으며 일부러 돌아가서 요금이 더 나오게 하는 경우는 더더욱 없다.

택시요금이 제법 비싼 편이고 미터당 요금도 빨리 올라가지만 서비스가 좋다. 사실 영어연수나 유학 중인 학생들은 택시요금이 부담스러워 잘 이용하지 않지만, 버스가 시간에 맞춰 오지 않거나 바로 눈앞에서 버스를 놓쳤는데 다음 버스까지 간격이 너무 길어 도저히 기다릴 수 없을 때, 친구 집에 놀러갔다가 버스 시간이 지난 경우, 짐이 아주 많을 때는 부득이 택시를 이용하게 된다.

택시를 부를 때는 전화를 하거나 인터넷으로 예약한다. 평소 급할 때를 대비해 콜택시 번호 하나 정도는 알아두도록 하자. 이사를 하거나 짐이 많을 때는 10인승의 맥시택시 Maxi taxi를 이용하면 좋고 현금 또는 EFTPOS로 결제한다.

★ 택시회사
www.cooptaxi.co.nz
www.alerttaxis.co.nz
www.regencycabs.co.nz
www.bluestartaxis.org.nz
www.maxitaxi.co.nz
www.taxis.co.nz
www.taxicharge.co.nz

★ 교통상황 확인
www.transit.govt.nz

택시 회사	감사합니다. 블루스타택시스입니다. 차 타실 주소를 알려주세요. Thank you for calling Blue Star Taxis. Your pick-up address, please?
동기	It's 67 Victoria Street west. 빅토리아 스트리트 웨스트 67번지입니다.
택시 회사	성함을 알려주세요. Can I have your name?
동기	동기입니다. Dong-Gi.

그린택시

택시 회사	어디로 가십니까?
	Where are you going?
동기	I'd like to go to Commerce Street.
	커멀스 스트리트 쪽입니다.
택시 회사	언제 이동하기 원하십니까?
	When would you like to go?
동기	오후 3시 30분이요.
	3:30 pm, please.

기차

기차는 대부분 장거리 이동 시 이용하고 오클랜드와 웰링턴의 경우에만 통학하는 학생들이 간혹 시티 내에서 이용한다.

오클랜드 시티 내에는 Western Line, Southern Line, Eastern Line이 있는데, 1 Stage(N$1.70)~8 Stage(N$10.30)로 구분된다. 올 존 먼슬리All Zones Monthly는 N$180.00 정도 하며 먼슬리 디스커버리 패스Monthly Discovery Pass(N$240.00)를 사면 버스, 페리, 기차를 모두 탈 수 있다. 웰링턴 기차는 Hutt Valley Line(N$8), Paraparaumu Line(N$8), Johnsonville Line(N$4)으로 구분되며, 일일승차권인 Day Rover Ticket (N$13.00), 금~일요일까지 쓸 수 있는 3 Day Weekend Rover Ticket (N$20.00), 4명이 같이 탈 수 있는 Group Rover Ticket(N$35.00) 등이 있다. 오클랜드 기차의 경우 중간에 환승을 해야 하기 때문에 시간표를 인포메이션 센터에서 받거나 웹사이트에서 다운받아 수시로 확인하는 것이 좋다. 티켓은 개찰구가 없기 때문에 기차 내에서 승무원에게 현금을 주고 산다.

★ 뉴질랜드 교통정보-버스, 기차, 페리 요금표 및 시간표
www.maxx.co.nz
★ 웰링턴 교통정보
www.tranzmetro.co.nz
www.metlink.org.nz/timetables.php?route=HVL

뉴질랜드에서
홀 로 서 기
SURVIVAL
ENGLISH

Part 5
일상생활

01. 음식

해먹기

한국 음식을 해먹고 싶을 때는 한인마트에 가서 한국 식재료를 사자. 한인마트들은 인터넷, 간단한 무료전화를 비롯해 다양한 서비스도 제공한다. 대형할인점으로는 PAK'n SAVE, Foodtown, New World, Countdown, Woolworths, Fresh Choice, SuperValue 등이 있는데 Countdown, Foodtown, Woolworths에서는 온라인 쇼핑이나 전화주문을 통해 일정 금액까지 무료 배달 서비스를 제공한다.

대형할인점에 가면 필요한 것들을 모두 구할 수 있지만 한정된 생활비 안에서 지출해야 하는 만큼 이모저모 따져보고 구입하도록 하자. 대형할인점마다 생필품을 포함한 각종 먹을거리 가격이 조금씩 다르다. 뉴질랜드에서는 PAK'n SAVE가 다른 곳에 비해 싼 편이지만 처음에는 여러 군데 다니면서 가격을 비교해보는 것이 좋다. 무턱대고 여기저기 싸다는 말만 듣고 구입하지 말고 스스로 표를 만들어 가격을 비교해보자. 그리고 귀찮더라도 3~4개월에 한 번씩 업데이트해서 알뜰하게 소비하도록 한다.

목록	예	PAK'n SAVE	Foodtown	New World	Countdown
쌀 rice	N$9.50				
빵 bread	N$3.00				
치즈 cheese	N$5.69				
고기 meat	N$3.15				
버섯 mushrooms	N$2.50				
사과 apples	N$2.49				
버터 butter	N$2.45				
초콜릿 chocolate	N$3.70				

대형할인점

www.newworld.co.nz
신선한 채소와 식료품, 질 좋은 고기, 맥주, 와인를 구입할 수 있는 슈퍼마켓

www.paknsave.co.nz
최저 가격을 자랑하는 창고형 대형할인점으로 식료품과 생활용품 구입 가능

www.foursquare.co.nz
Mr. Four Square 캐릭터가 눈에 들어오는 식료품 슈퍼마켓

www.woolworths.co.nz
온라인으로 식품 주문 및 배달 가능

www.Foodtown.co.nz
갓 구워낸 빵, 신선한 식품 구입이 가능한 대형 슈퍼마켓

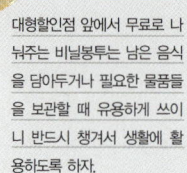

대형할인점 앞에서 무료로 나눠주는 비닐봉투는 남은 음식을 담아두거나 필요한 물품들을 보관할 때 유용하게 쓰이니 반드시 챙겨서 생활에 활용하도록 하자.

점원	현금으로 계산하시겠습니까, 직불카드로 하시겠습니까?	
	Do you want to pay by cash or EFTPOS?	
동기	직불카드로 하겠습니다.	
	EFTPOS, please.	
점원	현금이 필요하세요?	
	Any cash out?	
동기	괜찮습니다.	
	No.	
점원	봉투 필요하세요?	
	Do you want a plastic bag?	
동기	네, 주세요.	
	Yes, please.	

뉴질랜드 친구들에게 오삼 불고기(오징어+삼겹살)를 만들어주면 너무 좋아한다.

낙농업 국가임에도 대형할인점에서 채소를 사면 비싸기 때문에 유학생들은 대부분 가격이 저렴한 냉동믹스 채소를 사서 볶음밥을 해먹거나 요리할 때 사용한다. 소고기가 저렴해서 스테이크 요리를 즐겨 해먹기도 한다. 뉴질랜드 우유는 한국 우유와 맛이 달라 입맛에 맞는 우유를 한 번에 찾기가 쉽지 않다. 우유와 크림을 혼동하는 사람들도 많다. 뉴질랜드의 특산품 초록홍합은 대략 1kg당 N$1.99~2.99 정도 하는데 삶아 먹으면 그 맛이 정말 일품이다. 블루코드라는 대구 종류의 생선국도 만들기에 어렵지 않다.

대형할인점 정육코너 구석에 보면 뼈를 모아 파는 곳이 있는데 한국이나 중국 사람들이 주로 이용한다. 사 가라고 파는 물건이고 의외로 수프 끓일 때 국물을 진하게 내려고 넣는 사람들이 많기 때문에 살 때 괜히 눈치보지 않아도 된다. 다만 백팩커나 홈스테이에서는 뼈를 고아

초록홍합

탕을 해먹는 건 자제하도록 한다. 조리 특성상 몇 시간씩 삶아야 하는데, 가스비나 삶을 때 나는 특이한 냄새 때문에 컴플레인이나 패널티가 들어오기 쉽다.

시티에서 장기적으로 지낼 사람들은 직접 김치를 담가보자. 뉴질랜드에서 생활하면서 가장 잘 했던 것 중 하나가 바로 김치를 담가 먹어 식비를 많이 아꼈다는 것이다. 남자라고 아니면 한 번도 해본 적이 없다고 귀찮아하지 말고 시도해보자. 직접 해보면 별것 아니다. 또한 치즈를 좋아하는 사람들은 김치도 좋아하는 경우가 많기 때문에 작은 도시락 통에 김치를 넣어 선물로 주면 굉장히 좋아한다.

처음에는 같이 사는 친구와 서로 뜻이 맞아 식비를 나눠 함께 해먹지만 음식 끝에 맘 상한다고 얼마 되지 않아 각자 따로 해먹는 경우가 많다. 서로 입맛이 다르기 때문에 그런 것이니 굳이 억지로 맞춰 가려고 애쓰지 말고 편하게 생각하자. 처음에는 좀 어색하게 느껴지겠지만 금방 익숙해진다.

혼자 사는 당신을 위해 간단하게 김치 담그는 방법

한인마트에 가면 멸치액젓, 고춧가루, 굵은 소금 등 김치를 담그는 데 필요한 재료를 살 수 있고 배추는 중국인마트에서 싸게 판다. 다만 키위나 외국 친구들이 멸치액젓 냄새를 맡으면 기겁을 하기 때문에 이점만 주의하자.

식재료

배추 2~3포기(3kg)
고춧가루(김장용 고춧가루) 커피잔 기준 3~4컵
멸치액젓(커피잔 기준 1컵)
밀가루 또는 쌀가루 1컵 정도
다진 마늘 커피잔 기준 1/3컵
생강 반쪽, 굵은소금 약간, 당근 및 대파

1. 배추를 먹을 크기만큼 적당히 잘라 소금물에 30~40분 정도 담가둔다.
2. 숨죽인 배추를 깨끗이 씻고 물이 빠질 수 있는 그릇에 건져낸 후 물기를 완전히 뺀다.
3. 쌀가루 죽을 찬물에 풀어 계속 끓이면서 젓는다. 생가루가 없어질 때까지 익힌 다음 열을 식힌다.
4. 넓은 그릇에 액젓, 쌀가루 죽, 마늘, 생강, 고춧가루를 넣고 잘 젓는다.
5. 숨죽인 배추의 간이 싱거우면 소금이나 액젓을 약간 넣는다.
6. 준비된 양념에 배추, 대파 또는 당근을 넣고 가볍게 섞은 다음 용기에 담아 찬 곳에서 익힌다.

사먹기

★ 음식점 정보
www.eatout.co.nz
www.viewauckland.co.nz
www.dineout.co.nz
www.menumania.co.nz

★ 항이를 맛볼 수 있는 곳
www.maoriculture.co.nz
www.novotelrotorua.co.nz
www.mitai.co.nz

밖에 나가면 패스트푸드나 한국, 중국, 일본, 태국, 베트남, 인도 등 아시아권 음식들이 대부분인데, Foodtown에 가면 이들 음식을 쉽게 접할 수 있다. 뉴질랜드인들은 사람마다 다소 차이가 있겠지만 보통 아침에는 간단하게 홍차나 커피와 함께 빵을 먹거나 영국식 식사(베이컨과 후라이&토스트 등)를 한다. 평소에는 파스타 요리나 양고기, 소고기, 연어로 만든 요리 등을 즐겨 먹는다.

사람의 혀에서 느껴지는 맛은 사람의 개성만큼이나 다양하다. 한국 사람들이 맛집이라고 추천하는 곳을 찾아 키위들의 평가를 보면 10점 만점에 5~6점 정도인데 5점이 안 되는 곳도 많다. 고기를 씹으니 홍씨맛이 나는 것을, 왜 홍씨맛이 난다고 생각하느냐 물으시면 홍씨맛이 나서 홍씨맛이 난다고 한 것인데…라는 유명한 드라마의 명대사처럼 맛을 느끼는 미각세포의 활동은 사람마다 무척 다양하다.

뉴질랜드 요리로는 지열을 이용해서 고기(돼지고기, 소고기, 양)와 채소(감자, 고구마, 호박 등)를 익히는 마오리족의 전통 찜요리 "항이"Hangi가 대표적이다. 독특한 냄새 때문에 싫어하는 사람들도 있지만 유황계란을 좋아하는 사람이라면 그 맛을 느끼고 즐기는 데 그다지 문제없다. 항이는 마오리 민속공연과 함께 저녁식사로 상품화되어 로터루아Rotorua에서 맛볼 수 있다.

영국에서 들어온 Fish&Chips(생선&감자 튀김)는 가격이 저렴하고 맛있어서 유학생들이 즐겨 먹는 음식 중 하나다. FISH'N'CHIPS 혹은 TAKEAWAYS 라고 쓰여 있는 가게에 가면 N$6~7 정도에 먹을 수 있고 레스토랑에서는 N$15~20 정도 한다. 이외에 베트남 쌀국수(N$8~10)도 즐겨 먹는다.

오클랜드의 파넬Parnell에 가면 다양한 음식들과 카페 문화를 즐길 수 있고 파파쿠라Papakura에서는 생과일 아이스크림을 먹을 수 있다. 크라이스트처치 크라운 플라자 호텔의 나이트메어 아이스크림은 양도 푸짐하고 맛도 좋아 워홀 메이커, 유학생들의 입맛을 사로잡는다.

매니저	예약하셨습니까?	
	Do you have a booking?	
동기	아니요.	
	No.	
매니저	네, 잠시만 기다려주세요. 몇 분이시죠?	
	Ok, wait a minute. For how many people?	
동기	다섯 명입니다.	
	Five.	
매니저	이쪽으로 오세요.	
	Follow me, please.	
웨이터	주문하시겠습니까?	
	Do you want to order?	
동기	네, 부탁합니다.	
	Yes, Please.	

고기를 어떻게 (살짝, 반만, 완전히) 익혀드릴까요?
Do you want your meat rare, medium or well done?
완전히 익혀주십시오.
Well done, please.
음료수는 필요 없으세요?
Would you like any drinks?

할인쿠폰

★ 음식 가격(편차 있음)
한식 N$13~
중국 핫윙스 N$10~
일본 스시앤롤 N$2.5(롤 개당)
태국 음식 N$13~
샌드위치 N$8~
인도 카레 N$13~
터키 케밥 N$10~

대형할인점에서 물건을 구입하고 받은 영수증 뒤쪽을 보면 할인쿠폰으로 이용할 수 있게 되어 있어 제휴된 가맹점이나 햄버거 체인점에서 사용할 수 있다. Foodtown에 가면 간단한 신청서 작성으로 할인카드 ONECARD를 무료로 받을 수 있고 적립이 되면 N$5 정도 할인쿠폰 혜택이 주어진다.

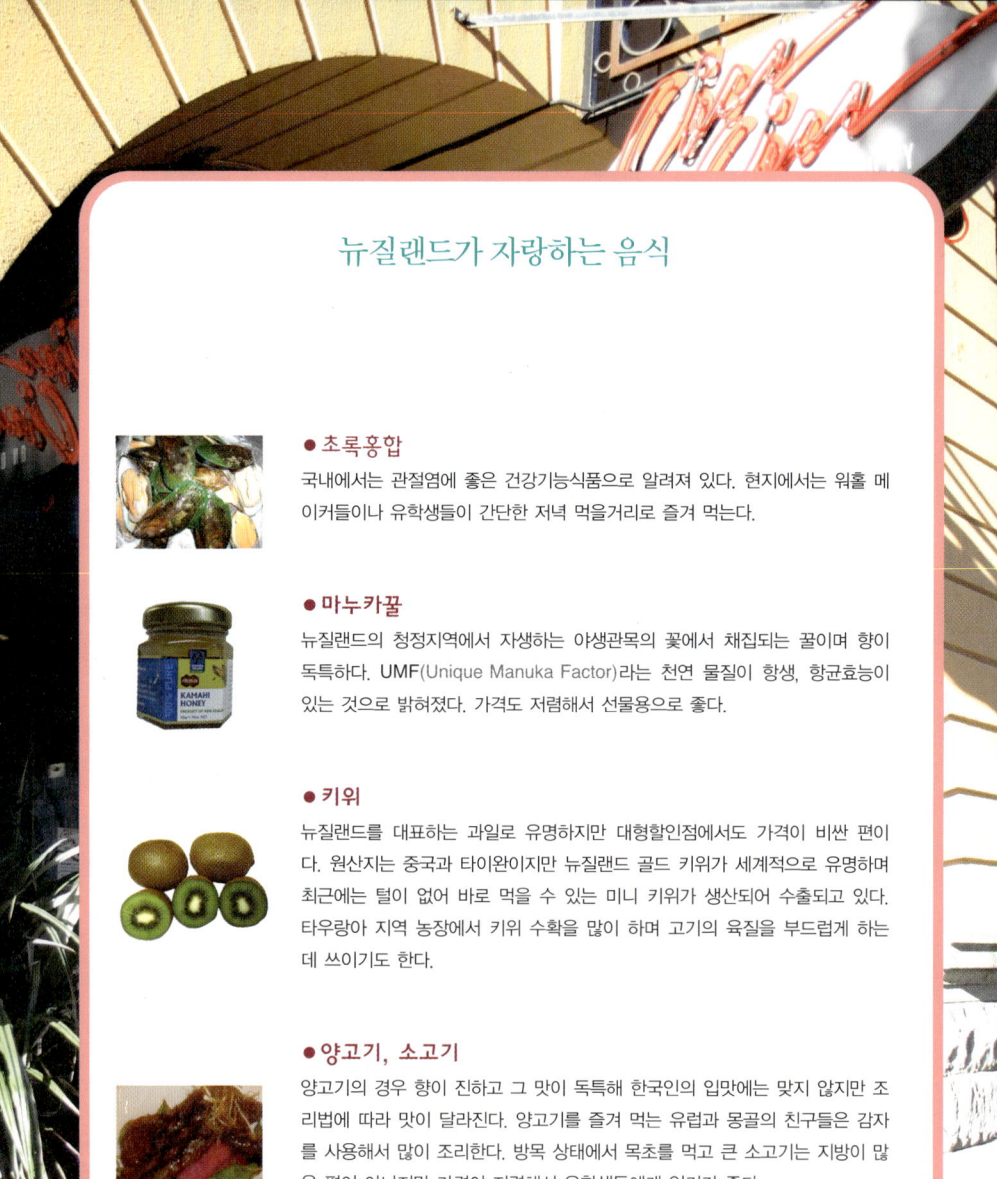

뉴질랜드가 자랑하는 음식

● 초록홍합
국내에서는 관절염에 좋은 건강기능식품으로 알려져 있다. 현지에서는 워홀 메이커들이나 유학생들이 간단한 저녁 먹을거리로 즐겨 먹는다.

● 마누카꿀
뉴질랜드의 청정지역에서 자생하는 야생관목의 꽃에서 채집되는 꿀이며 향이 독특하다. UMF(Unique Manuka Factor)라는 천연 물질이 항생, 항균효능이 있는 것으로 밝혀졌다. 가격도 저렴해서 선물용으로 좋다.

● 키위
뉴질랜드를 대표하는 과일로 유명하지만 대형할인점에서도 가격이 비싼 편이다. 원산지는 중국과 타이완이지만 뉴질랜드 골드 키위가 세계적으로 유명하며 최근에는 털이 없어 바로 먹을 수 있는 미니 키위가 생산되어 수출되고 있다. 타우랑아 지역 농장에서 키위 수확을 많이 하며 고기의 육질을 부드럽게 하는데 쓰이기도 한다.

● 양고기, 소고기
양고기의 경우 향이 진하고 그 맛이 독특해 한국인의 입맛에는 맞지 않지만 조리법에 따라 맛이 달라진다. 양고기를 즐겨 먹는 유럽과 몽골의 친구들은 감자를 사용해서 많이 조리한다. 방목 상태에서 목초를 먹고 큰 소고기는 지방이 많은 편이 아니지만 가격이 저렴해서 유학생들에게 인기가 좋다.

와인 마실 때 에티켓 및 상식

레스토랑에 가면 식사를 주문할 때 웨이터가 와인을 추천해주는 경우가 많은데 여성과 함께 있는 경우에는 남성이 시음을 하는 것이 일반적이다.

먼저 눈으로 와인의 색깔, 투명도를 확인하는데, 레드와인은 색깔이 붉고 반짝이는 빛이 나야 정상이다. 갈색이거나 혼탁한 색이 나면 변질된 와인으로 한번 의심해봐야 한다. 변질된 와인의 코르크 마개에서는 식초 냄새나 썩는 냄새가 나기도 한다.

잔을 두세 번 흔든 후 코밑에 살짝 갖다 대고 와인 향을 맡아보자. 코르크 마개에 이상이 있거나 곰팡이 냄새가 나면 와인 향에도 영향을 미친다.

웨이터가 와인을 따라줄 때는 우리나라에서처럼 잔을 들어 올리거나 기울이지 말고 와인 잔 아래를 자연스럽게 살짝 잡고 받는다.

와인을 사양할 때는 손을 잔 가장자리에 가볍게 얹으면서 그만 됐다 정도의 의사 표시를 한다. 와인을 마시기 전에 냅킨 등으로 입을 닦는 것이 좋고, 입안에 음식이 없을 때 와인을 마셔야 제맛을 느낄 수 있다. 와인잔을 잡을 때는 다리 부분을 살짝 들고 와인이 들어있는 부분에는 손이 닿지 않게 한다. 손이 닿으면 체온 때문에 와인이 따뜻해진다.

화이트와인은 온도가 8~10도일 때, 레드와인은 17~18도일 때 마시면 좋다. 레드와인의 경우, 얼음을 넣지 않는 것이 상식이다.

식당에서 파는 와인 가격
Glass N$8
Taste 60ml N$3~3.50
Bottle N$30~90

맛집 & BAR

오클랜드

Vivace

High street 50번지에 위치한 Vivace(레스토랑&바)는 지난 8년 동안 도시의 중심에서 활기찬 분위기와 질 좋은 서비스를 제공해오고 있다. 훌륭한 와인 목록과 입맛을 돋우는 다양한 메뉴가 있으며 당일에 잡은 생선으로 요리한다. 저녁에 와인 한 잔 즐기기에 안성맞춤. 1인당 평균 N$19 정도이고 세트 메뉴는 N$29, N$39, 와인의 경우 180ml 잔에 평균 N$10 정도 한다.

T. (09) 302-2303
Level 1, 50 High Street, Auckland
www.vivacerestaurant.co.nz

La Zeppa

빅토리아 공원 시장 뒤에 있는 La Zeppa에서는 와인을 마시며 다양한 친구들을 만날 수 있다. 시간에 상관없이 식사를 할 수 있으며 부드러운 벽돌, 은은한 조명과 벽난로로 뉴욕의 공업 창고 같은 모습을 자연스럽게 연출했다. 와인 한 잔에 N$8~15.

T. (09) 379-8167
33 Drake Street, Freemans Bay, Auckland
www.lazeppa.co.nz

Mexican Cafe

1983년 멕시코 사람이 카페를 오픈했으며 오클랜드와 크라이스트처치에도 있다. 멕시코 음식과 음료를 맛볼 수 있고 가격은 N$12~15 정도. N$28에 세트 메뉴를 즐길 수 있다. 매주 수요일 저녁, 라이브 음악을 통해서 쌓였던 스트레스를 풀고 다양한 친구들을 만날 수 있는 장소이기도 하다.

T. (09) 373-2311
67 Victoria Street, West Auckland Central
www.mexicancafe.co.nz

The White Lady

50년 이상 된 버스에서 파는 The White Lady의 햄버거는 뉴질랜드의 명물 중 하나다. 한국의 버스 포장마차 같아 거부감을 느낄 수도 있지만 씹히는 육류의 맛이 좋다. 가격대는 N$7~15 정도. 저녁 8시에 오픈해서 새벽 4시까지 영업한다.

T. (09) 379-5803
18 Commerce Street, Auckland Central, Auckland
www.menumania.co.nz/restaurants/white-lady-auckland-city

Occidental Belgian Beer Cafe

벨기에 맥주와 초록 홍합 요리의 맛이 좋은 곳으로, 일정에 따라 저녁시간에 이벤트로 라이브 가수를 초대해서 공연을 한다. 뉴질랜드 와인도 마실 수 있다. N$13.50~26 정도.

T. (09) 300-6226
6-8 Vulcan Lane, Auckland
www.occidentalbar.co.nz

더니든

The Palms Restaurant

더니든 시내 중심에서 도보로 5분 거리에 위치한 더 팜스 레스토랑은 고요하고 친밀한 분위기와 함께 다양한 메뉴로 입이 즐거운 독특한 식사 경험을 할 수 있는 곳으로 점심메뉴는 월~금요일 12시부터 오후 2시까지, 저녁메뉴는 월~일요일 오후 6시부터 오픈한다.

(03)-477 6534
18 Queens Gardens
Dunedin Central
Dunedin City
www.palmsrestaurant.co.nz

Crown Mill Restaurant

크라운 밀 레스토랑은 기대감 없는 가벼운 마음과 스마트 캐주얼 차림으로 들어가 N$25~35에 식사를 즐길 수 있는 고급스러우면서 저렴한 곳으로 연인과 간다면 가벼운 설레임으로 다가올 것이다.

T(03)-477 3630
Dunedin Central
Dunedin City
www.crownmill.co.nz

웰링턴

Dixon Street Deli

1930년부터 3세대에 걸쳐 맛과 전통을 이어온 레스토랑으로, 러시안 퍼지Russian Fudge, 치즈케이크cheesecake, 베이글bagels, 프렌치토스트French Toast, 프렌치팬케이크Fresh Pancakes 등으로 미식가의 입맛을 사로잡는다. 월요일부터 금요일까지는 오전 7시 30분에서 오후 5시까지, 토, 일요일에는 8시 30분부터 오후 4시까지 문을 연다.

T. (04) 384-2436
45 Dixon Street, Te Aro, Wellington
www.dixonstreetdeli.co.nz

02. 쇼핑

세계 최대의 쇼핑몰 업체인 웨스트필드Westfield 쇼핑몰은 뉴질랜드 대도시 곳곳에 있으며 지금도 최대 규모의 쇼핑몰을 계속 짓고 있다. 웨스트필드 알바니점은 실비아 파크Sylvia Park를 제치고 뉴질랜드 최대 쇼핑몰로 자리매김하고 있다.

> **오클랜드에 있는 실비아 파크 가는 방법**
> 1. 버스: Britomart에서 스테이지코우치 버스를 타면 요금이 N$4.50이고 대략 40~50분 정도 걸린다. (502, 532번(N$4.50) / 717, 757번(N$6.80))
> 2. 기차: Britomart에서 출발하면 대략 20분 정도 걸리고 Sylvia Park 역에서 내려 5~10분 정도 걸어간다. 요금은 N$4.30. 기차표는 역에서 사거나 시간이 촉박해서 표를 구입하지 못했다면 기차 안에서 승무원에게 현금을 주고 구입한다.

대표적인 쇼핑몰

드레스-스마트 아웃렛 쇼핑센터 Dress-Smart Outlet Shopping Centre
우리나라의 아웃렛과 비슷한 곳으로 오클랜드, 해밀턴, 웰링턴, 크라이스트처치에 매장이 있고 옷과 각종 패션 아이템이 많다.
www.dress-smart.co.nz

빅토리아 파크 마켓 Victoria Park Market
오클랜드에 있는 빅토리아 파크 마켓은 '빅토리아 파크 마켓' 이라는 적혀있는 굴뚝과 그 사이로 보이는 스카이타워가 인상적이다. 다른 곳에서 구할 수 없는 갖가지 독특한 상품들이 많이 있다.
www.victoria-park-market.co.nz

스미스 & 코우헤이즈 Smith & Caughey's
오클랜드에 있는 백화점으로 겨울이 되면 전 품목을 세일하기 때문에 키위들이 많이 찾는다. 백화점이라고 하기에는 규모가 그리 크지 않지만 나름대로 매력이 있다.
www.smithandcaughey.co.nz

웨월하우스 thewarehouse
공산품 가격이 저렴하기 때문에 워홀 메이커와 유학생이 자주 이용하고 특히 농장 물품들을 구입하기 위해 들른다.
www.thewarehouse.co.nz

실비아 파크 Sylvia Park
현대적인 감각으로 지어졌으며 럭셔리한 남녀패션, 스포츠 용품, 서점, 식당, 대형 스크린 영화관, 대형 슈퍼마켓 등 다양한 시설을 갖춘 대형 쇼핑몰이다.
www.sylviapark.org

웨스트필드 Westfield
미국, 영국, 호주, 뉴질랜드에 121개 매장을 운영하는 대형 쇼핑몰로, 패션 의류, 피혁, 생활 잡화를 파는 매장들과 영화관 등이 입점해 있다. 현재 한국교민 식당이 많이 있는 곳이기도 하다.
www.westfield.co.nz/nzcentres

갤러리아 듀티 프리 숍 Galleria Duty Free Shop
오클랜드 시내 Albert Street에 있는 면세점. 세계적인 브랜드를 한자리에서 만날 수 있는 곳으로 화장품, 고급 향수, 전자제품, 명품 가방, 뉴질랜드 특산품을 판매한다. 유명한 브랜드를 저렴한 가격으로 구입할 수 있다.
www.dutyfreestores.co.nz

공산품을 대부분 수입하다 보니 생산국마다 옷의 치수 표기가 다르고 사람들이 워낙 큰 사이즈를 많이 입어 치수 자체도 크게 나온다. 옷을 살 때는 눈으로 치수를 확인하고 사는 것보다 입어보고 구입하는 것이 좋다. 여자 기본 사이즈는 10, 12, 14, 16식이다. 뉴질랜드에서 충격을 받았던 것 중 하나가 옷 매장 안에 속옷 피팅룸이 있어 속옷까지 입어보고 구입할 수 있다는 것이다.

동기	이 가방 얼마예요?
	How much is this bag?
점원	20달러입니다.
	It's only N$20.
동기	세일하기 전에는 얼마였나요?
	How much was it before?
점원	35달러였습니다.
	It was N$35.
동기	정말 싸구나!
	What a bargain!

중고품을 사려면 웹사이트, 인터넷 카페 게시판, 백패커 알림판, 학교 및 유학원 게시판, 교민신문 등을 통해 정보를 얻을 수 있다.
광고를 보고 직접 판매자와 만나 물건을 구매하는 경우에는 반드시 자신만의 원칙을 가지고 구매하는 것이 좋다. 판매자가 처음 제시한 가격보다 더 많이 달라고 하면서 본인이 구입할 때 얼마를 주고 샀다는 둥, 정말 싸게 판다는 둥 말하더라도 그 말을 그대로 믿고 사지 않도록 한다. 새 제품일 경우 얼마인지 미리 파악하고 만나는 것이 좋으며 꼭 필요한 물건이라면 먼저 원하는 적정금액을 제시한다. 사진과 현물이 다를 때는 짝퉁일 수 있으니 구매하지 않는 것이 좋으며 흠집이 있다거나 기능에 약간 하자가 있으면 가격을 흥정해보자.

★ 뉴질랜드 최대 중고품 웹사이트
www.trademe.co.nz

벼룩시장, 창고세일garage sale, 중고품 가게 등을 통해서도 중고품을 사고 팔 수 있다. 창고세일은 자기 집 차고에 물건을 내놓고 파는 개인 벼룩시장이다. 집앞이나 각종 오프라인 게시판, 인터넷 게시판 등에 창고세일 품목과 날짜와 시간, 연락처를 공지하는데 간판을 만들어 집앞에 걸어놓거나 재미있는 복장을 하고 자신만의 방법으로 홍보하기도 한다. 도시 아파트에 사는 학생들의 경우 집안에 세일할 품목들을 정리해놓고 방문자가 전화나 문자를 보내면 집에 데려와 물건을 보여주고 가격을 흥정해서 팔기도 한다.

지역별로 토요일, 일요일 아침에 열리는 재래시장(벼룩시장)에 가면 물건을 사는 재미, 구경하는 재미가 있다.
오클랜드에는 아오테아 광장 마켓Aotea Square Market과 타카푸나Takapuna, 오타라Otara의 재래시장이 유명하고 크라이스트처치에는 시티에서 차로 10분 거리의 리칼톤Riccarton 지역에서 열리는 재래시장에 볼거리가 많다.
일요일 오전에 사람이 많이 모일 수 있는 주차장 공터나 공원 등에서도 비가 많이 오는 날을 제외하고 재래시장이 매주 또는 격주

> 판매자나 구매자가 가끔 약속 장소에 나오지 않거나 연락이 안 될 때는 10분 이상 기다릴 필요 없다.

로 열린다.
신선한 과일과 채소, 화훼, 진귀한 전통공예품, 농기구, 낡은 공구, 옷, 패션 아이템을 비롯해 가정에서 쓰는 생활용품들을 판매한다. 재래시장이 주는 또 하나의 즐거움은 바로 먹을거리. 즉석에서 만들어 파는 도넛, 햄버거, 다양한 음식들과 따뜻한 커피, 거리공연이 눈과 입을 즐겁게 한다.

가볼 만한 재래시장

오클랜드

Aotea Square Market
금, 토요일 오전 10시부터 오후 6시까지
Aotea Square, Queen Street

Otara
토요일 오전 6시부터 오후 11시까지
Otara Markets, Newbury Lane, Otara, Manukau City

Auckland Farmers Market Plus
일요일 오전 10시부터 오후 4시까지
Alexandra Park, Epsom

Takapuna Market
일요일 오전 6시부터 오후 12시까지
Cnr Lake Road and Anzac Street

Avondale Market
일요일 오전 6시부터 오후 12시까지
80-100 Ascot Ave, Greenlane East

Browns Bay Markets
일요일 오전 6시부터 오후 12시까지
Carpark Anzac Road, Browns Bay, North Shore

Ostend Market - Waiheke Island
일요일 오전 8:30부터 오후 12:30까지
76 Ostend Road, Waiheke Island
(Ostend War Memorial Hall)

Karangahape Road Street Market
토요일 오전 10시부터 오후 4:30까지
Karangahape Road, Auckland

New Market
일요일 오전
1 Balm Street, New market(중고차 매매장 지하)

크라이스트처치

Riccarton Rotary Sunday Market
일요일 오전 9시부터 오후 2시까지
Riccarton Racecourse, Riccarton Park, Racecourse Road
www.riccartonmarket.co.nz

웰링턴

Farmers' Market
일요일 오전 4시부터 오후 2:30까지
Victoria, Vivian or Willis Streets

더니든

Portobello Village Farmer's Market
일요일 오전 10시부터 오후 1시까지
Portobello Road, Portobello, Otago Peninsula
www.portobellofarmersmarket.co.nz

03. 문화

영화

친구들과 영화를 보러 가는 것도 하나의 즐거움이다. 자막이 없기 때문에 처음에는 이해하기 어렵지만 그만큼 더 영화에 집중할 수 있다. 그러다 보면 어느 순간 키위들이 웃을 때 같이 웃고 영화에 나오는 영어도 실전에서 한 번씩 써보는 경지에 이르게 된다. 술 한 잔 하자는 친구에게 다음날 일도 가야 하고 몸도 피곤해서 못 가겠다고 말해야 할 타이밍에 영화에서 배운 한 마디 I have to work tomorrow.를 써먹고서는 혼자 속으로 어찌나 뿌듯하던지. 또한 영화관에 앉아 영화를 보는데 대사가 하나둘 들리기 시작할 때의 희열감은 맛보지 않으면 알 수 없다. 뉴질랜드에서 열리는 한국영화제는 키위 친구들에게 한국 문화를 알릴 수 있는 좋은 기회가 되기도 한다. 영화는 많이 볼수록 영어 향상에 도움이 되고 친구들을 사귀는 데도 좋다.
무비데이movie day(화요일)에는 N$10에 영화를 볼 수 있고 요일별로 비용이 50센트 정도 차이 난다.

★ 영화정보 사이트
www.nzcinema.co.nz
www.village.co.nz

영화비

	월, 수 (종일)	목, 금 (오후 5시 이전)	목, 금, 토, 일 (오후 5시 이후)	화요일 (종일)
성인	N$15.50		N$16.00	N$10.00
학생	N$13.00		N$13.00	N$10.00
어린이	N$10.50		N$10.50	N$9.00
가족패스	N$45.00		N$45.00	

동기	안녕하세요! '오스트레일리아' 표 주세요. Hi! Can I have tickets for 'Australia'?
매표원	미안하지만 매진입니다. Sorry, they're all sold out.
동기	그러면 '다웃' 주세요. Then, 'Doubt', please.
매표원	몇 장이 필요하시나요? How many tickets do you want?
동기	한 장만 주세요. Just one, please.
매표원	현금입니까, 아니면 직불카드입니까? Do you want to pay by cash or EFTPOS?
동기	현금으로 계산하겠습니다. Cash, please.
매표원	15달러입니다. It's 15 dollars, please.

> 영화가 시작하기 전에 영화관에 들어갈 수 있나요?
> Can I go in to the cinema before the movie starts?

공연

전통 공연으로 마오리키위들의 카파하카Kapahaka라는 단체 춤이 있는데, 로터루아 지역을 비롯해 공연장이나 각 지역 축제행사에서 종종 볼 수 있다. 특히 뉴질랜드 국가대표 럭비 팀 올블랙All Blacks은 경기 전에 하카춤 Haka을 추는데, 이 춤을 보고 있노라면 전쟁에 나가는 전사들의 용맹이 느

껴진다. 또한 로터루아에서 민속공연을 관람한 여행자들이라면 누구나 한 번쯤 코를 부드럽게 맞대는 마오리 전통 인사법 홍이Hongi를 체험하게 된다. 우리나라 전직 대통령도 뉴질랜드 총독관저를 예방했을 때, 환영 나온 마오리 장로와 홍이 인사를 나눴다.

여유롭고 풍요로운 대자연 속에서 즐기는 야외 음악회와 콘서트, 국제적인 축제나 지역 특산물을 알리는 주요 행사에 빠지지 않는 각종 퍼레이드도 뉴질랜드의 또 다른 볼거리와 즐길거리다. 가을의 정취가 물드는 3월이 되면 행사가 절정에 달하는데, 오케스트라 연주, 재즈, 록페스티벌, 각종 영화제 등 다채로운 문화공연들을 쉽게 접할 수 있다.

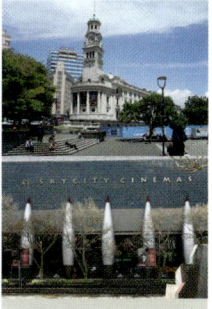

★ 공연 티켓 검색 및 예매
www.ticketmaster.co.nz
★ 오클랜드필하모닉
www.aucklandphil.co.nz

하루는 열심히 일을 하고 있는데 맨디 사장님이 저녁에 약속이 있냐고 묻더니 오클랜드필하모닉오케스트라의 음악회에 같이 가고 싶다고 했다. 초대에는 흔쾌히 응했지만 옷이 문제였다. 가지고 있는 옷으로는 입장이 곤란하다고 해서 급하게 친구들을 수소문해 정장을 빌려 입고 사장님에게 감사의 표시로 꽃다발을 드렸더니 너무 좋아하셨다. 한 가지 아쉬웠던 점이라면 공연이 끝난 뒤 음악에서 느낀 감동을 영어로 표현할 수 없었다는 것.

음악회, 연극, 스포츠, 미술, 뮤지컬 등에 대한 정보는 신문, TV 광고, 포스터, 인포메이션 센터, 학교 게시판, 친구들을 통해 얻을 수 있고 유료 공연 티켓은 온라인을 통해 구할 수 있다. 공연의 규모나 좌석의 위치에 따라 가격이 다른데 보통석 성인의 경우는 N$35, 학생은 N$20 정도 한다.

음악회 같이 갈래?
Will you go to the concert with me?
어젯밤 오클랜드 도메인에서 열린 라이브 음악회는 훌륭했어요.
I really enjoyed last night's live concert at Auckland Domain.

사랑의 전설 "포 카레카레 아나 Po karekare ana"

연인을 사모하는 사모곡의 일종으로 뉴질랜드의 로토루아 호수Lake Rotorua가 배경이다. 마오리 부족 간의 이권을 둘러싼 전쟁 중 아리족과 휘스터족의 싸움이 가장 치열했는데, 운명의 장난인지 휘스터족 최고의 전사 두타니카Tutanekai와 아리족 추장의 딸 히네모아Hinemoa는 비극적인 사랑에 빠진다. 부족 간의 깊은 원한과 로토루아 호수의 높은 파도, 전쟁의 사나운 불길도 잠재울 수 없었던 이들의 뜨거운 사랑은 마침내 두 부족 간의 화해를 가져온다. 두타니카와 히네모아의 아름다운 사랑 이야기는 지금도 마오리키위들 사이에서 불리고 있다.

우리나라에는 6.25 전쟁 때 파병된 뉴질랜드 병사들에 의해 전해졌는데, 우리가 잘 알고 있는 <연가>(비바람이 치던 바다~~ 잔잔해져 오면~~)의 원곡이 바로 이 "포 카레카레 아나"다. 세계적인 소프라노 가수 키리 테 카나와Kiri Te Kanawa가 불러 더욱 유명해졌다.

뉴질랜드의 공연 문화를 보면 매우 자유분방하면서도 나름대로 질서가 느껴진다. 처음 야외 공연장에 갔을 때, 개인의자와 아이스박스에 먹을거리를 챙겨오는 키위들의 모습을 보면서 가족 나들이 같다는 생각을 했다. 심지어 야외 공연장 앞에 텐트까지 쳐놓고 공연을 즐기는 사람들도 있다. 공연이 끝난 후 각자 자기 쓰레기를 들고 돌아가는 모습도 인상적이다. 야외 공연을 갈 때 먹을거리를 준비해 가면 좀 더 재미있게 즐길 수 있다.

거리를 가다 보면 각종 퍼포먼스를 하는 사람들, 기타, 색소폰, 전자피아노, 바이올린 등으로 연주하는 사람들, 감미로운 목소리로 노래하는 사람들, 민속공연을 하는 마오리키위들을 흔히 볼 수 있다. 간혹 부모가 자녀들을 거리공연에 참여시켜 실력도 보여주고 용돈도 벌어보라고 하는 경우도 있고, 밥값 정도 벌기 위해 거리에서 공연을 하는 유학생들도 있다. 거리공연을 감상하고 나면 정해진 금액은 없지만 성의껏 돈을 내는데 노숙자라 해도 후~ 하고 피리라도 불어야 그 정성에 사람들이 돈을 준다.

박물관

오클랜드 박물관은 시티에서 도보로 20분 정도 걸리고 입장료(N$5)는 기부금donation 형식으로 낸다. 마오리키위 문화와 뉴질랜드의 자연, 제2차 세계대전 당시의 전쟁기념관 등으로 구성되어 있고 박물관 앞 공원에서는 각종 음악회, 콘서트가 열린다.

오클랜드 국립해양 박물관에서는 마오리키위 유물인 폴리네시안의 카누와 1988년 아메리카 컵 대회 참가했던 K1 New Zealand호가 전시되어 있고 다양한 음향과 영상으로 해양문화를 체험할 수 있도록 구성되어 있다.

1931년 대지진으로 폐허가 되었던 네이피어에는 지진 박물관이 있고 그 당시 모습들이 자료로 남겨져 있다.

웰링턴 테 파파 통가레와Te Papa Tongarewa 국립박물관은 웰링턴을 방문하는 여행자라면 누구나 가야 할 곳으로 뉴질랜드 문화를 이해하는 데 큰 도움이 된다. 전체를 둘러보는 것만 해도 꽤 시간이 많이 걸릴 정도로 볼거리가 다양한데 입장료는 부담 없이 무료다.

크라이스트처치의 경우, 캔터베리 박물관을 비롯해 남극 탐험의 역사를 볼 수 있는 국제남극센터가 있고 그 외에 석탄 박물관을 비롯한 크고 작은 박물관이 있다.

★ 오클랜드 박물관
www.aucklandmuseum.com
★ 국립해양 박물관
www.nzmaritime.org
★ 테 파파 통가레와 박물관
www.tepapa.govt.nz/Tepapa/English
★ 국제남극센터
www.iceberg.co.nz

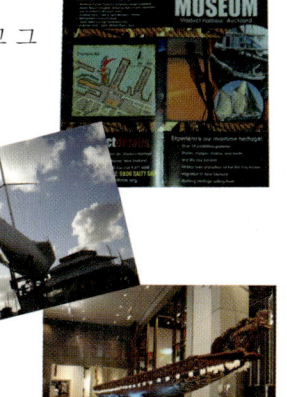

장례식

뉴질랜드에서 생활할 때 가장 인상적이었던 것이 바로 장례식 문화였다. 한번 장례식에 갈 일이 있었는데, 살아생전 있었던 고인과의 추억을 나누고 고인이 좋아하던 음악을 함께 들으면서 고인을 애도하며 삶을 재조명하는 뜻 깊은 자리였다. 조문을 마치고 가족에게 인사하면서 친구에게 Cheer up!이라고 말했는데 나중에 적절한 표현이 아니라는 걸 알고 나서 얼마나 얼굴이 화끈거렸는지 모른다.

> 삼가 조의를 표합니다.
> I am so sorry about your loss.

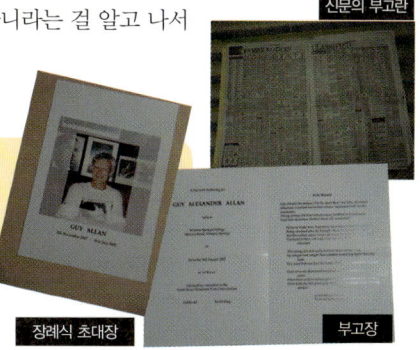

뉴질랜드 축제

2월 축제

Auckland Cup Week
뉴질랜드에서 가장 크고 매력적인 경주 이벤트다. 가장 좋은 가문의 경주마와 기수, 훈련자가 가장 큰 상을 놓고 경쟁하는 스포츠 축제.
www.aucklandcupweek.co.nz

3월 축제

Auckland Festival
다채로운 문화 예술 공연을 볼 수 있는 페스티벌. 댄스, 음악, 영화, 발레, 연극 등 100개 이상의 공연과 전시가 도시 여기저기에서 열린다.
www.aucklandfestival.co.nz

Ellerslie International Flower Show
크라이스트처치 꽃 축제의 연장으로, 전 세계에서 꽃 축제에 참여하기 위해 몰려온다. 식물과 정원, 디자인, 색, 형태 등 집 꾸미기와 정원 가꾸기에 관련된 주제로 페스티벌이 진행된다.
www.ellerslieflowershow.co.nz

4월 축제

Festival of Colour
페스티벌이 열리는 와나카 Wanaka는 뉴질랜드인들이 노후에 가장 살고 싶어 하는 이상적인 전원의 마을이다. 색채를 주제로 한 축제가 음악과 영화, 각종 퍼포먼스와 함께 4월과 5월 초겨울을 뜨겁게 달군다.
www.festivalofcolour.co.nz

Auckland International Boat Show
요트의 도시 오클랜드와 잘 어울리는 축제. 첫날 해외순환 정기선의 도착을 시작으로, 육상전시와 수상전시를 통해 오래된 보트와 최신 보트, 각종 해상 전자기기 등을 한자리에서 볼 수 있다.
www.aucklandinternationalboatshow.com

12월 축제

Christmas
한여름밤의 크리스마스인 뉴질랜드에서는 매년 지역별로 산타 퍼레이드가 열리며 이외에도 다채로운 행사와 볼거리들이 있다. 1월 1일 0시에는 새해를 알리는 불꽃축제로 한 해가 시작된다.
www.newzealand.com

6월 축제

Rhapsody School Music Festivals
국제적인 학교 뮤직 축제로, 밴드, 오케스트라, 합창단, 앙상블, 재즈, 연극 등 다양한 공연이 로터루아에서 열린다.
www.groupevents.com.au/eventsRhapsody.htm

04. 여가

서점

뉴질랜드 서점에서는 책뿐만 아니라 CD, DVD도 살 수 있으며 실내 콘서트가 열리고 커피를 마실 수 있는 카페공간이 마련되어 있다. 시내 중심가나 대형쇼핑몰 안에서 쉽게 찾을 수 있다.

서점 바닥이 카펫으로 되어 있는 곳이 많아 그 자리에 주저앉아 책을 읽는 것이 아주 자연스럽고, 세계 유명 베스트셀러부터 보드게임, 오디오북까지 다양하게 갖춰져 있다. 책값은 한국에 비해 비싼 편이고 크라프트지로 만든 책들이 대부분이다. 유학생들이 가장 많이 찾는 영어문법책의 경우 뉴질랜드에서 구입할 경우 2.5배 이상 비싸다. 개점 시간은 서점마다, 지점마다, 그리고 주중이나 주말이냐에 따라 다르다. 주중에는 보통 오전 9시부터 오후 10시까지, 주말에는(금, 토요일) 오전 9시부터 자정까지 오픈한다.

★ 인터넷 서점
www.whitcoulls.co.nz
www.dymocks.co.nz
www.wheelers.co.nz
www.borders.co.nz

럭비

뉴질랜드인들은 럭비 경기를 무척 좋아하고 자랑스러워한다. 특히 뉴질랜드를 대표하는 올블랙 팀은 세계에서 1~2위를 다툴 정도로 최고의 성적을 거두고 있고 4년마다 열리는 럭비월드컵의 열기는 축구 못지않다. 럭비를 알면 확실히 뉴질랜드 친구들을 더 많이 사귈 수 있다. 럭비대표팀 경기 입

★ 국제럭비위원회
www.irb.com

장료는 N$60 정도이며(좌석에 따라 가격이 다르지만 대략 N$20~150 정도) 클럽 경기 REBEL SUPER 14는 N$14~30 정도 한다.

초보자들을 위한 럭비의 이모저모

럭비의 종류인 럭비 유니온에는 15인제 경기, 7인제 경기, 신체접촉을 허용하지 않는 태그 럭비 경기가 있고, 럭비 리그에는 13인제 경기, 9인제 경기, 오스트레일리아 버전인 오즈 태그 럭비(풋티Footy)가 있다. 뉴질랜드의 경우 럭비 유니온 방식으로 경기를 치른다.

럭비가 열리는 경기장을 피치pitch라고 부르는데 경기의 주심은 한 명이지만 주심의 권한은 경기장내에서 절대적이며 경기는 전, 후반 각 40분씩 총 80분간 진행된다.

럭비 유니온은 15명이 럭비공을 들고 상대방을 향해 돌진해서 상대방 진영에 볼을 그라운딩(찍으면)하면 5점을 득점하는 방식의 경기다. 이렇게 득점을 내는 것을 럭비 용어로 Try라고 하는데 Try를 하면 골대를 향해 차는 보너스 킥인 컨버전골conversion goal이 주어진다. 공이 들어가면 2점이 추가득점으로 인정된다. 상대방이 무거운 반칙을 범하면 페널티골penalty goal이 주어지고 페널티 골이 골대 크로스바를 넘으면 3점을 추가 득점할 수 있다. 땅에 튕긴 공을 차서 골대의 두 기둥 사이에 얹혀 있는 크로스바를 넘기는 것은 드롭골dropped goal이라고 한다. 공이 라인 아웃되면 축구에서는 공을 자기편으로 던지지만 럭비는 공정하게 가운데로 던져 잡는다.

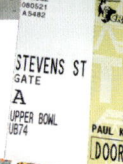
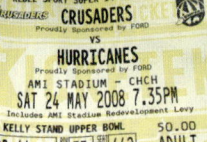

티켓

낚시

낚시의 묘미는 바로 손맛이라고 하는데, 주말에는 개인당 N$100 정도면 배를 타고 바다낚시를 즐길 수 있다. 뉴질랜드에서는 출조를 하면 빈손으로 돌아오는 경우는 거의 없을 정도로 어장이 풍부하다. 그럴 만한 것이 상업적 어업인과 어장을 보호하기 위해 취미낚시를 할 때 하루에 잡아야 할 물고기의 양과 크기를 엄격하게 제한하고 있기 때문이다.

취미낚시를 할 때 지켜야 할 3가지 규칙이 있다. 첫 번째는 제한된 양 이상을 잡으면 안 되고 두 번째는 규정보다 작은 물고기를 잡아서도 안 되며 세 번째는 잡은 물고기는 팔 수도, 다른 재화로 교환할 수 없으며 여러 사람이 어획한 어류를 한곳에 담아 한 사람이 들고 가서도 안 된다.

지느러미를 가진 물고기finfish의 경우 크기(물고기 코언저리부터 꼬리지느러미의 중앙 끝부분까지의 길이) 및 개인별 1일 어획한도가 어종에 따라 제한된다. 가끔 바다에 가서 조개를 주워 구워먹기도 하는데 조개를 주울 때도 시기별, 지역별로 1일 채취량이 정해져 있다. 조개 하나 잡아먹고 뭐가 큰 죄냐고 하겠지만 어길 시에는 벌금을 내야 할 뿐아니라 불이익을 당할 수 있으니 주의한다. 전복 채취의 기준은 125mm 이상이고 스쿠버 장비를 이용해 전복이나 대합을 채취하면 불법이다. 선박이나 차량 안에 전복이나 대합을 스쿠버 장비와 함께 두어서도 안 된다.

> ★ 조개류의 채취가 금지된 남부 지역
> 또헤로아Toheroa: 수산부 장관이 허용기간을 발표하지 않는 한 조개류의 채취 및 보관, 유통 금지
> 포트 레비Port Levy: 새조개cockle 채취 및 소지 금지
> 패터슨Paterson, 스튜어트 섬Stewart Island: 조개류 채취 금지

> 모든 배낚시 줄에 연결된 부표에 주인의 이름 약어를 표시해야 하며 한 사람이 한 개 이상의 줄을 사용할 수 없다 (손낚시대나 릴낚싯대는 제외). 25개 이상의 낚시 바늘을 하나의 낚시 줄에 맬 수도 없다.

동기	실례지만 저게 대구입니까?
	Excuse me, is that Blue cod?
낚시꾼	아닙니다. 은상어라고 합니다.
	No, it isn't. It's Elephant fish.

> 수확기간 open seasons
> 산호의 보호 protection of coral
> 금지, 제한 구역 closed and restricted areas
> 스쿠버 장비(스노클은 제외) scuba gear(does not include snorkels)

★ 낚시관련 정보
www.ofu.co.nz
★ 수렵 채취 수량 크기 제한
www.fish.govt.nz

골프

복장규정: 골프클럽마다 차이가 있지만 대부분 청바지, 슬리퍼, 티셔츠, 반바지, 비치웨어 차림을 금하고 있으며, 반바지의 경우에는 무릎까지 오는 양말을 신으면 클럽출입이 허용되기도 한다.

뉴질랜드는 기후가 안정적이고 골프치기에 환경이 좋아 골프 조기유학으로도 유명하다. 워홀 메이커나 유학생들도 부담 없이, 경험이 없는 초보자들도 다른 사람 눈치 볼 것 없이 여유롭게 라운딩을 즐긴다.

골프장은 400여 곳에 있으며 골프장마다 개장요일 및 라운딩 시간이 다르다. 대도시와 성수기의 경우, 예약을 하는 것이 좋고 비회원은 전화로 예약한다. 골프클럽 회원과 일반회원에게 20~30% 정도 할인 혜택이 주어지는 곳이 많고 대도시를 벗어나면 골프장 사용료가 좀 더 저렴해진다. 비회원의 경우, 골프장 사용료Green fees는 18홀을 기준으로 주니어Juniors N$15.00, 성인Adults N$20~100이며 월요일에는 저렴한 비용으로 골프장을 이용할 수 있도록 스페셜 요금을 적용하기도 한다.

골프장 출입 시 복장규정dress code이 있는 곳이 많기 때문에 최대한 규정에 따르도록 한다. 클럽은 캐디 없이 카트를 이용해 직접 옮기고, 클럽이나 골프화를 대여할 수 있다. 혹 개인이 신던 골프화를 가지고 뉴질랜드에 입국하려면 골프화가 깨끗한 상태여야 하며 반드시 입국 시 신고해야 한다.

★ 뉴질랜드 골프장 소개 사이트
www.playnewzealandgolf.com
www.nzgolf.org.nz
www.pga.org.nz

이곳의 복장규정이 어떻게 됩니까?
What is your dress code?

골프장 사용료 Green fee

비회원 Non Affiliate	N$30-100
회원 Affiliated	N$20-75
뉴질랜드 골프클럽 회원 NZ Golf Club affiliate	N$40-
월요일 스페셜 Monday Special	N$35-

05. 우체국

뉴질랜드에서 흔히 볼 수 있는 것 중 하나가 줄서기 문화다. 은행과 마찬가지로 우체국에서도 대기선이 데스크와 1m 이상 떨어져 있어 대기선을 넘거나 다른 사람의 업무 중에 끼어드는 예의 없는 행동을 하는 사람이 없다. 뉴질랜드 사람들의 여유로움과 습관화된 준법의식을 엿볼 수 있다.

우체국에서 기본업무 외에도 우편엽서와 사무용품 등 잡화용품을 살 수 있고 키위뱅크, 자동차관련 업무, 고지서 납부 등을 처리할 수 있어 웬만하면 우체국에서 다 해결된다는 말이 있을 정도다. 우편물을 부칠 때는 우체국에 마련된 규격 봉투를 사용하는 것을 원칙으로 한다. 업무시간은 월~금요일 9:00~17:00, 토요일은 09:00~12:00다.

뉴질랜드 내 (2009년 2월 기준)

편지 사이즈	봉투 규격	허용중량	보통우편	빠른우편
Medium	130×235×6mm	500g	N$0.50	N$1
Large	165×235×10mm	500g	N$1	N$1.5
Extra Large	230×325×20mm	750g	N$1.50	N$2
Oversize	260×385×20mm	1kg	N$2	N$2.50

뉴질랜드에서 한국으로 (2009년 2월 기준)

중량	빠른우편	보통우편
0~0.25g	N$41.70	N$25
0.25~0.50g		N$30
0.50~1g	N$52.80	N$37

> **추억 만들기**
> 1. 홀로서기를 응원해주는 이들에게 뉴질랜드의 풍경이 담긴 엽서에 감사의 마음을 담아 보낸다.
> 2. 뉴질랜드에서의 홀로서기를 마치고 한국으로 돌아갔을 때 볼 수 있도록 처음의 각오를 편지에 적어 본인 앞으로 보낸다.
>
> 추억도 만들고 뉴질랜드 우체국에서의 실용영어도 익힐 수 있다.

뉴질랜드에서 한국으로 320mm×420mm×40mm 규격의 50kg 박스를 보낼 때(내용물의 합계 금액 N$500) 국제특별배송의 경우, N$178.04(1~5일 소요), N$124.63(2~6일 소요) 정도, 국제일반배송의 경우, N$97.72(3~10일), N$83.06(10~25일) 정도 한다.

물품의 중량이 10kg일 경우에는 국제특별배송으로 보내면 N$181.09(1~5일), N$258.71(2~6일) 정도, 국제일반배송으로 보내면 N$162.93(3~10일), N$138(10~25일) 정도다.

국제용 우체통

동기	안녕하세요. 한국으로 짐을 부치고 싶은데요, 여기 있습니다. Hi, I'd like to send this package to Korea. Here you are.
우체국	무게를 재볼게요. 다른 건 없나요? Let me check the package. Anything else?
동기	그것뿐입니다. No, that's all.
우체국	5kg이네요. 내용물은 무엇입니까? It's about five kilograms. What's in it?
동기	비타민입니다. I'm sending vitamins.
우체국	어떻게 보내시겠어요? How do you want to send it?
동기	국제특송으로 보내주세요. 부산까지 며칠이면 도착합니까? By International Express, please. How long will it take to reach Busan?
우체국	찾아보죠. 부산 철자가 어떻게 되죠. Let me check. How do you spell it?
동기	B.U.S.A.N. B U S A N
우체국	부산까지 3일에서 4일 가량 걸릴 겁니다. It should get there about three or four days later.
동기	요금이 얼마죠? How much does that cost?
우체국	178.04 달러입니다. It's N$178.04.

★ 뉴질랜드 우체국
http://nzpost.co.nz/

06. 미용실

뉴질랜드에서는 기술자를 높이 평가하기 때문에 키위 미용실에서 머리를 자르면 커트가 N$70~100 정도로 비싼 편이다. 한인 미용실에서는 여자 커트가 N$30~35, 남자 커트가 N$25 정도며 파마는 N$200~300 정도인데, 미용실마다 가격 차이가 많이 나기 때문에 입소문을 듣고 할인해주는 곳을 찾아가면 좋다. 샴푸를 하면 N$5 정도 추가 비용이 있다. 남자들은 그냥 해주는 곳도 있지만 여자들은 공짜가 거의 없다.

머리스타일은 개인의 취향에 따라 선택하는 것이 좋겠지만 빠듯한 살림인지라 머리스타일보다 돈을 절약할 수 있는 방법을 소개하자면, 미용 견습생들이 모여 있는 학원을 찾아가 실습 모델이 되어주면 무료로 커트를 할 수 있다. 견습생이기 때문에 무턱대고 연예인 이름을 말하거나 잡지책을 들이대면 곤란하다. 마무리될 때쯤 N$2~5 정도 팁을 주면 드라이 서비스까지 확실히 받을 수 있다. 팁은 주지 않아도 상관없지만 최소한의 에티켓이다. 머리스타일은 원장이 직접 마무리해주기 때문에 견습생이 혹시 실수를 하더라도 어느 정도 손질이 가능하다.

미용을 할 수 있는 친구를 사귀는 것도 좋은 방법이다. 백팩커에 있을 때 미용기술자격이 있는 일본 친구들이 일본에서 미용기구를 가져와 N$10~

> 팁 문화가 흔하지는 않지만 대형 레스토랑에서 식사를 하거나 무료로 미용서비스를 받았다면 N$2~5 정도 주는 것이 에티켓이다.

15 정도에 커트를 해주고 생활비를 버는 것을 본 적이 있다.

동기	커트하러 왔어요. Hi, I'd like a haircut.
미용사	이쪽에 앉아 잠시만 기다려주세요. Please sit down. Wait for a while.
동기	머리 깎는 데 얼마죠? How much do you charge for a haircut?
미용사	커트만 30달러입니다. 30 dollars for a cut.
동기	머리스타일이 나와 있는 책이 있으면 보여주세요. Do you have a hair style book? Can I see it?
미용사	여기 있습니다. (잠시 후) 기다리게 해서 미안해요. 여기에 앉으세요. 안경을 벗어주시겠습니까? Yes, here you are. I am sorry to have kept you waiting. Please have a seat here. Will you take off your glasses?

07. 병원 & 약국

병원

1차 진료기관 서비스는 각 지역별로 제공되며 일반적인 건강검진, 예방접종은 물론 임산모의 건강도 관리해준다. 1차 진료기관으로는 GP(가정의), 개업간호사practice nurses, 약사, 조산원, 치과치료사 등이 있으며 1차 진료기관 연합에 가입되지 않은 GP나 진료기관도 있다.

GP와 상의한 후 2차 진료기관에서 전문의 진료를 받을 수 있는데 뉴질랜드 수혜가능 자격필요조건Eligibility Criteria Requirements에 맞지 않으면 비용은 전액 본인부담이다. 그래서 몸이 허약한 사람은 뉴질랜드 현지 보험에 가입하는 것이 좋다.

GP에게 진료를 받으려면 전화로 먼저 예약하고 약속된 시간에 가서 진료를 받아야 한다. 약속을 어기면 페널티(벌금)가 적용될 수 있다. 진찰료는 보통 N$40~100이며, 주말에는 추가요금이 있다. 처방전이 나오면 약국에 가서 약을 구입하는데 약값은 별도 부담이다.

주말에 음식을 잘못 먹고 배탈이 났는데 비상약을 먹어도 계속 아파서 택시를 잡아타고 친구와 함께 공공병원에 간 적이 있었다. 병원에서는 시민권자인지 보험가입을 했는지 물어본 후 접수용지에 신상명세서를 작성하라고 했다. 몇 가지 질문을 할 때 저녁에 자장면을 먹었다고 했더니 중국인 의사가

★ 헬스라인
www.healthline.co.nz

아플 때 병원은 가야겠는데 GP를 찾아가야 할지 공공병원을 가야 할지 잘 모를 때는 24시간 무료 건강 상담 서비스를 제공하는 헬스라인 Healthline을 이용해보자. 콜센터에 등록된 간호사가 일반적인 건강정보와 병원에 접속하는 정보 등을 제공하고 아이의 건강에 대해서도 상담해준다.

Free 24-hour health advice - call Healthline on 0800 611 116

접수창구	reception desk
접수용지	registration form
진료실	consultation room

와서 '니 하오마' 하며 인사를 했다. 배는 아픈데 어찌나 황당하던지. 사전을 찾아가며 서바이벌 영어로 간신히 진료를 마치고 다음날 GP를 찾아가라는 소견서 1장과 알약 두 알을 처방받고 나오면서 진료비로 N$150을 냈다.

숨을 깊이 들이쉬었다가 내쉽시오.
Please take a deep breath for me, now exhale.

그 밖에 어디가 아프세요?
Do you have pain anywhere else?

체온과 혈압을 재야 합니다.
I will have to take your temperature and blood pressure.

감기 때문에 온몸에 소름이 돋았어요.
I have goose bumps all over from the cold.

수술은 한 번도 받은 적이 없어요.
I had my appendix removed two years ago.

어지럽고 쓰러질 것 같아요.
I feel dizzy and faint.

근육통이 있어요.
I have muscle pain.

이가 아파요.
I have a toothache.

목이 뻐근해요.
I have a stiff neck.

설사를 해요.
I have diarrhoea.

손가락을 베었어요.
I cut my finger.

다리가 부러졌어요.
I broke my leg.

손을 데었어요.
I burned my hand.

생리가 불규칙합니다.
My periods are irregular.

응급 시

사고를 당하거나 아주 심하게 아플 때는 응급번호 111에 연락해서 구급차를 부르거나 공공병원 응급실, Accident&Medical Centre로 간다. 뉴질랜드 시민, 영주권자, 방문객 모두 뉴질랜드 내에서 사고를 당하면 뉴질랜드 사고보상단체Accident Compensation Corporation(ACC)에서 보상받을 수 있다. 사고가 났을 때 구급차를 이용하면 ACC에서 부담하지만 사고가 아닌 경우는 N$45~65까지 이용료를 내야 한다.

✚ 감기

하루는 비바체 사장 맨디가 감기에 걸려 기침을 심하게 하는 걸 보고 한국에서 가져간 감기약과 마시는 드링크제를 주었다. 이름만 대면 다 아는 유명한 감기약이건만 맨디는 다음날 고스란히 돌려주면서 먹은 걸로 하겠다고 말했다. 순간 성의를 무시하는 것 같아 기분이 좋지 않았는데 알고 보니 뉴질랜드 사람들은 감기에는 푹 쉬는 것이 처방이라고 생각한다는 것이다. 감기가 초기일 때는 병원에서도 약을 잘 처방해주지 않고, 사람들도 감기가 바이러스성인지 세균성인지를 알아보려고 병원을 찾는다.

★ 대략적인 병원비

감기 및 피부병
N$40$100

하루입원(24시간)
N$800~ 1,000

맹장으로 입원했을 때
N$10,000(ACC보상기준에 다소 차이가 있을 수 있음.)

골절상
ACC에서 보상(자기 부담금이 최소 있을 수도 있음)

✚ b형감염

가까운 곳에 GP를 정한 후 1차 접종 certif를 보여주면 추가접종 절차를 예약해준다. 주사약을 주문해야 하므로 예약이 필수다.

주요 공공병원 안내

Auckland City Hospital, 오클랜드 중심부
50 Park Rd (09) 307-4949

North Shore Hospital, 오클랜드 북부
Cnr. Shakespeare and Tharoto Rds (09) 486-1491

Middlemore Hospital, 오클랜드 남부
Hospital Rd, Otahuhu (09) 276-0000

Waitakere Hospital, 오클랜드 서부
Lincoln Rd, Henderson (09) 839-0000

Wellington Hospital, 웰링턴
Riddiford St, Newton, (04) 385-5999

Christchurch Hospital, 크라이스트처치
Riccarton Ave. Addington (03) 364-0640

병원 이용 한국말 안내
(09) 442-3232, 488-4663

도박문제 상담치료
0800-862-342

약국

약국pharmacy은 처방전이 필요한 전문의약품prescription medicine과 약국에만 파는 약품pharmacy medicine, 약사와 상담 후 살 수 있는 약품pharmacist only medicine, 건강기능식품 같은 일반 약품general medicine 등을 판매한다. 두통약을 비롯해 처방전 없이 살 수 있는 약 종류는 다양한데, 약을 사기 전에 전반적인 영양 상태를 비롯해 약을 먹을 것인지 GP를 찾아갈 것인지 상담을 받도록 하자.

처방전 가져오셨습니까?
I'd like to have this prescription filled, please.
처방전 없이는 약을 살 수 없습니다.
You can't buy it without the prescription.
얼마나 자주 몇 알씩 복용해야 합니까?
How many times and how many tablets should I take?
감기약 좀 주시겠어요?
Can I please have some cold medicine?
머리 아픈 데 먹는 약 있습니까?
Do you have anything for a headache?
증상이 어떤가요?
What are your symptoms?

08. 중고차

중고차 구입하기

뉴질랜드는 한국(남한)의 2.7배 정도의 크기로, 대중교통이 크게 발달하지 못해 자동차가 없어서는 안 될 생필품이나 마찬가지다. 전량 외국에서 수입하다 보니 뉴질랜드와 같이 운전석이 오른쪽인 일본 중고차의 비중이 크고, 연식이 오래된 차가 많은 편이다.

중고차를 사고팔 때 전문딜러의 도움을 받으면 가격은 좀 비싸지만 차량 상태는 대체적으로 좋다. 그 외에 주말에 개인이 직접 차를 가지고 나와 시장을 형성하는 Car Fair에서 시운전을 해보고 개인 직거래를 하거나 또는 옥션에 가보고 마음에 드는 차를 골라 경매에 참여하는 방법, 교민잡지, 카페 게시판, 신문광고, 백팩커 보드판, 인터넷사이트 등에서 정보를 얻어 사는 방법 등이 있다. 개인 직거래로 차를 사면 조금 싸게 살 수 있지만 소비자 보호를 받을 수 없기 때문에 자동차에 대해 잘 아는 사람의 도움을 받아 차를 세밀하게 점검해보고 구입해야 한다.

백팩커 보드판 중고차 광고

중고차 파는 곳

옥션

무턱대고 덜컥 사기보다 두세 번 가서 분위기나 흐름을 파악하는 것이 좋다. 가령 이런 모델의 차는 얼마, 저런 모델의 차는 얼마 하는 식으로. 조금 일찍 가서 마음에 드는 차가 있다면 사전 점검도 해보고 내가 원하는 예상 가격도 정해서 흥정해본다. 국제운전면허증을 제시하고 번호표를 받으면 무리 없이 입찰에 참여할 수 있다. 워낙 차종이 다양하고 차에 대해 잘 모르다 보니 감을 잡기가 무척 어려울 텐데 처음부터 쉬운 게 어디 있겠는가? 내가 타고 있는 차를 팔아야 하는 상황이라고 가정해본다면 상황을 잘 판단할 수 있을 것이다.

경매 시 유의할 점

옥션장 입구에서 차 관련 브로슈어를 받아 일렬로 서 있는 차를 둘러본다. 옥션장내에서 시운전을 해보고 얼마 정도의 차를 살지 마음속으로 생각해두자. 경매에 응찰할 때를 보면 모두들 가격이 떨어지기를 기다렸다가 누군가 관심을 보이며 손을 올리면 그때부터 경쟁이 붙어 경매가 시작된다. 장난삼아 손을 든다거나 분위기에 휩쓸려가다 보면 오히려 비싸게 살 수 있으니 긴장을 늦추지 않도록 한다. 낙찰받으면 차 값을 내고 옥션직원의 안내에 따라 경매된 자동차 등록 절차를 밟는다.

> 자동차 수리비가 차량 가격에 포함되어 있는지, 수리를 한다면 본인 부담금이 얼마인지 확인한다.

일반적으로 유학생들은 저렴한 가격대를 원하기 때문에 N$1,000~2,000 정도가 적당하다고 생각하지만 사실 이 정도 가격대라면 최소 15~20년 (1988~1993) 정도의, 거의 15~20만km를 달린 차라고 보면 된다. 참고로 N$4,000~6,000면 최소 8년 이상 된 차다. 한 사람이 등록해서 계속 탄 신조first hand 차량의 차 상태가 좀 더 좋은 편이다. 백팩커에서 만난 어떤 사람은 N$500 차를 사서 남섬과 북섬을 두 번 여행하고 그 차를 수리해 되팔았다고 하는데 이런 경우는 정말 흔치 않다.

★ VIR(VEHICLE INFORMATION REPORT™)
뉴질랜드 정부 산하 기관으로, 도난신고, 실소유주, 차량 할부 등 자동차의 역사를 한눈에 확인할 수 있도록 유료서비스를 제공해준다. VIR 웹사이트에 접속해서 자동차번호 또는 차량제조 시 찍혀 있는 VIR(일련번호)을 입력하고 신용카드로 결제(N$30)하면 정보를 확인할 수 있다. 신용카드가 없을 때는 전화번호 0800-843-847에서 확인 가능하다. www.vir.co.nz

동기	차를 사고 싶습니다. I'd like to buy a car.	
딜러	어떤 차를 사시게요? What kind of car do you want to buy?	
동기	사륜차 있나요? Do you have a wagon?	
딜러	예, 있습니다. 이쪽으로 오세요. Yes, we do. This way, please.	

만약 차에 대한 상식이 전혀 없다면 AA(자동차공업협회)에 신청하고 점검 비용을 내자. 직접 와서 차량을 점검하고 리포트를 작성해준다. 온라인멤버 등록 후 신용카드로 N$77를 내고 회원으로 등록하면 24시간 간단한 고장에 대한 출동서비스도 받을 수 있다.

WOF(Warrant Of Fitness, 유효한 검사합격증)는 차량검사합격증으로 6개월 동안 차량 합격을 보증해주는 스티커다. 출고된 지 5년 이상 된 자동차는 6개월에 한 번씩 의무적으로 차량을 점검받아야 하는데(N$50), 점검을 받고 나면 정비소에서 붙여준다. WOF 유효기간을 넘기면 벌금을 내기 때문에 구입 시 반드시 확인하도록 한다.

계약서Vehicle offer and Sale Agreement를 작성할 때는 차량구입 조건, 차량 정보 및 본인의 인적사항 등을 정확하게 기입해야 한다. 개인적으로 직거래를 할 때는 차를 사기 전에 우체국에서 신고서양식을 가져가서 차 주인과 작성하면 더 편리하다.

차량등록

MR13A(Notice by Person Selling/Disposing of Motor Vehicle): 차를 파는 사람의 신고서양식으로 판매자의 인적사항 및 차량정보, 구매자의 인적사항을 기입하고 사인한 뒤 우체통에 넣는다.
MR13B(Notice of Change of Ownership of Motor Vehicle): 차를 사는 사람의 소유권 이전 신고서양식으로 작성한 후 사진이 있는 신분증을 지참하고 우체국에 제출한다(비용: N$9.20).

자동차등록세는(REG) 6개월에 N$120, 1년에 N$185이며 우체국에 가서 자동차등록세를 내고 스티커(차의 종류, 등록번호, 유효기간 등재)를 사서 차 앞 유리 왼쪽 아래에 붙여놓는다. 차를 사는 사람은 자동차등록세 날짜가 얼마

★ 자동차 판매상을 통해 구매하는 경우 판매자의 세부사항과 판매가격, 차량의 세부 정보가 기입되어 있는 SUPPLIER INFORMATION NOTICE CARD를 확인하기 바란다.

★ AA 멤버가입
www.aa.co.nz
0800 500 444
★ 24시간 출동서비스
전화: 0800 500 222
휴대폰: *222

차를 사서 한 번 타고 폐차 시킬 생각이 아니고 누군가에게 되팔 생각이라면 차량을 꾸준히 관리해주는 것이 좋다.

Car Fair가 열리는 곳 주변 부스에서 수수료를 받고 차량등록 업무를 대행해주기도 한다.

차를 팔 때도 우체국에 명의 변경을 하지 않고 차 열쇠를 주면 차후 차량 사고가 났을 때 법적 책임이 따를 수 있다.

중고차 구입 후 차량의 결함으로 막대한 비용이 지출될 수 있기 때문에 뉴질랜드에서는 자동차 구입 시 자동차고장보험Mechanical Breakdown Insurance에 가입할 것을 권장하고 있다.

나 남아 있는지 확인하고 사도록 하자.

이 차를 점검해봤으면 합니다.
I'd like to have a mechanic check over this car.
차를 운전해봐도 될까요?
Is it alright(OK) if I test drive your car?
국제운전면허증 좀 보여주실래요?
May I see your international driver's licence?
승차감은 좋지만 브레이크가 잘 작동하지 않는 것 같아요.
This car rides very comfortably, but I think that the brakes don't work properly.
하이 스트리트와 빅토리아 사이에서 자동차 엔진이 멈췄어요.
My engine stalled at the corner of High Street and Victoria.
수리차량을 좀 보내주세요.
Could you send a repair truck?

운전하기

국제운전면허증을 소지하고 있다면 발급일로부터 1년간 합법적으로 운전을 할 수 있다. 기한이 만료된 면허증으로 운전을 하다 경찰에 적발되면 28일간 차량운행정지와 벌금이 부과된다. 1년 이상 체류할 계획이라면 기한이 만료되기 전에 뉴질랜드에서 발급하는 운전면허를 취득하도록 하자.
뉴질랜드는 영국, 인도, 호주, 일본과 같이 우리나라와 도로주행 방향이 반대이고 운전석도 오른쪽이다. 우리나라와 반대 방향이라는 사실을 인식하지 못하고 달리다 사고가 나는 경우가 많으니 운전 시 각별히 주의한다. 회전로터리 개념인 라운드어바웃에서는 시계 방향으로 돌고 항상 방어 운전을 하도록 하자. 차량 정지 후 출발할 때는 주변을 확인한 후 여유 있게 출발하고 항상 오른쪽 어깨가 중앙선에 오도록 운전한다.

뉴질랜드에서는 교통안전 캠페인을 통해 안전운전의 필요성을 운전자에게 지속적으로 알리고 있다.

반드시 알아야 할 운전 규칙

뉴질랜드 도로 규칙을 잘 설명한 로드코드Road Code를 서점에서 구입한 후 숙지하자. 주요 도로규칙은 웹사이트에서 확인할 수 있다. www.landtransport.gvt.nz

1. 항상 좌측운행을 명심하고 교통량이 적은 전원 지역을 주행할 때 더욱 조심한다.
2. 라운드어바웃
    - 시계 방향으로 돈다.
    - 라운드어바웃에 진입하기 전에 진입차선을 알려주는 안내 표지판이나 길에 그어져 있는 화살표를 미리 확인한다.
    - 라운드어바웃에 진입하기 전에 방향지시등(깜빡이)을 켠다.
    - 진입 후 첫 번째 출구로 빠져나갈 때는 좌측 방향지시등을 켠다.
    - 라운드어바웃에 절반 이상 진입 후 출구로 빠져 나갈 때는 우측 방향지시등을 켠다.
    - 우측에서 오는 모든 차량에게 진로를 양보하고 우측 차량이 없는 경우에만 진입한다.
    - 직진 차량은 방향지시등을 켜지 않고 진입하고 일단 진입한 차량은 나가려는 출구 하나 전의 출구를 지날 때 좌측 방향지시등을 켠다.
    - 여러 차선의 라운드어바웃에 접근할 때는 빠져나갈 출구를 생각하고 그에 맞는 차선으로 진입한다.

    주의 : 라운드어바웃에서는 무조건 우측에서 진입하는 차량이 우선이다. 사고 시에는 무조건 우측에서 진입한 차량이 유리하다.

3. 도시 지역의 제한 속도는 별도의 표지가 없으면 50km이고 고속도로 허용 최고속도는 100km다. 한적한 시골길이라고 속도를 내다 보면 스피드건에 걸려 범칙금을 내야 하고, 범칙금을 내지 않고 국내로 들어오면 다시 입국할 때 문제가 될 수 있다.
4. 뉴질랜드 도로는 편도 1차선이 많기 때문에 간헐적으로 추월차선이 있는데 추월차선 이외에는 중앙선을 넘지 않도록 한다. 편도 2차선에서 중앙선 가까이에 있는 차선은 다른 차량을 추월하거나 우회전할 경우에만 중앙선을 넘는다.
5. 도로 바닥이나 표지판에 써진 GIVE WAY(양보), STOP(정지)이라는 단어를 자주 보게 되는데, GIVE WAY 표지판이 보이면 정지할 준비를 하고 STOP 표지판에 서 있는 차량을 제외한 모든 차에게 진로를 양보한다. 그러고 난 후 안전하다고 생각될 때 주행한다. STOP 표지판이 있으면 완전히 정지한 상태에서 모든 차에게 진로를 양보해야 한다.
6. GIVE WAY, STOP, 신호등이 없는 곳이라면 회전 차량은 우측에서 직진하거나 회전하는 모든 차량에게 양보해야 한다.
7. 뉴질랜드 도시외곽 도로에는 일차선 다리가 많은데, 반대편 차량에게 길을 양보하고 표지판에 따라 주행한다.
8. 시골길이나 농장 주변을 달릴 때 양이나 소, 말 등 동물이 지나가면 속도를 줄인다. 경적을 울리면 동물이 놀랄 수 있다. 필요하면 정지한 후 동물들이 도로를 먼저 건너가게 하거나 천천히 뒤로 가서 농부의 지시에 따른다.
9. 시골길 등 낯선 곳, 특히 야간 주행 시에는 시야가 확보되지 않은 상황에서 갓길에 차를 주정차하지 않는 것이 좋다(절벽이나 웅덩이에 빠져 위험할 수 있다).
10. 주행방향의 우측노견에 평형주차하면 벌금을 내거나 견인 조치될 수 있다. 도로노견에는 주행방향으로만 주차할 수 있다(일방도로가 아닌 경우 좌측에만 허용). 또한 주차가능 지역이 아닌 곳에 무단주차하면 견인조치 당한다.

★ 뉴질랜드 교통안전국
Land Transport New Zealand
(LTSA)
www.ltsa.govt.nz

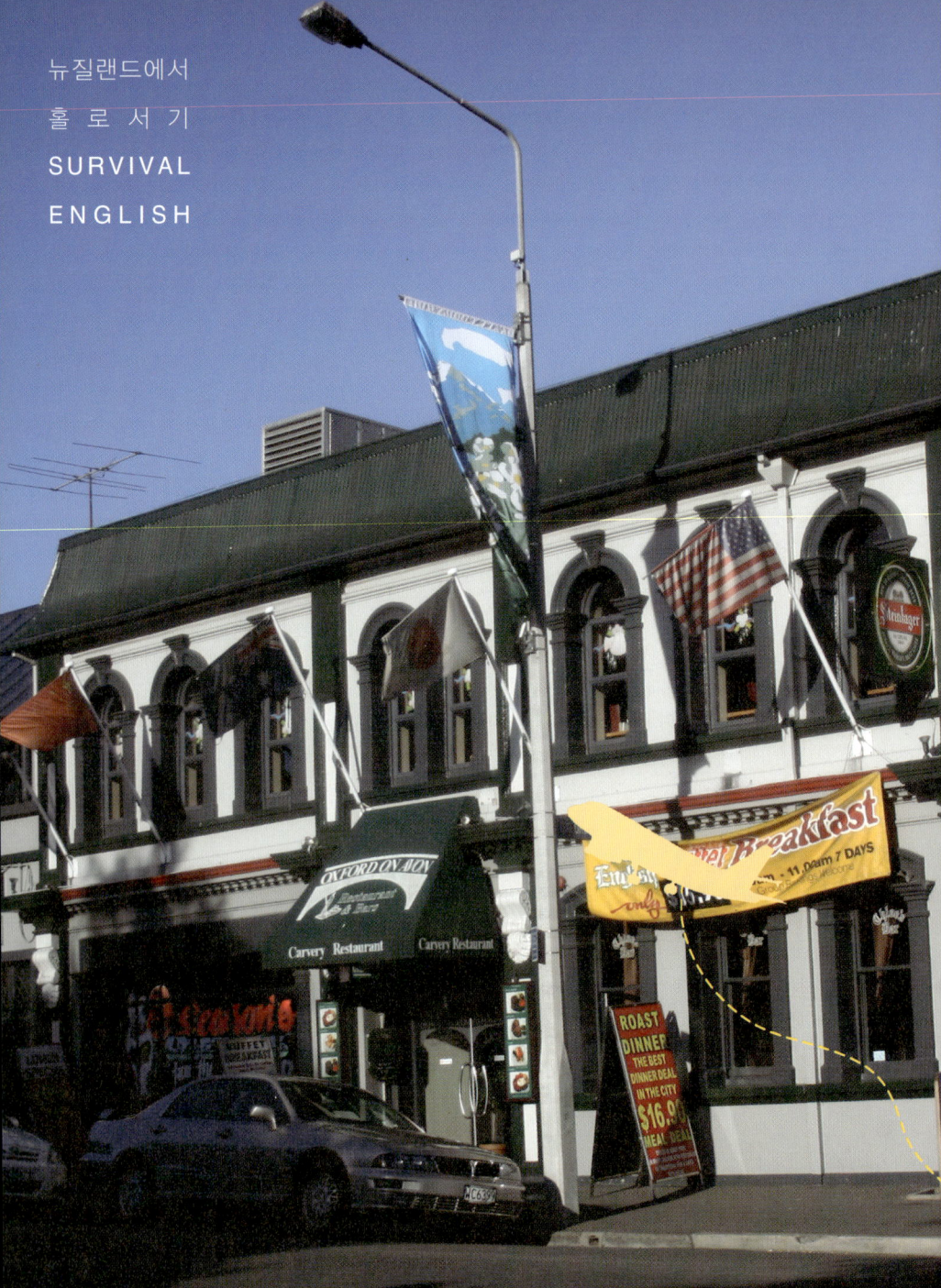

뉴질랜드에서
홀 로 서 기
SURVIVAL
ENGLISH

Part 6
친구 & 영어

01. 친구 사귀기

> The mind of a man is like a parachute. If it is not open, it is useless.
> (사람의 마음은 낙하산과 같다. 열리지 않으면 쓸 수 없다.)

어학연수 학교, 백팩커, 바Bar나 펍Pub, 일터 등등 친구들을 사귈 수 있는 곳은 많다.

어학연수 학교에는 주로 일본, 중국, 브라질, 유럽 친구들이 많은데 바비큐 파티나 과외 활동 등을 통해 친해진다. 또 바나 펍에 가서 옆 사람에게 씨익~ 웃으면서 말을 걸어 얼굴을 익히면 다음날 바로 하이~브라덜로 진행되는 경우가 많다. 술을 마시면 영어가 술술~ 나오는데 그렇다고 지나친 과음은 금물. 과음을 하다가는 혹 TV 현장르포에 얼굴을 비치게 될지도 모르겠다. 한 유학생이 술에 취해 술집 앞에서 실랑이를 벌이다가 쫓겨났는데 공중전화 수화기를 내팽기듯 떨어뜨리고 경찰에 연행되는 모습이 그대로 방영되었다. 재즈바처럼 공통 관심사가 있는 곳에서는 더욱 빨리 친해질 수 있으며 멕시칸 카페도 수요일에 가면 많은 사람들이 어울려 이야기하고 춤추면서 스트레스를 푼다. 낭만적인 분위기의 와인바에서 와인 한 잔하며 바텐더와 이야기를 주고받을 수도 있다. 얼굴이 익으면 바텐더가 한두 명 친구를 소개해주기도 한다. 교회나 성당에서, 혹은 각종 봉사단체에서 활동을 할 때도 친구들을 많이 만날 수 있다.

> 뉴질랜드인들은 세계에서 가장 아름다운 나라에 살고 있다는 자부심을 가지고 있으며 모험심이 강하다. 토착문화와 다른 문화들이 섞인 복합 문화 속에서 살아가는 것을 무척 자랑스러워한다. 또한 럭비에 대한 사랑이 정말 대단해 럭비 이야기를 꺼내면 대부분 좋아한다.

와인은 어떤 종류가 있습니까?
What kind of wine do you have?

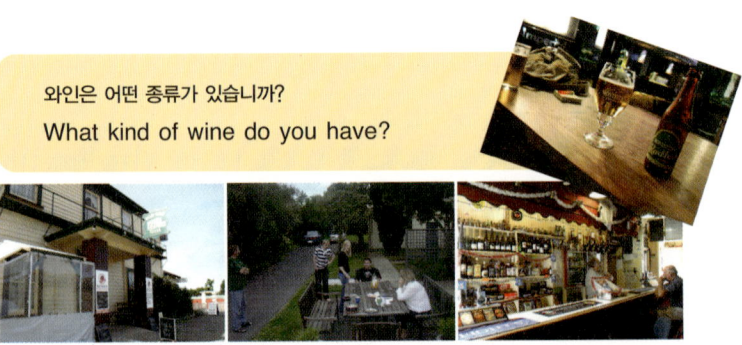

나이가 비슷한 또래만 친구라고 생각하는 한국적 고정관념을 버리고 남녀노소, 나이를 불문하고 자연스럽게 Hi~ 혹은 Hello~ 하면서 말을 걸어보자. 인사하는 순간 상대의 관심을 끌게 되는데 거기에 칭찬 한 마디 덧붙인다면 '두더지도 나무에 올라가게 할 정도' 의 대단한 인적 네트워크를 만들 수도 있을 것이다. 간혹 영어에 자신이 없어 대화를 시작하기도 전에 I can't speak English very well.(나 영어 잘 못해.) 하고 말하거나 만난 지 몇 분도 안 돼 How many brothers and sisters do you have?(형제가 어떻게 돼?)라며 가족관계를 물으면 상대는 무례하다고 생각한다.

뉴질랜드에선 일상적인 안부를 물을 때 How are you?를 자주 쓰는 편이며 가끔 특이하게 Fine 대신 뉴질랜드 속어인 Box of birds(아주 멋진 사람)를 쓰기도 한다.

자주 만나는 친구나 친한 또래에게는 How is it going?이나 What's up? What's up bro? 하며 친근함을 표현하는데 대답으로는 Not much. 정도가 적당하다. How long have you been?이라는 표현도 익혀두면 무척 유용하다. 길을 가다 만나도 How long have you been in New Zealand?와 How long will you stay in New Zealand?를 인사말처럼 물어보곤 한다.

'처음 뵙겠습니다.' 라는 뜻의 How do you do?는 잘 쓰지 않으며 Let me introduce myself. My full name is~라는 소개도 정말 격식 있는 자리가 아니면 쓰는 경우가 드물다. 처음 보는 사람에게는 가볍게 Nice to meet you.라고 말하면 무난하다. 특이한 점은 Thanks 대신 Ta 또는 Cheers를 많이 사용한다는 것.

> A를 '에이'가 아닌 '아이'로 발음하기 때문에 미국 영어에 익숙한 사람들은 딱딱하다고 느낄 수 있다.

● 관심을 끌어라

관심을 가지게 하는 것도 친구를 사귀는 좋은 방법 중 하나다. 하루는 비틀즈 The Beatles 사진이 찍힌 티를 입고 시티를 걷고 있는데 Hello 하면서 키위가 다가오더니 비틀즈 팬인데 내가 입은 티를 꼭 구입하고 싶다고 말했

> 키위들이 중국인이냐고 물으면 얼굴을 붉히거나 무시당했다고 생각하는 사람들이 많은데 민감하게 반응할 필요 없다. 뉴질랜드 이민자 중에서 중국 사람들이 가장 많고 동양인을 구별하기가 쉽지 않아 이렇게 묻는 경우가 많다.

다. 우리는 자연스럽게 비틀즈에 대해 이야기를 하고 Let It Be를 부르면서 친해졌다. 너바나Nirvana의 기타 치는 모습이 새겨진 티를 입고 나간 날에는 너바나 팬이냐고, 친오빠가 너바나를 너무 좋아해서 자기도 좋아하게 되었다면서 어떤 노래를 좋아하냐고 햄버거 가게 점원이 말을 걸어왔다. 공감대만 형성되면 얼마든지 친해질 수 있다. 한번은 백팩커에서 함께 지내는 룸메이트가 너무 심심하다면서 퍼즐을 바닥에 펼쳐놓았는데 그 순간 지나가는 외국인 친구들이 관심을 보이며 한 마디씩 툭툭 던졌다. What are you doing? 혹시나 이런 말을 하는 친구가 있다면 나도 해보고 싶다는 뜻이니 기회를 놓치지 말고 한마디 해보자. Hey, come play with us!(헤이, 같이 하자!)

● 위기에 닥쳤을 땐 장기를 최대한 활용하라

처음 만났을 때는 누구나 상대가 어떤 사람인지 궁금해서 말을 건다. 하지만 영어가 짧으면 시간이 지나면서 말을 걸어오는 친구들이 점점 줄어든다. 처음 어학원을 다닐 즈음, 역시나 영어가 서툰 내게도 얘기를 나눌 친구가 별로 없었다. 스트레스를 받으면서 한국으로 돌아가야 하나 고민하고 있었는데 크리스마스가 되었다. 백팩커 주인장 코너의 제안으로 조촐한 크리스마스 파티가 열렸다. 분위기가 무르익을 때쯤 코너가 각 나라별로 장기자랑을 하자고 제안했다. 너무 즉흥적이라 다들 눈치만 보고 있는데, 기회를 놓칠세라 내가 하겠다고 말하고 친구들 앞에서 춤을 추면서 '흥부가 기가 막혀'를 불러댔다. 거의 폭발적인 반응이 돌아왔다. 노래가 끝나자 브라질 여자애가 같이 춤을 추자고 제안했고 나를 알지 못하는 친구들도 하나둘씩 멋지다, 재미있다, 잘한다면서 친구로 지내자고 다가왔다. 같이 사진을 찍는 친구, 이메일 주소를 적어주는 친구, 심지어 영어를 가르쳐주겠다고 도서관에 같이 가자는 친구도 있었다.

위기 뒤에 기회가 온다는 말처럼 자신의 장점을 최대한 활용한다면 어려운 일도 충분히 극복할 수 있다. 만약 일이 잘 풀리지 않거나 친구들을 많

이 만들고 싶다면 한곳에 머무르지 말고 여행을 떠나보는 것도 좋은 방법이다.

● 실수를 두려워하지 마라

나에 대해 남이 이러쿵저러쿵 이야기한다는 것 자체가 기분 나쁜 일인데 그것도 면상에 대고 "너 참 지루한 애구나."라고 한다면 얼마나 황당할까? 하루는 해변에서 선텐을 하고 돌아온 패런이 무척 심심해 보여 Paran, you look boring?이라며 말을 걸었다. 패런은 자기에 대해 얼마나 아느냐며 남에 대해 그렇게 쉽게 이야기하는 게 아니라고 화를 냈다. 난 그냥 심심한 것 같아서 심심하냐고 물었을 뿐인데 내가 무슨 잘못을 했기에 화를 내는지 이해가 되지 않아 기분이 좋지 않았다. 하지만 다음날, bored를 boring이라고 잘못 말했다는 걸 깨닫고 패런에게 사과했다. 그날 이후 우리는 더 친해졌고, 나는 더 이상 boring과 bored를 헷갈리지 않게 되었다. 실수를 두려워하지 마라. 실수를 통해 배운 영어는 평생 잊지 않는다.

동기	패런, 기분이 안 좋아 보이는데 무슨 일 있어?
	Hey, Paran. You look a bit down. What's the matter?
패런	아무것도 아니야. 걱정하지 않아도 돼.
	It's nothing. No worries, bro.
동기	정말이야. 대화가 필요하면 불러.
	Are you sure? Just call me, if you want to talk.
패런	고마워, 친구.
	Cheers, bro.
동기	천만에~.
	You're welcome~.

> boring (누군가를) 지루하게 하는, 따분하게 하는, bored (무엇 때문에) 지루한, 따분한, 지겨워하는
> You are bored. 너 지금 따분하구나.
> You are boring. 너 아주 재미없는 사람이구나.

part 6. 친구 & 영어

● **행사에 적극 참여하라**

생일 파티나 바비큐 파티는 새로운 친구들을 사귈 수 있는 좋은 기회다. 초대장에 준비물을 명시해주는 경우가 있는데 초대장 없이 초대받았다면 혹시 준비할 것이 있는지 물어보도록 하자. 준비해오지 않아도 된다고 하면 보틀 샵bottle shop에서 와인 한 병 정도 사 가자.

바비큐 파티

친구들끼리 종종 바비큐 파티를 열어 서로 초대하는데 회비를 내는 경우도 있고 그렇지 않으면 일반적으로 와인을 한 병 사가지고 간다. 바비큐 파티라고 해서 멧돼지 한 마리 잡는 그런 큰 파티가 아니고 소시지나 삽겹살 등을 구워먹는 조촐한 파티다.

생일 초대장 작성하기

```
            KAROL & KATH
               BIRTHDAY

COME TO CELEBRATE WITH US!
DATE: 06 OF APRIL 2009

BARBEQUE AT 8 LOUISE PLACE
BROWNS BAY Phone 09 478 0000

FROM: 6:00 PM

RSVP BY APRIL 4 to Karol 021 1700000 or Kath 09 478 8000

FEEL FREE TO BRING YOUR OWN CDs

THE BUS TO BROWNS BAY IS OPPOSITE SKY CITY
NUMBERS: 875-800-000
(BRING SOMETHING SWEET)
```

나의 소중한 친구들

이름 & 국적	전화번호	주소 & Email

02. 영어 공부하기

언어를 습득한다는 것은 단순히 언어만이 아니라 그 나라의 철학, 신학, 역사, 예술, 문학, 과학 등 깊이 있고 폭 넓은 지식을 함께 습득하는 것이다. "어디서부터 영어 공부를 시작해야 할까?" 이 질문에 대답하려면 우선 나의 영어실력이 어느 정도인지 현주소를 정확하게 알아야 한다.
다음 질문을 읽고 체크해보자.

	영어 학습 점검 리스트	V
1	자음 및 모음을 제대로 발음할 수 있다.	
2	단어의 정확한 악센트accent를 알고 있다.	
3	억양intonation에 대한 원리원칙을 알고 있다.	
4	영어의 뉘앙스를 잘 알고 있다.	
5	정확한 발음을 중요하게 생각하며, 더 정확하게 발음하기 위해 매일 30분 이상 읽기 연습을 한다.	
6	영어문장구조를 제대로 파악하고 있다.	
7	문장에서 각각의 단어에 대한 정확한 품사를 명확하게 설명할 수 있다.	
8	영어문법을 제대로 설명할 수 있다.	
9	영어로 쓰인 책을 적어도 10권 이상 읽어봤다.	
10	영자신문(Korea Herald, Korea Times 등등)을 즐겨 읽는다. 특히 사설editorial을 보면 적어도 80% 이상 이해한다.	
11	영어잡지(The Times, The Economist 등등)를 구독한 적이 있다.	
12	영어문장 100개를 암기하고 있다.	
13	영작문(영어일기) 공부를 해봤다.	
14	영어회화 학원을 오랜 시간 다녔다.	
15	원어민과 대화를 나눌 기회가 많았다.	

위의 사항들을 점검해가면서 부족한 부분이 있다면 지금부터 하나하나씩 공부해가자.

언어의 구조는 Input(입력)과 Output(출력)으로 이루어진다. Input에는 듣기와 읽기가 있으며, Output에는 말하기와 쓰기가 있다. 많은 영어 학습자들이 경험하는 딜레마 중 하나가 "Input이 먼저냐, 아니면 Output이 먼저냐"다. 하지만 이 질문은 "닭이 먼저냐, 달걀이 먼저냐"를 묻는 것과 같다. 학습해온 바에 따르면 Input, Output의 우선순위가 아니라, 공부하는 목적이 명확히 있느냐 없느냐가 관건이다.

왜 영어공부를 하는가?
"내신 1등급"
"해외여행"
"어학연수"
"유학"
"영어시험(TOEIC, TOEFL…)"
"취업"
"승진"
"비즈니스"
"취미"
"기타 등등"

목적이 정해지면 목표를 세우고 학습기간을 명확하게 설정해야 한다. 대부분 영어를 공부하다 포기하는 사람들은 목적과 목표를 정하지 않고 무턱대고 공부를 하기 때문이다. 자신이 진정으로 원하는 것을 구체적으로 설정한 후에야 다음 단계로 넘어갈 수 있다.

뉴질랜드에 가서 무엇을 얻고 싶은지 생각해본 적이 있는가? 얻으려면 다른 것을 잃어야 한다는 세상 이치를 놓고 볼 때, 무슨 일이든지 대가지불 Pay the price이 있게 마련이다. 아이는 태어나서 3년(20,000시간) 이상 모국어를 보고 들으면서 자연스럽게 말을 익혀나간다. 어학연수 기간 중 적어도 하루에 몇 시간이나 자신을 영어에 노출하는지? 명확한 목적을 가진 극소수의 사람들을 제외한 대부분의 사람들은 하루에 10시간 이상 공부하지 않는다. "○년 이내 영어공부를 끝내지 않으면, 평생 영어 때문에 스트레스 받으면서 살 수밖에 없다."라고 생각하고 그 기간 동안 죽어라 영어공부에 매달려보자.

월간 목표

월	내용	달성 여부	월	내용	달성 여부
1월			7월		
2월			8월		
3월			9월		
4월			10월		
5월			11월		
6월			12월		

● 발음

A부터 Z까지 제대로 발음할 줄 알아야 한다. 한국인이 가장 구별하기 어려워하는 발음 중 하나가 L과 R 발음이다. L을 발음할 때는 소리는 내지 않지만 마음속으로 '랄랄랄' 혹은 '을'이라고 외치면서 혀를 그 위치에 놓고 발음한다. R발음은 우리나라 발음체계에 없기 때문에 다소 어려운데, '우+어'를 하면서 혀를 입천장에 닿을 듯 말 듯 말고 'ㄹ' 소리를 낸다.

● 듣기

교재의 오디오북을 활용해서 받아쓰기 dictation를 해보자. 처음 보는 표현은 정리 노트를 만들어 차곡차곡 정리해두고 Native Speaker의 발음과 속도를 흉내 내며 따라 말해보자. 혹은 혼자 소리 내어 읽어보고 녹음해서 비교해본다.

● 읽기

짧은 문장을 통해 무수히 많은 새로운 단어들을 매일 익혀나가야 한다. 그러고 나서 영자신문을 적극 활용해 매일 사설을 읽고 '발음' '듣기' '읽기'를 통합 훈련해보자.

● 말하기 및 쓰기

말하기는 구어체 spoken english, 쓰기는 문어체 written english다. 하지만 큰 맥락에서 본다면 본질적으로 동일한 형태다.

말하기는 '발음' '듣기' '읽기'를 하나둘 익혀나가다 보면 어느새 중급 이상의 실력을 가지게 될 것이다. 시중에 나와 있는 말하기 교재 중에서 자신에

게 맞는 책을 한 권 골라 그 책을 완전히 자기 것으로 소화한다.

쓰기는 영어일기 시리즈를 가지고 손쉽게 시작할 수 있다. 쓰기를 할 때는 '문장기호'에 대한 정확한 이해가 있어야 한다. 예를 들어 쉼표comma와 마침표period의 차이라든지, 콜론colon과 세미콜론semi-colon 등을 알고 적절히 사용한다.

어학연수(6개월~1년)

어떤 어학연수 기관language Institute을 선정하는가도 정말 중요하다. 하지만 무엇보다 영어를 공부하기로 한 결정을 성실히 실천에 옮기는 것이 중요하다. 특히 수업 중 배운 것을 실제로 활용할 수 있는 곳을 가면 좋다. 대학교 부설 어학연수 기관의 경우, 학비는 조금 비싸지만 정말 살아 있는 영어를 공부할 수 있는 기회가 될 수 있다.

꼭 일정한 시간을 정해 도서관에서 공부하고, 그동안 배운 내용들을 정리해야 한다. 특히 4가지 영역(듣기-말하기-읽기-쓰기)을 함께 해나가면 좋다. 물론 어학실습실에서 해도 좋겠다.

월~금요일까지 4시간 정도 학원에서 공부하는 사람들은 수업이 끝나면 도서관에서 적어도 5시간 이상 공부하기 바란다. 그리고 나서, 과외활동으로 운동도 하고 외국 친구들과 어울리며 실전 영어를 터득하면 좋다.

● 시나브로 학습법

1. 주중 적어도 2번 이상은 영화관에 간다. 영화를 보면서 자음, 모음, 단어, 문장, 내용어, 기능어, 억양, 악센트 등등 하나 둘씩 자기 것으로 익혀나간다.
2. 매주 2회 이상 서점에 들러서 영어원서를 읽는다. 처음에는 조금 쉬운 책을 시작으로, 매주 3권 이상 읽는 것이 좋다.
3. 1주일에 한 번씩 테마(역사, 철학, 박물관 등)를 정해 주변으로 짧은 여행을 다녀오면 학습능력이 더욱 향상되고 이야깃거리가 많아진다.
4. TV와 라디오 방송을 항상 켜놓으면 영어에 많이 익숙해진다.
5. 매일 영어로 Email을 써서 누구에게든지 보내고 영어일기 쓰는 것을 습관화해서 적극 활용한다.
6. 매일 읽기 연습(큰소리로 읽기 연습)을 1시간 이상 한다. 때론 녹음해서 외국인 친구나 학교 선생님에게 들려주고 발음 교정Pronunciation Correction을 받도록 한다.
7. 뉴질랜드 현지 신문이나 인터넷 영자신문을 매일 읽는 습관을 기른다.

튜터

튜터(tutor, 개인교사)는 현지 대학생들이 아르바이트로 하는 경우가 많은데 시간당 N$15~25 정도다. 영어를 잘하는 것과 잘 가르치는 것은 다르기 때문에 이왕 튜터를 구하려면 가르친 경험이 많고 체계적인 틀을 가지고 가르치는 사람, 학원 교재도 복습해주는 사람을 찾도록 하자. 이야기만 하고 대충 시간을 때우려고 하는 사람은 피하도록 한다.

간단한 의사소통이 가능하다면 한국어를 가르쳐주고 영어를 배울 수 있는 사람을 찾아보는 것도 좋다. 한류 열풍으로 중국, 일본 친구들이 중국어, 일본어를 가르쳐주고 한국어를 배우기 위해 도서관 게시판에 연락처를 남겨두는 경우도 있다. 또한 TESOL 과정을 진행하는 어학연수 학교에서 아주 저렴한 비용으로 교육을 제공하기도 하는데 매일 2시간씩 수업을 받을 수 있다. 여러 사람들의 교육 방식을 접할 수 있고 TESOL 과정을 듣는 학생들과 사귈 수 있다는 점이 장점이라면, 단점은 한 시간에 2~3명씩 교사가 바뀌기 때문에 집중도가 떨어지고 과제물에 대한 점검이 부족하다는 점이다.

성과 측정

제아무리 목표설정이 좋고 계획과 실행을 잘했다고 하더라도 성과가 엉망이면, 다시 기본으로 돌아가야 한다(Back to the basics). 영어공부의 성과는 TOEIC, TOEFL, TEPS, IELTS 등의 시험으로 측정해볼 수 있다. 이런 시험이 절대적이라고는 생각하지 않지만 IELTS는 언어의 4가지 영역을 골고루 확인해볼 수 있는 좋은 도구다. 하지만 시험은 시험일 뿐, 너무 점수에 연연해하지 말고, 항상 초심을 잃지 말자. 읽기, 듣기, 말하기, 쓰기를 하나둘씩 소화해나가다 보면 영어시험에서 고득점을 받는 것은 시간문제다. 혹 TOEIC 같은 영어시험 준비를 위해 어학연수를 갔다면 목표를 잘못 설정했다고 볼 수 있다. 운동과 마찬가지로 시험에서 가장 중요한 것은 기초실력이지, 기술skill적인 문제는 그 다음이다.

일과 공부를 동시에 할 수 없다고 생각할지 모르지만 나와 함께 일을 한 하루미 아줌마는 매일 일을 마치고 나면 대학 도서관 2층에서 오디오를 들으며 2시간 이상 IELTS를 공부했고, 틈틈이 책도 읽었다. 나도 그 영향으로 일을 마치고 나면 같이 도서관에서 가서 영어를 공부했다. 하고자 하는 의지만 있다면 얼마든지 일하면서 영어 실력도 키울 수 있다.

IELTS

IELTS는 International English Language Testing System의 약자로 영국 문화원, 영국 케임브리지대학, 호주 IDP 에듀케이션이 공동 개발하여 주관하고 있는 국제 영어능력평가시험이다. 아카데미Academic와 제너럴 트레이닝General Training(GT)으로 구분되며 자신의 목적에 맞는 시험을 보면 된다.

★ IELTS
www.ielts.org

IELTS 시험의 특징이라면 영어의 4가지 능력 즉 듣기, 읽기, 쓰기, 말하기 영역을 모두 평가한다는 것이다. 듣기, 읽기, 쓰기, 말하기는 9개의 점수대역Band score으로 평가되는데, 대역 1(Band 1) 비사용자(Non User)부터 대역 9(Band 9) 전문적인 사용자(Expert User)까지 나눠진다.

한번 시험에 응시하면 90일 이내에는 재응시할 수 없으며 시험센터를 바꾼다고 해도 마찬가지다. 오클랜드, 크라이스트처치, 웰링턴, 블레넘, 더니든, 해밀턴, 넬슨, 뉴플리머스, 퀸스타운, 로터루아, 다우랑가, 파머스턴 노스 지역에서 접수할 수 있다.

시험을 치르지 않고 결시할 경우 응시자는 응시료 전액을 돌려받지 못한다. 다만 사고, 질병의 진단서와 같은 적절한 증빙서류를 준비해 시험일로부터 5일 이내에 제출하면 75% 환불해주거나 시험날짜를 재조정해준다.

9개의 점수대역

대역 9 (Band 9) 전문적인 사용자(Expert User)
대역 8 (Band 8) 매우 능숙한 사용자(Very Good User)
대역 7 (Band 7) 능숙한 사용자(Good User)
대역 6 (Band 6) 적절한 사용자(Competent User)
대역 5 (Band 5) 보통 사용자(Modest User)
대역 4 (Band 4) 제한적인 사용자(Limited User)
대역 3 (Band 3) 극히 제한적인 사용자(Extremely Limited User)
대역 2 (Band 2) 간헐적인 사용자(Intermittent User)
대역 1 (Band 1) 비사용자(Non User)
대역 0 (Band 0) 미응시자(Did not attempt)

Part 7
일자리

01. 준비

★ IRD 사무소
www.ird.govt.nz

★ 2011년 4월 1일 기준
성인 최저임금 N$13.00
신규 진입 및 훈련 최저임금
N$10.40

★ 뉴질랜드 사회에서는 실수를 했을 때 즉흥적인 거짓말로 넘어가려고 하면 다음 직장까지 영향을 미칠 수 있고 오히려 불이익을 당하게 된다. 정직한 것이 최선의 방어다.

뉴질랜드에서 일자리를 구하려면 IRD 번호가 있어야 한다. IRD 번호 INLAND REVENUE DEPARTMENT NUMBER란 뉴질랜드에서 세금tax을 관리하는 납세번호다. IRD 웹사이트에 들어가서 IRD number application-individual IR595 문서를 다운받아 작성하거나 가까운 우체국이나 IRD 사무소에 가서 신청서를 작성하고 신청한다. 발급까지 대략 10일 정도 소요되는데 빠르면 전화나 문자로 4~5일 안에 IRD 번호를 알 수 있다.

2011년 7월 1일부터 최저임금이 상향조정되어 18세 이상 근로자의 시간당 최저임금은 N$13.00이고 수습기간 중인 근로자에게는 신규 진입 및 훈련 최저임금을 지급해야 한다. 하루 8시간을 일할 경우 최저임금은 N$13, 주5일 동안 40시간 일하면 N$520이다.

만약 고용주가 고용인에게 하숙시설boarding(음식 포함) 혹은 숙박시설 lodging을 제공할 경우에는 최저임금법령에 저촉되지 않는 범위, 또는 근로자가 받는 임금의 각각 15% 및 5% 이상을 초과하지 않는 범위 내에서 임금을 차감할 수 있다. 최저임금법령Minimum Wage Act 1983 제 10조에 따르면 법령을 위반할 경우 페널티가 부과된다.

워킹홀리데이 비자 소지자들은 뉴질랜드 근로자가 받는 권리를 동일하게 받을 수 있다. 자기가 받고 있는 임금과 업무시간이 뉴질랜드 법에 준하는 것인지 알아보고 싶다거나 부당한 대우를 받고 있다고 생각된다면 0800-20-90-20으로 연락해 상담원과 상담해보자.

02. 도시 일자리

도시에서 일 구하기

뉴질랜드 젊은이들이 대부분 일자리를 찾아 호주나 다른 나라로 빠져나가고는 있지만 워홀 메이커들이나 어학연수생들이 생활비를 벌 수 있을 정도의 아르바이트 자리는 있다. 다만 영어가 서툴면 도시에서 할 수 있는 일이 건물청소, 식당 주방보조, 페인트 조공, 이삿집 보조, 막노동 등으로 제한되고 이마저도 수가 한정되어 있다. 영어로 일반적인 의사소통이 가능하면 편의점, 옷 가게, 레스토랑, 커피전문점, 패스트푸드점, 피시방 등에서 일할 수 있고 전문적인 자격이나 기술이 있으면 보조공으로 일하기도 한다. 하지만 워홀 메이커들의 대부분이 학생들이기 때문에 전문적인 일을 찾는다는 건 사실 어렵다.

★ 일자리 구하는 사이트
www.jobstuff.co.nz
www.seek.co.nz
www.sjs.co.nz

그렇다고 넋 놓고 가만있을 수는 없다. 구하고 찾아야 기회도 생긴다. 가령 자주 가는 커피전문점이나 음식점에서 식사를 하고 나올 때 일자리가 있으면 연락해달라고 전화번호를 남겨두거나 대형할인점 게시판, 지역신문 구인광고란, 인터넷 구직 사이트를 통해 부지런히 일자리를 알아보아야 한다.

키위 사람이 운영하는 레스토랑에서는 청소나 설거지의 경우, 시간당 N$15~18 정도 주고 이삿짐센터같이 일이 힘든 곳에서는 N$15~20 정도

받을 수 있다. 럭비 경기장 청소, 편의점 캐셔chashier, 양모공장, 웹사이트 관리, 학교급식보조, 과외, 기술보조공, 미용보조 등은 시간당 N$12 정도 버는데, 하루 5시간씩 5일 근무하면 주당 N$300 가량 번다고 볼 수 있다.

이럴 때! 조심하자

2011년 7월 1일부터 고용주는 모든 직원과 고용 계약서를 작성하고 직원과 고용주가 각각 1부씩 보관해야 한다. 구두 계약은 성립되지 않으며 이를 위반 시에는 처벌까지 가능하다.

한인청소 N$13~15
한인식당 N$13
일식당 N$13
PC방 최저임금 N$12
키위 레스토랑 N$13~16
미용사 주급 N$600
캐셔 및 홀 서빙 N$13

동기	저는 배동기라고 합니다. 일자리를 찾고 있습니다.	
	My name is Dong Gi Bae and I am looking for a job.	
사장	미안해요, 지금은 빈자리가 없어요.	
	Sorry, we don't have any openings now.	
동기	제 이력서를 놓고 가도 될까요?	
	Can I leave my resume here?	
사장	네, 그러세요.	
	Sure.	
동기	감사합니다. 이곳에서 꼭 일을 하고 싶습니다.	
	Thanks very much. I really would like to work here.	

무슨 일은 하든지 주급을 받을 때 급여명세서pay slip를 받아 보관하고 있어야 한다.

제 이력서를 가지고 왔는데 한번 봐주시겠습니까?
Would you like to look at my resume?
메뉴판을 집에 가져가서 외워오겠습니다.
Can I take your menu to my house and memorize it?

이력서 작성 요령

이력서라고 해서 따로 형식이 정해진 건 아니다. 본인이 어떤 사람인지 이력서를 통해 알 수 있도록 하는 것이 중요하며 이력서가 전체 두 장을 넘지 않는 것이 좋다. 성별, 나이, 생년월일, 결혼유무, 취미 활동 등은 굳이 적을 필요 없고, 경력(경험)은 일한 기간과 필요한 경우 추가 설명 한 줄 정도만 쓴다. 학교 동아리 활동이나 사회 봉사활동은 있으면 넣는 것이 좋고, Cover Letter에는 자신이 왜 그 일을 지원하고, 그 일에 적합한지 형식에 구애받지 않고 간략하게 쓰도록 한다.
Cover Letter를 쓸 때는 회사 담당자 이름을 미리 파악해두는 것이 좋고 직접 쓰는 것보다 워드로 작성하는 것이 깔끔해 보인다. 내용에 대한 사실 관계로 서명은 필수다. 조건이 맞으면 업체에서 연락이 오는데 영문 경력증명서를 가져가는 것이 좋다.
이력서 가장 마지막에 referee라고 해서 두세 사람의 이름과 연락처를 적어놓으면 고용주가 최종적으로 채용 여부를 결정하기 전에 그 사람들에게 연락하기도 한다. 뉴질랜드에서 일한 경험이 있다면 추천서 reference letter를 따로 받아 이력서에 첨부하고 referee의 이름과 연락처를 적는다.

Curriculum Vitae of Dong gi BAE

Address : Po Box 0000 Shortland Street, Auckland, New Zealand
Phone No : Home 64-09-000000
　　　　　　Mobile 021-000-0000
Email : ○○○○○○ @ ○○○.○○.○○

PROFILE

EDUCATION

03.2001-02.2003 : Dept, of Electrical Engineering, Ulsan College, South Korea

CLASSROOM EXPERIENCE

High School : Red Cross Youth(RCY), South Korea

WORK EXPERIENCE / WORK HISTORY

cleaner : Auckland University, New Zealand　01.2008-04.2009
dishwasher : Vivace-Restaurant, New Zealand　12. 2005-12.2007
electrical engineer : HanBit Building, South Korea　01. 2003-10.2005

OTHER SKILLS

New Zealand Driver Licence

도시에서 일하기

'남의 밥그릇에 손대지 마라'는 말을 농담으로라도 몇 번 들어봤을 것이다. 뉴질랜드에서는 친절이 '남의 밥그릇에 손대는 일'이 될 수 있다. 브라질 친구 소개로 Vivace 레스토랑에서 면접을 보고 테스트를 받은 후 일하게 되었다. 하루에 3시간씩, 마룻바닥과 테이블, 화장실을 청소하는 일이었다. 한번은 청소를 마친 후 창문을 닦고 있는데 덩치 큰 아저씨가 물통을 들고 들어오면서 나를 쳐다봤다. 알고 보니 레스토랑마다 돌아다니면서 유리창을 닦고 관리해주는 사람이었다. 청소 일을 할 때는 맡은 일만 하고 추가로 필요한 부분을 지정해주면 그때 그 일을 하면 된다. 또 한번은 손님 테이블에 물이 없기에 지나가는 웨이트리스에게 저쪽에 물이 없다고 했더니 There are not mine.(제 담당이 아니에요.)이라면서 신경 쓰지 말라고 했다. 레스토랑에서 일하는 종업원들도 자기 담당 자리만 관리하기 때문에 다른 자리에는 신경 쓰지 않는다.

하루 3시간씩 청소를 하다가 2달이 지나 주방에서 설거지도 하게 되었다. 그러다 설거지하는 사람이 고용되면서 접시 닦기를 하게 되고 그곳을 그만두기 전에는 와인 잔 닦는 일을 했다. 주방에서 일하는 인도네시아 요리사도 바닥 청소부터 시작해서 주방보조를 거쳐 요리사가 되었다고 한다. 키위들은 성실하게 일하면 어떤 일이든 그 사람을 인정해준다. 최선을 다해서 맡겨진 일들을 했을 뿐인데 그런 나를 인정한 사장은 레스토랑 일을 그만둘 때 휴가비에 비싼 선물까지 챙겨주었다.

> 대형 레스토랑에서 일을 하면 좋은 점이 푸짐하게 먹을 수 있고 친구들을 데려가도 직원 할인을 받을 수 있다는 점이다.

> 시간은 돈이다.(Time is money)
> 키위들은 시간에 대한 보수pay를 정확하게 지불한다. 가령 3시간 10분 동안 일을 하면 10분도 돈으로 환산해준다. 그래서 일을 하다가 중간에 잠시 쉬면 그 시간을 보수에서 빼거나 계속 일을 하라고 종용한다.

일하는 요령

대형 레스토랑 청소

제일 먼저 바닥을 진공청소기로 구석구석 청소한 후 물기를 제거하는 막대걸레로 바닥을 닦는다. 물기가 마르지 않으면 미끄러져서 다칠 염려가 있기 때문에 영업시간 전에 물기가 마를 수 있도록 시간을 잘 계산해서 청소를 시작해야 한다.

마지막으로 화장실 청소를 할 때는 구석구석 변기 밑바닥까지 깨끗하게 닦고 수도꼭지는 화장지를 이용해서 닦는다.

설거지

대형 레스토랑에서는 주로 식기세척기를 사용한다. 똑같은 음식을 요리하더라도 한 음식당 프라이팬 하나를 쓰기 때문에 씻는 데 시간이 꽤 걸린다. 기름이 잔뜩 묻었을 경우에는 화상의 위험이 있어 주방장이 HOT이라고 말해주지만 본인도 조심해야 한다. 고무장갑을 끼고 있더라도 프라이팬 손잡이를 잡을 때는 반드시 수건을 말아 잡고, 싱크대에 올릴 때는 물이 기름에 들어가지 않도록 기름 있는 팬을 맨 밑에 오도록 포갠다.

접시는 스펀지로 한 번 훑고 핀랙pin rack에 꽂아 식기세척기로 세척한다. 타월로 한 번 닦아놓으면 접시 닦는 사람이 다시 한 번 닦아 물기를 제거한다. 숙달되면 손님이 200명 넘게 와도 문제없다.

이삿짐센터

뉴질랜드에서는 대부분 일반 이사를 하고 시간당 비용을 지불하는데, 이사 갈 동네가 멀지 않으면 일이 하루 만에 끝나지만 북섬에서 남섬으로 갈 경우에는 2~3일 정도 소요되기도 한다.

일반 주택이 많아 사람의 손으로 일일이 운반하기 때문에 조금 힘든 편이지만 시간당 임금이 높다. 시티에서 떨어진 사무실이 많아 사무실 근처에 살거나 차가 있는 사람, 장기로 일할 사람을 선호한다. 이삿짐을 옮길 때는 주택의 나무나 석고 보드벽에 물건이 찍히지 않도록 주의하고 항상 바른 자세를 취해 허리를 다치지 않도록 조심한다.

데일리

데일리dairy에서는 오전과 오후로 나눠 일을 하거나 주인과 함께 번갈아 가면서 일을 한다. 기본적으로 캐셔 업무가 우선이기 때문에 영어를 할 줄 알아야 하며 재고관리(물품 파악 및 오더, 수령, 반납)도 한다. 캐셔 업무를 할 때는 물품 관리를 꼼꼼하게 해야 한다. 물품 파악에 문제가 발생하면 개인변상을 하는 경우도 있다. 한국에서 편의점 아르바이트를 한 경험이 있고 영어로 의사소통이 가능하다면 쉽게 일을 찾을 수 있다.

03. 농장 일자리

> 농장일과 농장생활에 대한 정보를 미리 알고 가면 잘 적응할 수 있지만 그렇지 않고 무작정 부딪치는 사람은 100% 후회하고 농장을 떠나게 된다.

도시에서 일자리를 못 찾으면 보통 손쉽게 하는 말이 "농장이나 가볼까?" "농장 가면 돈이 된다던데……." "가보지, 뭐." 등등이다. 이쯤이야 하고 우습게 생각했다가, 혹은 농장에 가면 돈이 된다는 말만 듣고 아무런 준비 없이 갔다가 하루, 이틀 해보고 도저히 못 하겠다고 포기해버리는 사람들이 많다. 하지만 시기와 날씨 등 여건이 잘 맞으면 단기간에 어학연수나 여행을 즐길 만한 돈을 벌 수 있기도 하다.

사과 수확 등 사다리에 올라가서 작업하는 경우가 많기 때문에 비가 오는 날 각별히 안전사고를 주의하지 않으면 돈을 벌러 갔다가 오히려 낭패를 당할 수 있다. 또한 영어를 사용할 기회가 드물기 때문에 Mp3나 라디오를 들으며 혼자 공부를 해야 한다는 단점도 있다.

북섬 시즌별 농장일

농장일	1월	2월	3월	4월	5월	6월	7월	8월	9월	10월	11월	12월
만다린 솎기	비											
호박 squash 수확	비	비	성	성	비	성						
사과 수확			성	비	성	비						
사과 패킹			성	비	성	비	성					
키위 수확 & 패킹					비	성	비	성	비	성		
만다린 수확			성	비			성					
감 수확 & 패킹									성	비		
만다린 가지치기				성					비	성	비	
서양호박 zucchini 수확 & 패킹					성	비	성	비				
딸기 수확 & 패킹	비	비	성			성			비			
블루베리 수확 & 패킹						비	성	비	성	비		
사과 솎기				성		비	성		비	성		
파프리카 패킹	성			비		성		비	성	비	성	

(매년 시즌은 계절 및 날씨에 따라 다소 차이가 있을 수 있음)

범례: 비 = 비수기, 성 = 성수기

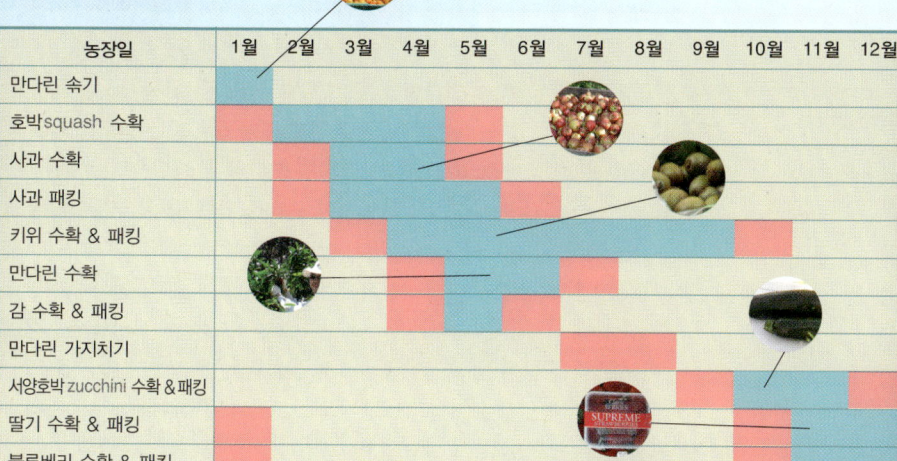

남섬 블레넘 지역 시즌별 농장일

농장일	1월	2월	3월	4월	5월	6월	7월	8월	9월	10월	11월	12월
포도 수확		성	성									
포도나무 심기			성									
포도나무 가지치기					성	성	성	성				
와이어 리프팅 버드 러빙			성						성	성	성	
체리, 홍합, 초콜릿, 우유							성	성	성			

(매년 시즌은 계절 및 날씨에 따라 다소 차이가 있을 수 있음)

- 와이어 리프팅 wire lifting: 철사로 된 틀 안에서 포도가 자랄 수 있도록 철사를 끌고 다니면서 올려주는 일
- 버드 러빙 bud rubbing: 포도가지에 자라나 있는 필요 없는 잎을 떼는 일

농장에서 일 구하기

농장일을 구할 때는 농장지역 백팩커에 전화해서 소개받는 방법, 인터넷을 통해 직접 농장에 연락하는 방법, 다리품을 팔아 가가호호 방문하면서 농장 주인과 이야기해서 일자리를 찾는 방법, 컨트렉터contractor를 통해 구하는 방법 등이 있다. 사실 직접 농장일을 알아보는 것은 어렵고 농장 근처에 있는 백팩커에서 알선해주는 일은 믿을 만하다. 다만 전화 연락 후 일자리가 있다고 해서 농장에 도착했는데 먼저 도착한 다른 사람이 일을 하고 있는 난처한 상황이 있을 수 있다. 이런 경우 1주일 이상 기다려도 일자리가 나지 않으면 빨리 다른 곳을 빨리 알아보는 것이 좋다. 농장주는 컨트렉터를 통해 일하러 온 사람들을 선호한다. 일손이 필요한 시기에 컨트렉터들이 사람들을 많이 데려오기 때문에 신뢰관계가 형성되어 있는 경우가 많다. 컨트렉터와 일을 하더라도 비수기에는 본인이 백팩커를 통해 일자리를 찾아야 할 수도 있다.

어떤 방법을 통해 농장에 왔건 받는 급여는 다들 비슷하다. 차이가 많이 나면 사람들이 바로 다른 컨트렉터로 옮겨버리기 때문이다.

★ **컨트렉터**
농장일 하는 사람들을 데리고 농장과 계약을 맺어 해당 농장에 할당된 일을 시기 안에 끝내도록 돕는 사람

▶ 컨트렉터에게 연락해서 일자리를 확정받는다

먼저 어느 곳에 일자리가 있는지 확인한다. 일자리가 있는 곳으로 오라고 하면 숙소를 예약한다. 무작정 가면 숙소가 없거나 일자리가 없을 수 있다. 홀리데이 파크의 경우에도 마찬가지.

▶ 약속한 날짜와 시간에 약속 장소로 간다

많은 사람들을 관리하다 보니 컨트렉터가 약속을 잊어버리는 경우도 있다. 출발 전날 다시 한 번 전화해서 확인하고 농장일에 필요한 것이 있는지 물어본다. 시티에서 필요한 물품들은 구입해서 가는 것이 좋다. 약속 장소에 갔을 때 컨트렉터가 없으면 무작정 기다리지 말고 전화해서 자신이 왔다는 걸 알린다.

▶ 숙소로 가기 전에 필요한 것을 미리 산다

보통 도착한 다음날부터 일을 시작하기 때문에 농장일을 할 때 필요한 물품이 없으면 힘들어진다. 운이 좋다면 먼저 일했던 사람들이 남기고 간 물건을 쓸 수도 있다. 먹을 음식이나 식빵, 간식도 미리 준비하는 것이 좋다.

★ 농장 준비물
우비
코팅 장갑
모자
마스크
맨소래담 로션
파스
MP3 player
손목토시
침낭
농장용 신발

▶ IRD 번호와 은행계좌를 준비한다

IRD 번호는 나중에 세금 환급할 때 필요하기 때문에 미리 발급받는 것이 좋다. 대략 10일 이내 신청한 주소로 번호가 도착하고 전화로는 일주일 이내 확인할 수 있다. 평일에는 계속 일을 하기 때문에 은행계좌를 만들 시간이 없으니 시티에서 만들어 가자.

▶ 컨트렉터를 통하지 않을 때

보통 규모가 큰 컨트렉터 업체에서는 숙소, 교통, 일자리를 모두 마련해주기 때문에 일에만 집중할 수 있다. 컨트렉터들이 농장 근처에 있는 호스텔을 찾아와 일할 사람을 모집하기도 하고, 직접 호스텔 주인이 컨트렉터가 되기도 한다. 직접 인포메이션 센터에서 정보를 알아보고 농장에 찾아가서 일할 수도 있는데 이런 경우에는 대부분 차가 필요하고, 숙소도 직접 알아봐야 한다. 농장 안에 마련된 숙소에서 지내면서 일을 하기도 하는데, 저렴한 대신 시설이 좋지 않은 곳이 많다.

컨트렉터	안녕하세요. 전화 주셔서 감사합니다. 제인입니다. 도와드릴까요?
	Hello. Thank you for calling, Jane speaking. May I help you?
동기	안녕하세요, 배동기라고 하는데 지금 일자리가 있나요?
	Hi, this is Dong Gi Bae. I am looking for some work. Can I get work at the moment?
컨트렉터	요즘에는 키위 수확하는 일이 있습니다. 뉴질랜드에서 키위를 수확해본 적이 있나요?
	Yes. You can work picking kiwifruit . Have you worked picking kiwifruit in New Zealand?
동기	아니오.
	I have not.
컨트렉터	상관없습니다.
	It doesn't matter.
동기	급여는 어떻습니까?
	Could you please tell me about the wages?
컨트렉터	한 빈당 N$14입니다.
	N$14 per bin, is it okay?
동기	네. 좋습니다.
	Yes, sounds good.
컨트렉터	언제부터 일을 시작할 수 있나요?
	When can you start the work?
동기	괜찮으시다면 내일부터라도 가능합니다. 일하기 전에 필요한 게 뭔가요?
	If you don't mind, I can start the work tomorrow. What do I need before I start the work?
컨트렉터	특별히 준비할 것은 없습니다. 하지만 일할 수 있는 비자는 있어야 해요. IRD 넘버는 가지고 있죠?
	Nothing! But you will need to have a visa for work. Do you have IRD number?
동기	네. 어디로 가면 되나요?
	Yes, no problem. Where should I go?

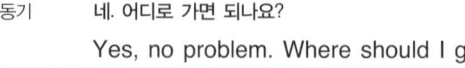

농장에서 일하기

하루 8~10시간 가량, 주 5일 근무(월~금)가 보통이지만 바쁜 시즌이나 과일농장에서는 일주일 내내 일을 하기도 한다. 돈을 벌려고 하루도 쉬지 않고 일을 하면 몸에 무리가 갈 수 있으니 친구들과 돌아가면서 쉬는 날짜를 정하자. 혹은 아침에 폭우가 쏟아지거나 중간에 비가 너무 많이 오면 하루쯤 쉬도록 하자 day off. 농장의 상황은 여러 가지 사정에 따라 수시로 바뀌어 농장주도 예측하기 어렵다.

▶ **숙소에서 농장으로 가는 차편 이용 시 기름값(차비)을 공동부담한다**
일을 하러 갈 때 농장까지 컨트렉터가 데려다 주거나 동료의 차를 타고 갈 경우에는 하루에 보통 N$4 정도 기름값을 공동부담 share 한다.

▶ **슈퍼는 일주일에 두 번 정도 간다**
농장 숙소가 시티에서 멀리 떨어져 있어 매일 슈퍼에 가기는 어렵다. 차가 있으면 상관없겠지만 대부분 차가 없기 때문에 일주일에 두 번 정도 컨트렉터 차를 빌려 타고 슈퍼에 간다. 가기 전에 미리 구입목록을 작성해놓으면 좋다. 만약 사는 걸 잊어버리고 그냥 돌아오면 다음 슈퍼 가는 날까지 기다려야 한다.

▶ **일하다가 몸이 아프면**
일하다가 몸이 아프거나 자고 일어났을 때 몸이 불편하다면 당연히 쉬어야 한다. 하지만 일하다가 무작정 숙소로 돌아간다든지 연락도 없이 가지 않으면 오해가 생길 수 있으니 슈퍼바이저에게 말해서 조퇴를 하거나 컨트렉터에게 전화해서 농장주에게 알린다. 몸이 아픈데 일을 하라고 강요하지는 않는다.

▶ **컨트렉터는 농장주가 아니다**
모든 급여 pay의 결정은 농장주가 한다. 컨트렉터는 사람을 보내주고 농장주로부터 수수료를 받는 사람이므로 급여가 작다고 컨트렉터에게 말해도

part 7. 일자리 173

소용없다. 농장주가 올려준다 하고 올려주지 않을 경우에도 마찬가지.

▶ **일을 더 하고 싶은데 농장일이 끝나게 되면**
컨트렉터가 다른 농장을 소개해주기도 한다. 하지만 싸우거나 게으름을 피우다가 잘렸다면 직접 일을 찾아다녀야 한다.

농장에서의 일과

6시~6시 30분	상쾌한 마음으로 기상! 세면, 아침식사, 점심 도시락 준비
6시 30분~7시	일터로 출발 (20~30분)
7시~9시 30분	일 시작
9시 30~10시	쉬는 시간 smoko
	패킹하우스의 경우 10분 쉬는 곳도 있다.
10~12시	일하기
12시~12시 30분	점심은 맛있게 냠냠~
12시 30분~14시 30분	일하기
14시 30분~15시	쉬는 시간 smoko
15시~16시 30분	일하기
16시 30분 ~	신난다. 야호~! 오늘 일 끝. 숙소로 출발~
17시~17시 30분	숙소 도착, 샤워
17시 30분~18시 30분	저녁준비, 식사
18시 30분~	개인시간(TV 시청, 친구들과 수다, 공부 등등)
21시 30분~	내일을 향해 꿈나라로 고고~

만다린 대박 포인트

(북섬 케리케리 Kerikeri에 있는 ○○ 농장)
1. 한 빈 bin당 N$58~62.5(세금 포함)
2. 한 빈당 90%만 채우면 끝
3. 수확 picking을 하다 중간에 끝나도 키핑 keeping해서 다음날 계속 할 수 있다. 4빈까지 가능. (보통 주 6일. 7시 30분부터 시작해서 4시 30분까지 일함.)

능력에 따라 다르지만 1차 수확 때 하루 1빈~2빈까지는 무난히 채울 수 있고 2차 수확이 시작되면 3빈~4빈까지도 가능하다. 1빈당 N$58이고 3빈을 채우면 N$174(세금 포함) 정도. 세금을 제외하고 남자들은 평균 주당 N$660 정도까지도 벌 수 있다.

* 케리케리: 연중 기후가 좋아 일 년 내내 농장일이 있다.

가지치기가 어떤 일인지 설명해주시겠습니까?
Could you explain what is pruning?
필요 없는 가지를 가위로 잘라주는 일입니다.
Pruning is cutting useless branches.
두꺼운 가지를 자르기 때문에 손목이 아플 겁니다.
Because you are cutting a big branch, you'd feel some pain on your wrist.
바구니가 꽉 차면 저를 부르세요.
When you fill up the basket, call me.
만다린에 파란 부분이 있으면 따면 안 됩니다.
Do not pick the green one.

워킹홀리데이 비자 3개월 연장하기

농장이나 포도밭에서 3개월 이상 일한 것을 증명하면 워킹홀리데이 비자를 연장할 수 있다.

1. Work Application Form 작성(신청서는 www.immigration.govt.nz)
2. 신청수수료 지불
3. 농장이나 포도밭에서 일했다는 증거(고용주의 편지), IRD 세금 지불 내역 제출
4. 귀국행 항공권 또는 항공권을 살 수 있는 자금 증명(워킹홀리데이 비자를 3개월 연장하면 1년 오픈티켓을 쓸 수 없다.)
5. 이민성에 직접 제출(온라인 제출 불가능)

워킹홀리데이 비자를 3개월 연장할 때는 이민성 직원이 특별히 요청하지 않는 한 X-ray는 제출하지 않아도 된다.

일하는 요령

만다린 수확

만다린을 수확picking할 때는 색깔과 꼭지에 주의해야 한다. 만다린에 파란 부분이 있으면 절대로 따서는 안 된다. 파란 부분의 범위가 땅콩만큼 작으면 모르겠지만 그 이상이면 나무에 그대로 두어야 한다. 그늘에서 보면 푸른색이 잘 보이는데, 햇빛 때문에 보지 못하고 파란 만다린을 따버린 경우에는 슈퍼바이저에게 페널티를 받고 돈이 깎인다. 꼭지는 가능한 짧게 잘라내야 한다. 꼭지가 조금이라도 길면 다른 만다린 껍질skin에 상처를 낸다. 페널티를 받을 수 있으니 만다린 가위로 상처가 나지 않도록 꼭지를 잘라낸다. 빈이 다 채워지면 트랙터를 부르는데, 소음 때문에 잘 듣지 못할 수 있으니 목청껏 부르도록 하자. 손을 흔들거나 큰소리로 불러 빈을 교환하면 트랙터를 기다리는 시간이 줄어들어 더 많은 만다린을 딸 수 있다. 일하는 시기는 4월 중순에서 7월 중순까지.

장소: 케리케리(오클랜드에서 북쪽으로 4시간 거리), 워크워스Warkworth(오클랜드에서 북쪽으로 50분 거리)

만다린 가지치기

만다린을 가지치기pruning하는 일은 큰 가위를 이용하고 손목을 많이 쓰기 때문에 남자들이 잘 한다. 능력에 따라 급여의 차이가 크다. 일하는 시기는 7월 중순에서 8월 초까지.

장소: 케리케리, 워크워스

블루베리 수확

블루베리는 12월부터 워크워스에서 수확할 수 있다. 작고 단가가 비싼 과일이라 조심해서 다루어야 하며 다른 과일에 비해 수확하기 쉬운 편이다. 블루베리 맛이 끝내준다. 일하는 시기는 9월에서 12월까지.

장소: 오클랜드 근처, 워크워스

파프리카 수확, 패킹

피망과 비슷한 고추의 일종으로 주로 우리나라 비닐하우스와 비슷한 글래스하우스 Glass House에서 재배한다. 하우스 안에서 청소와 수확, 패킹을 한다. 수확의 경우 다른 농장일과 급여가 비슷하다. 일하는 시기는 9월부터 그 다음해 6월까지지만 글래스하우스의 재배 특성상 거의 연중 내내 일이 있다.

장소: 오클랜드 근처, 워크워스, 알바니Albany/North Shore

키위 패킹

사람들이 많이 몰리기 때문에 미리 예약하는 것이 좋다. 보통 월~토요일, 아침 7시~5시까지 10시간 정도 일하며, 가끔 8시까지 일할 때도 있다. 식사는 알아서 해결해야 한다. 매년 조금씩 다르지만 대충 계산해보면 주당 약 N$600(N$13.23(세금포함)×10시간×주 6일-세금) 벌고, 8시까지 하는 날은 조금 더 벌 수 있다고 생각하면 된다. 대략적인 수치이기 때문에 패킹하우스 Packing House가 시작해야 정확한 급여를 알 수 있다. 오픈 초반에는 바쁘지 않다. 숙소비, 식비, 차비를 빼면 주당 대략 N$400~450을 모을 수 있다. 키위 패킹하우스의 경우 남자보다는 여자를 선호하는 편이다.

장소: 타우랑가Tauranga(북섬), 모투에카Motueka(남섬)

키위 수확

빈을 메고 일일이 왔다 갔다 하면 힘들기 때문에 트랙터를 몰면서 키위 상자에 키위를 따 넣으면서 이동한다. 수확 시즌에는 키위가 익지 않은 상태여서 돌덩이처럼 딱딱하다. 껍질부분에 있는 털이 날려 눈에 들어갈 수 있고 나무줄기에 긁히면 상당히 따갑기 때문에 모자, 긴팔, 긴바지를 착용하는 것이 좋다. 3월 중순부터 2~3주 정도면 수확이 끝난다.

장소: 케리케리, 타우랑가, 모투에카

체리 수확

시즌이 너무 짧아 수입이 별로 되지 않는다. 체리 수확은 보통 12월 말 전후에 시작되는데 12월 말 전에는 돈을 별로 못 번다. 크리스마스를 기준으로 대략 3~4주간이 돈벌이가 괜찮다. 대부분 자기 차가 있어야 일할 수 있다.

장소: 크롬웰Cromwell, 알렉산드라Alexandra, 록스버그Roxburgh

포도 가지치기

포도 가지치기는 중심가지만 남겨두고 필요 없는 가지를 작은 전지가위로 잘라주는 일인데, 두꺼운 가지를 자를 때는 손목 힘이 많이 들어가기 때문에 일이 끝나면 손목이 아프다. 일하는 시기는 5월 말에서 8월이다. 프루닝pruning(중심가지에 있는 잔가지치기), 스트리핑stripping(철사줄에 매달려 있는 잘라진 가지를 잡아당겨 빼내는 일), 트리밍trimming(남은 3~4개의 가지치기), 랩핑rapping(정리한 3~4개의 가지를 고정된 철사틀에 말아 묶기)이 있고 여자들에게는 트리밍과 랩핑을 추천한다.

장소: 블레넘Blenheim, 혹스베이Hawke's Bay, 센트럴 오타고Central Otago

사과 수확

어깨에 바구니를 메고 사다리를 올라가서 사과를 딴 후 밑에 있는 큰 빈에 옮겨 채운다. 1차 수확과 2차 수확이 있고, 2차 수확 때의 벌이가 좀 더 나은 편이다. 빈당 N$17(주스용)에서 N$35까지 사과 종류에 따라 시급이 다르다. 어깨에 멘 바구니에 사과가 가득 차면 20kg이 족히 넘기 때문에 여자들에겐 힘이 들지만 의외로 남자만큼 버는 사람도 있다. 사과 수확은 돈을 많이 벌 수 있는 농장일이지만 사다리 위에 올라가서 작업해야 하기 때문에 그만큼 위험하고 힘들다.

장소: 헤이스팅스Hastings(북섬), 네이피어Napier, 모투에카, 넬슨

사과 솎기

사과가 익기 전에 조그만 열매들이 포도송이처럼 주렁주렁 붙어 있을 때 열매들을 솎아내지thinning 않으면 다른 열매가 자랄 수 없다. 사다리를 타고 나무에 있는 사과들을 어느 정도 솎아낸 후 다른 나무로 이동한다. 3~4주 정도 일을 할 수 있고 시기는 11월~1월.

장소: 헤이스팅스, 네이피어, 모투에카, 혹스베이

사과 패킹

사과 패킹하우스 일은 단순하다. 계란판 같은 곳에 담긴 사과를 상자에 넣어 포장하고 상태가 좋지 않은 사과를 골라내면 된다. 남자들은 사과를 박스에 담아 트레이로 옮기는 일을 주로 한다. 하루 평균 10시간 일하기 때문에 조금 지루할 수 있다. 일하는 시기는 2월~7월.

장소: 헤이스팅스, 네이피어, 모투에카

주급 지불

	월	화	수	목	금	토	일
첫째 주	농장에서 일하기						
둘째 주	첫째 주 급여 내역 정리	급여명세서 인쇄 및 발송	워커 계좌에 입금			-	
셋째 주	둘째 주 급여 내역 정리	급여명세서 인쇄 및 발송	워커 계좌에 입금			-	

첫째 주에 일한 워커들의 주급 내역을 둘째 주 월, 화요일에 정리해서 수요일에 급여명세서payslip를 각 농장 지역에 있는 컨트렉터나 매니저에게 보내면 컨트렉터나 매니저들이 급여명세서를 나눠주고 급여는 목요일이나 금요일에 워커들의 계좌로 입금된다. IRD 번호가 없는 경우에는 IRD 번호가 나올 때까지 급여를 지불해주지 않는다. 수요일이나 목요일에 IRD 번호를 제출하면 그 다음 주에 급여가 지급된다.

> 급여명세서를 모으면 나중에 환급받을 세금을 계산할 때 편하다. 잃어버리면 재발급해주지 않는다.

농장 일자리 구하는 유용한 사이트

- www.seasonalwork.co.nz - 농장 일자리 정보
- www.picknz.co.nz - 농장 일자리 & 숙소 정보
- www.backpackerboard.co.nz/work_jobs/job_listings.php - 백팩커 & 농장 일자리 정보
- www.farmstay.co.nz - 뉴질랜드 팜스테이, 홈스테이 등등 정보가 많은 사이트
- www.opcolumbia.com - 초록홍합 패킹하우스

04. 우프

우프(WWOOF: Willing Workers On Organic Farms)란 비자에 상관없이 농장일을 도와주고 숙식을 제공 받는, 일종의 자원봉사 프로그램이다. 상호간에 인적, 문화적 교류가 목적인데 대부분 농장이나 목장에서 일을 하게 된다. 한국에서 대행업체에 알선료를 주고 우프에 관한 정보를 얻고 수속을 밟거나(권장 사항은 아니다) 본인이 직접 뉴질랜드에 입국해서 우프할 곳을 찾아볼 수 있다. 우프 안내책자를 구입하면 우프 회원 자격이 주어지는데, 책자에 나와 있는 전화번호 또는 우편으로 직접 호스트와 연락해본다. 또는 YHA, 백팩커에 머물면서 알아보는 방법도 있다. 처음부터 쉽게 농장을 찾을 거란 생각은 버리고, 여유를 두고 두 번, 세 번 꾸준히 찾도록 한다. 이미 다른 우퍼들이 일을 하고 있거나 일손이 필요 없는 경우도 많다. 우프를 하면서 영어는 조금 향상될 수 있겠지만 우프를 저렴한 어학연수의 기회라고 생각하면 우프의 취지를 살리기에 다소 어려움이 있다. 우프를 통해 체계적으로 수업을 받는 일반 어학연수의 효과를 기대하는 건 무리다. 이점만 기억한다면 큰 실망은 하지 않을 것이다.

우퍼에게 기본적인 영어 실력은 생존을 위한 필수 조건이다. 현지 도착 직후 곧바로 농장생활을 시작할 사람들은 농장주의 요구를 충분히 이해하고 자신의 의지를 표현할 정도의 기본 회화 실력을 갖추고 있어야 한다.

정보를 많이 구하고 준비하면 무난하게 우프 생활을 해나갈 수 있겠지만 막연한 생각으로 시작하면 어려울 수 있다.

★ 우프
www.wwoof.co.nz

★ 우퍼가 하는 일
1) 농장: 파종, 퇴비 만들기, 수확하기, 분류 & 포장 작업, 우유 짜기, 동물 먹이 주기
2) 비농장: 집안 청소, 잔디 깎기, 컴퓨터 작업, 아기 돌보기, 요리, 피아노 지도, 상점에서 진열 판매원, 정비공장 보조원, 접시 닦기 등

여성 우퍼가 주의할 점
1. 독신자 농장주라면 일단 보류한다.
2. 행선지를 주위 친구나 가족에게 꼭 알린다. (전화번호, 주소 등 우프 책자에 나와 있다.)
3. 스스로 조심한다.

일자리를 소개해주는 백팩커 리스트

케리케리

Hone Heke Lodge
www.honeheke.co.nz
Phone: (09) 407-8170
Free phone: 0800 33 99 22
Email: stay@honeheke.co.nz
Address: 65 Hone Heke Rd. Kerikeri

Aranga Backpackers
www.aranga.co.nz
Phone: (09) 407-9256
Free phone: 0800 272 642
Address: Kerikeri Rd. Kerikeri

Hideaway Lodge
Phone: (09) 407-9773
Free phone: 0800 562 746
Email: skedgwell@xtra.co.nz
Address: Wiroa Rd. Kerikeri

Kerikeri YHA
Phone: (09) 407-9391
Address: 144 Kerikeri Rd. Kerikeri

블레넘

Koanui Lodge & Backpackers
www.koanui.co.nz
Phone: (03) 578-7487
Fax: (03) 578-7487
Address: 33 Main St. Blenheim

Leeways Backpackers
www.leewaysbackpackers.co.nr
Phone: (03) 579-2213
Address: 33 Lansdowne St. Blenheim

The Grapevine
www.thegrapevine.co.nz
Phone: (03) 578-6062
Fax: (03) 579-2333
Address: 29 Park Terrace, Blenheim

Honi-B-Backpackers
www.honi-b.com
Phone: (03) 577-8441
Fax: (03) 577-8441
Address: 18 Parker St. Blenheim

Blenheim - Arrow Backpackers
Phone: (03) 577-9857
Fax: (03) 577-9859
Mobile: 021-056-4181
Address: 107 Budge St. Blenheim

Archie's Bunker
www.archiesbunker.co.nz
Phone: (06) 833-7990
Fax: (06) 833-7995
Address: 14 Herschell St. Napier

Wallys Backpacker's
Phone: (06) 833-7930
Fax: (06) 833-7930
Mobile: 021-173-8544
Address: 7 Cathedral Lane, Napier

Waterfront Lodge & Backpackers
www.napierwaterfront.co.nz
Phone: (06) 835-3429
Fax: (06) 835-3429
Address: 217 Marine Parade, Napier

Stables Lodge Backpackers
www.stableslodge.co.nz
Phone: (06) 835-6242
Address: 370 Hastings St. Napier

Napier Prison Backpackers
Phone: (06) 835-9933
Mobile: 021-1144-991
Address: 55 Coote Rd. Napier

Aqua Lodge
Phone: (06) 835-4523
Fax: (06) 835-4973
Address: 53 Nelson Cres, Napier

Bay Booziee Backpackers
Phone: (06) 836-6007
Address: 47 Petane Rd. Bayview, Napier

Andy's Backpackers
Phone: (06) 834-3819
Fax: (06) 834-3819
Mobile: 021-2442-075
Address: 259 Marine Parade, Napier

A1 Backpackers
Phone: (06) 873-4285
Mobile: 021-126-8589
Address: 122 Stortford St. St. Leonards, Hastings

The Rotten Apple
www.rottenapple.co.nz
Phone: (06) 878-4363
Fax: (06) 878-4363
Mobile: 021-0450-241
Address: 114 Heretaunga St. East, Hastings

Travellers Lodge Hastings
www.tlodge.co.nz
Phone: (06) 878-7108
Fax: (06) 878-7228
Mobile: 027-417-6071
Address: 608 St. Aubyn St. West, Hastings

뉴질랜드에서
홀 로 서 기
SURVIVAL
ENGLISH

01. 여행 정보 & 교통

> 여행 도중 경치가 아름답다고 남의 집에 함부로 들어가거나 목장 울타리를 넘지 않도록 주의한다. 자칫 주거침입으로 오해받을 수 있다.

★ 지역 행사
관광업 협회
www.tianz.org.nz
뉴질랜드 행사
www.nzlive.com

물건을 살까 말까 고민되면 사지 말고 여행을 갈까 말까 망설여지면 무조건 떠나라는 말이 있다. 그만큼 여행은 자연으로부터 생생한 기운을 받고 삶의 의미를 찾을 수 있는 좋은 계기가 된다. 이런 여행만이 주는 즐거움은 누려보지 못한 사람은 알기 어렵다.

장소를 옮겨다니며 농장일을 하는 사람은 틈틈이 여행을 할 수 있지만 도시에서 일을 하거나 공부를 하는 사람은 마음을 먹지 않으면 여행하기가 쉽지 않다. 주변 지역만 대충 둘러보거나 그것마저도 못하고 돌아가기 십상인데 시간이 지나면 아쉬움에 후회를 한다. 대자연의 신비로움, 모험이 가득 차 있는 뉴질랜드는 남섬과 북섬 어느 곳을 가더라도 여행 시스템이 잘 갖추어져 있어 쉽게 정보를 수집하고 여행을 즐길 수 있다.

뉴질랜드 관련 사이트

뉴질랜드 관광청 www.newzealand.com
관광부 www.tourism.govt.nz
제이슨 뉴질랜드 가이드 www.jasons.com
마오리관광 www.inz.maori.nz
여행전문잡지 www.lonelyplanet.com
액세스 뉴질랜드 www.accessnz.co.nz

뉴질랜드 와인정보 www.nzwine.com
날씨정보 www.metservice.com
적설 정보 www.snow.co.nz
퀄마크-뉴질랜드 관광품질 인증제도
www.qualmark.co.nz
지도 www.worldmapfinder.com

장거리버스

인터시티Inter City는 남섬과 북섬의 주요 도시를 연결하는, 뉴질랜드에서 규모가 가장 큰 장거리버스Coach Line다. 주요 여행지에서 20~30분간 머물고 뉴만스 코치라인Newmans Coach Lines과 연계해서 운행한다.

예약은 인터넷, 전화, 버스회사 터미널 사무실, 지역별 정해진 예약 에이전트 등에서 가능하고 인터넷으로 예약하면 표 확인 없이 운전기사에게 이름만 말하고 탑승할 수 있다.

버스패스Coach pass에는 플렉시 패스Flexi-pass와 트래블 패스Travel pass 두 종류가 있다. 플렉시 패스는 유효기간이 1년이고 정해진 기간 동안, 어느 방향으로 타든, 몇 번을 타든 상관없이 본인 일정에 맞게 이용할 수 있다. 총 15시간 동안 사용할 수 있는 플렉시 패스는 N$169, 40시간 이용 가능한 플렉시 패스는 N$425, 60시간 사용 가능한 플렉시 패스는 N$605다(2009년 2월 기준). 하루 전에 전화를 걸어 출발지, 도착지, 날짜, 시간, 티켓 번호를 말하고 예약하거나 당일 사무실에 가서 예약한다. 시간이 모자라면 따로 패스를 구입할 수 있다.

트래블 패스는 1~14일간 정해진 일정에 따라 여행하는 패스로, 플렉시 패스와 마찬가지로 1년간 유효하다. 오클랜드에서 출발해 웰링턴까지 이용할 수 있는 패스North Island Discover가 N$243(4일)이고 크라이스트처치에서 더니든, 테 아나우Te Anau를 거쳐 밀포드 사운드Milford Sound까지 이용할 수 있는 패스Goldminers Trail가 N$221(2일)이다. 이외에도 여행 경로별 다양한 패스들이 있다(2009년 2월 기준).

차가 출발하기 2시간 전까지 시간은 변경할 수 있으나 취소하면 환불을 받을 수 없다.

> ★ 인터시티 장거리버스 연락처
> 오클랜드 09 623 1503
> 웰링턴 04 385 0520
> 크라이스트처치 03 365 1213
> 더니든 03 471 7143

구간별로 끊는 일반티켓은 인터넷 예매나 현장 구매 모두 가격이 같고, Polytech(전문대학), CIT(The Central Institute of Technology, 국립기술단과대학), University(종합대학) 학생증, 국제학생증(ISIC 카드만)으로 20% 할인받을 수 있다. 백팩커 할인카드인 YHA, VIP 소지자는 본인 확인 후 15% 할인 혜택이 주어진다. 가방은 개인당 2개로 제한되며 개당 25kg까지 허용하고 추가 시 개당 N$5를 지불해야 한다. 자전거 등 특별한 짐의 추가요금은 N$10이다. 예약 후 출발 2시간 전에 취소하면 100% 환불받을 수 있다(2시간 이내면 50% 환불).

> 스페셜요금Special fares 중 슈퍼세이브요금Super Saver Fares은 출발 2시간 전에 50%, 출발 후에는 환급이 불가능 하다.

뉴질랜드는 인구밀도가 낮아서 한국처럼 고속버스터미널이 따로 없으며 차가 버스 사무실 앞에서 출발한다. 사무실에서 요금이나 타임 테이블 등 고속버스 운행에 관한 정보를 얻을 수 있다.

인터시티 이외 장거리버스로는 키위 익스피리언스Kiwi Experience, 매직버스Magic Bus, 스트레이Stray가 있다. 뉴질랜드 전 지역을 거미줄처럼 연결하고 있으며, 정해진 일정을 선택해서 여행할 수 있는 패스옵션을 잘 갖추고 있다. 운전기사가 친절하게 숙소 예약도 해준다(버스패스 이용 이외에는 개인부담).

장거리 투어버스로 여행을 하면 세계 여러 나라에서 온 친구들을 많이 사귈 수 있다는 장점도 있지만 동양인 여행자가 적다 보니 자칫 영어를 못하면 소외감을 느낄 수도 있다.

> ★ 장거리 및 여행자 버스
> 인터시티 코치라인
> www.intercitycoach.co.nz
> 인터시티 여행패스
> www.flexipass.co.nz
> www.travelpass.co.nz
> 뉴만스 코치라인
> www.newmanscoach.co.nz
> 아토믹 셔틀
> www.atomictravel.co.nz
> 키위 익스피리언스
> www.kiwiexperience.com
> 매직버스
> www.magicbus.co.nz
> 플라잉 키위
> www.flyingkiwi.com
> 스트레이
> www.straytravel.com
> 그레이트 사이트
> www.greatsights.co.nz

페리

페리는 북섬 웰링턴 항과 남섬 픽턴 항 사이의 92km 물길을 3시간 만에 연결해주는 주요 교통수단이다. 비수기에는 4번, 성수기에는 5번 왕복 운항한다.

인터시티 버스를 이용하면 페리 터미널 앞에 세워주기 때문에 환승이 편하다. 무게가 32kg 이상, 가로×세로×높이가 2m 이상인 개인 수화물은 반입이 제한되며 추가 물품이 있으면 개당 추가요금 N$5를 내야 한다. 서핑보드와 골프 클럽, 카누, 자전거 같은 스포츠 장비는 장비당 추가요금이 N$15다.

★ 페리
www.interislander.co.nz
www.ferrytickets.co.nz
www.bluebridge.co.nz

웰링턴 ⇨ 픽턴 (2011년 7월 기준)

출발	도착
2:55 am	5:35 am
8:25 am	11:35 am
10:35 am*	1:35 pm*
2:05 pm	5:15 pm
6:15 pm	9:25 pm

*11월 10일에서 4월 30일까지 성수기에만 운항

픽턴 ⇨ 웰링턴 (2011년 7월 기준)

출발	도착
6:25 am	9:35 am
10:05 am	1:15pm
1:15 pm	4:20 pm
2:25 pm*	5:35 pm*
6:05 pm	9:15 pm
10:25 pm	1:35 am

*11월 10일에서 4월 30일까지 성수기에만 운항

인터아일랜더Interislander 요금제에는 Saver Change N$63.00, Easy Change N$73.00가 있으며 Kaitaki Plus and Club Class (N$100)의 경우, 전용라운지lounge에서 와인, 커피, 간단한 음식 등이 제공된다. 학생증, 국제학생증 ISIC, Top 10 Club Card가 있으면 할인받을 수 있다(2009년 2월 기준으로 회사마다 약간씩 차이 있음).

장거리기차

★ 장거리 기차
www.tranzscenic.co.nz

기차를 보는 사람은 복권을 사야 한다고 말할 정도로 장거리기차는 운행 횟수가 적고 그나마 주말에만 운행하는 구간도 있다. 또한 대부분의 기차들이 화물을 수송하거나 관광열차로 운행된다.

달리는 기차의 차창 밖으로 펼쳐지는 태평양의 장엄함을 느낄 수 있는 장거리기차의 경우, 북섬 노선과 남섬 노선으로 구분되는데 구간별로 별도의 기차가 운행된다.

북섬에서는 오클랜드 역에서 웰링턴까지 오버랜더The Overlander 기차, 웰링턴에서 파머스톤노스Palmerston North까지 캐피털 커넥션Capital Connection 기차가, 남섬에서는 크라이스트처치를 출발해서 북쪽으로는 픽턴까지 트랜츠 코스탈The TranzCoastal 기차, 서쪽으로는 크라이스트처치에서 그레이마우스까지 트랜츠 알파인The TranzAlpine 기차가 각각 운행한다. 세계에서 몇 안 되는 경치가 아름다운 서던 알프스Southern Alps를 횡단하는 그레이마우스 행 기차는 계절마다 여행자들의 평가가 사뭇 다르지만 인기가 높은 편이다. 크라이스트처치에서 픽턴까지 해안선을 따라 운행하는 기차가 트랜츠 알파인보다 훨씬 더 좋다는 사람들도 있다. 기차에는 풍경을 즐길 수 있도록 파노라마 뷰Panorama View 칸도 별도로 마련되어 있다.

오클랜드에서 웰링턴까지 장거리기차를 타고 이동하려면 12시간 걸리고 요금은 N$131이다. 오클랜드에서 파머스톤노스까지는 11시간(N$109), 크라이스트처치에서 픽턴까지는 5시간 13분(N$109) 걸린다(2009년 2월 기준). 백팩커, YHA 카드가 있으면 전화 예약을 통해(0800 TRAINS (872 467)) 20% 할인받을 수 있다.

★ 기차 내 전구간이 금연구역이다. 술은 개인이 소지할 수 없으며 기차 내에서 제공하는 경우에만 마실 수 있다.
★ 동물을 데리고 탈 수 없다.
★ 뉴질랜드 기차는 모든 좌석의 요금이 같다.

Scenic Rail Pass (2011년 8월~2012년 4월)
7 Day 패스 + 페리 1회   N$418
14 Day패스 + 페리 1회   N$528
7 Day 트랜츠 알파인, 트랜츠 코스탈   N$307
(정해진 기간 동안 장거리기차를 무제한 이용할 수 있음)

렌터카

뉴질랜드에는 세계적인 해외 렌터카 회사인 에이비스Avis, 버짓Budget, 허츠Hertz를 비롯해 크고 작은 렌터카 회사들이 있다. 렌터카를 이용할 계획이라면 사전에 미리 전화나 인터넷으로 예약하는 것이 좋다. 성수기에는 예약하지 않으면 차를 대여하기도 어렵고 대여비도 비싸다.

21세 이상이면 렌터카를 이용할 수 있지만 제한연령을 둔 회사의 경우에는 25세 이하면 추가요금을 부과하기도 한다. 여권, 신용카드, 국제운전면허증이 필요하고 일반적으로 현금이나 현금카드로는 대여할 수 없으며 본인의 신용카드 한도 금액이 남아 있어야 결제 가능하다. 회사마다 대여하는 기간에 따라 패키지 상품으로 할인을 해주기 때문에 장기간 빌리면 대여비 할인율이 높다.

연료의 경우 차량을 대여하는 시점에 옵션을 선택해야 한다. 가령 차량에 채워 있던 원 상태만큼 연료를 다시 채워 반납한다거나 그 이하의 경우 비용을 지불한다는 등 몇 가지 조건이 있을 수 있다.

자동차 보험Motor Vehicle Insurance(MVI)은 차량 대여 시 필수적으로 요금에 포함되는 경우가 많고 옵션으로 추가 선택할 수 있다. 차량 파손 수리 CDW(Collision Damage Waiver), 차량 탑승자 신체 상해보험PAI(Personal Accident Insurance), 소지품과 수하물 보험PEI(Personal Effects and Baggage Insurance) 중에서 선택, 가입할 수 있으며 회사마다 옵션이 다르다.

차량을 인도받을 때는 세차 상태, 차량 외부 훼손 여부, 엔진오일, 냉각수, 타이어 마모 상태와 기초정비 사항(전조등, 방향지시등, 와이퍼, 라디오 작동 여부)을 점검하고 보조 타이어 여부 등 전반적인 차량 상태를 확인한다. 애매한 부분은 반드시 서면으로 남기고 인수받기 전에 디지털카메라로 외관을 찍어두는 것도 좋다.

렌트 계약서는 잘 보관하고 지점망 위치와 연락처를 사전에 파악해둔다. 2~4명이 함께 차를 대여해서 여행할 계획이라면 부엌시설과 침실을 갖춘 캠핑카를 대여하는 것도 고려해보자.

대부분의 회사는 대여한 차량의 파손을 막기 위해 남, 북섬을 오가는 페리로 차량을 이동하지 못하게 한다. 페리를 탈 때는 렌터카를 터미널에 반납하고 이후에 다시 인수받아야 한다. 그동안(5시간 가량) 차량을 이용할 수 없기 때문에 여행 계획을 세울 때 이 부분도 염두에 두면 좋겠다. 반납은 뉴질랜드 전역에 연결된 해당 회사 지점에서 할 수 있다.

렌터카가 고장나거나 교통사고 및 도난 사고를 당하면, 혹은 파손되면 반드시 렌터카 업체에 연락해서 필요한 조치를 받도록 한다. 렌터카를 대여한 사람이 일방적으로 처리할 경우 보상받지 못하는 경우가 많다.

★ 렌터카 홈페이지
www.avis.co.nz
www.hertz.com
www.budget.com
www.maui.co.nz
www.thrifty.com

자전거

자전거로 여행할 때는 차선이 우리나라와 반대인데다 자전거 전용도로가 없기 때문에 안전에 유의해야 한다. 또 자외선이 강하므로 팔, 다리에 선크림을 수시로 발라준다. 고글 착용도 필수다.
버스를 탈 때는 운전기사가 버스 앞쪽 부분에 자전거를 고정시켜준다.

> ★ 준비물
> 자전거, 관련수리도구, 펑크패치, 펌프, 타이어튜브, 본드, 만능공구, 전조등, 후미등, 헬멧, 장갑, 고글, 안전헬멧, 짐받이, 페니어(자전거 짐받이에 다는 여행용 가방)

히치하이크

"히치하이크해도 안전한가요?"라는 질문을 많이 받는데 똑같은 질문을 뉴질랜드인들에게 한다면 이렇게 말할 것이다. "그저 그렇다." 거의 하지 말라는 뜻이다. 그렇다고 해서 뉴질랜드 키위나 마오리족들이 나쁘다는 뜻은 결코 아니다. 백팩커에서 만난 네덜란드 친구는 남섬을 히치하이크로 돌았는데 여행경비를 아낄 수 있었다면서 히치하이크를 권했다. 히치하이크를 통해 뉴질랜드인들의 친절함에 반했다고 말할 정도로 뉴질랜드인들이 친절한 것은 사실이지만 개인의 안전은 그 누구도 장담해 줄 수 없다. 부득이한 경우가 아니라면 혼자 하는 히치하이크는 비권장사항이다.

★ 인권 관련법
Human Rights Act 1993
New Zealand Bill of Rights Act 1990.

뉴질랜드 인권위원회
www.hrc.co.nz
(한국어로도 서비스하고 있다.)

인종차별문제

뉴질랜드에서는 종교, 피부색, 인종, 소수민족 또는 출신국, 장애, 나이 등을 포함한 기타의 이유로 차별대우하는 것을 불법으로 간주하고 법으로 보호하고 있다. 매년 인종차별적 불만 신고가 400건 정도 올라오는데 대부분 아시아나 소수민족에 대한 신고이고 이것도 점점 줄어들고 있는 추세다. 내가 만났던 키위 친구들은 대부분 친절했다. 용무가 급해 건물 화장실을 써도 되겠냐고 물어보면 거절하는 경우가 많았는데 그때 좀 인심이 야박하다는 생각이 드는 정도 뉴질랜드에서 만약 인종차별 문제가 생기면 뉴질랜드 인권위원회에 연락해서 상담 및 법적 보호를 받는다.

02. 여행 계획

여행 계획을 세우려면 시간적인 여유, 출발위치, 교통, 예산 그리고 혼자 떠날 것인가 아니면 동반자와 함께 갈 것인가 등을 고려해야 한다.

물 흐르듯 가면 되지 하는 나그네 같은 생각은 접어두고 계획성 있게 여행계획을 짜자. 우선 여행 기간을 정하는데 7일, 15일, 30일 등 일정에 맞는 코스를 정하는 것이 좋다. 만약 일정이 짧다면 무리하게 계획을 세우지 말고 최상의 여행경로를 생각해본다.

여행 도중 유럽 친구들과 만나 이야기를 나눴을 때 이구동성으로 하는 말 중 하나가 가이드북에 소개되지 않은 아름다운 곳이 많아 남섬과 북섬을 제대로 여행하려면 두 달도 부족하다는 것이었다. 자신이 있는 곳을 출발점으로 해서 일정을 계획했다면 이제 이동 수단을 알아보자. 같은 일정에 여럿이 함께 움직일 때는 차가 있는 경우라면 사람 수별로 연료비를 포함한 경비를 나눠 부담한다. 그렇지 않을 경우에는 렌터카를 이용하는 것도 경제적일 수 있다.

혼자 여행할 때는 버스패스를 이용하는 것이 저렴하다. 다만 버스 편이 연결된 곳만 갈 수 있다는 점, 일정마다 조금씩 차질이 생길 수 있다는 점을 고려하자.

차량 이동 시 거리 및 소요시간(쿡해협을 제외한 거리와 시간)

출발	도착	km	miles	대략 소요시간 (시속 80~100km 주행 시)
오클랜드 (북섬)	웰링턴	652	404	9시간 15분
	해밀턴	124	77	1시간 55분
	왕가레이	166	103	3시간
	파이히아	237	147	4시간 15분
	케이프 레잉가	444	275	8시간 15분
	로터루아	235	146	3시간 50분
	코로만델	173	107	2시간 50분
	와이토모	198	123	3시간 10분
	타우포	282	175	4시간 5분
	타우랑가	201	125	3시간 20분
	기스본	496	308	8시간 20분
	네이피어	434	269	6시간 35분
	뉴플리머스	365	226	6시간 20분
	왕거누이	457	283	8시간
	마스터턴	626	388	9시간 20분
	파머스턴노스	521	323	7시간 40분
	크라이스트처치	990	614	14시간 15분
	더니든	1355	840	19시간 15분
	퀸스타운	1482	919	22시간 35분
	밀포드 사운드	1770	1097	27시간 40분
크라이스트처치 (남섬)	픽턴	338	210	5시간
	카이코우라	182	113	2시간 50분
	넬슨	427	265	6시간 15분
	티마루	170	105	2시간 10분
	더니든	374	232	5시간
	인버카길	583	361	8시간 10분
	테 아나우	669	415	9시간 15분
	퀸스타운	491	304	7시간 15분
	밀포드 사운드	789	489	11시간 35분
	와나카	434	269	6시간 30분
	마운트 쿡	337	209	4시간 55분
	폭스빙하	421	261	6시간 55분
	웨스트포트	330	205	5시간 10분
	그레이마우스	256	159	4시간 10분
	아서스 패스	159	99	2시간 25분
	호키티카	260	161	4시간 5분
	하스트	544	337	8시간 55분
	콜링우드	501	311	7시간 50분
케이프 레잉가	인버카길	2008	1245	30시간 40분

03. 오클랜드

오클랜드라는 지명은 인도 식민지의 총독이자 영웅으로 추앙받던 오클랜드 경(Lord Auckland, 1784~1849)의 이름을 따서 지어졌다. 1865년 이전까지 뉴질랜드의 수도였고 지금까지도 많은 사람들이 수도로 오해할 만큼 북섬으로 가는 관문이자 뉴질랜드 제1의 도시다. 한국 유학생들이 어학연수를 위해 가장 많이 떠나는 도시 중 하나다. 요트의 도시라고 불릴 만큼 요트를 가진 사람들이 많고 교통, 경제, 문화, 교육의 최고 중심지로, 일자리가 다른 지역에 비해 많고 한국 교민이 운영하는 업체들도 많다. 다양한 문화를 접할 수 있는 반면 생활비나 학비가 비싼 편이다.

국립해양 박물관 New Zealand National Maritime Museum

www.nzmaritime.org

바다에 관련된 사진과 그림, 음향, 실물 크기의 모형 전시를 통해 세계 최고의 개척자인 뉴질랜드인의 문화와 역사를 볼 수 있는 곳이다. 폴리네시안들이 타고 다녔던 카누도 전시되어 있다. 가장 오래되고 유명한 아메리카 컵(America's Cup)의 열기를 보여주듯 국립해양 박물관 입구 아메리카 컵 빌리지 광장에는 1988년 아메리카 컵에 참가한 116피트(약 35m) 대형 요트 KZ1 New Zealand 호가 전시되어 있다. 성인의 경우 입장료가 N$16, 소형크루즈를 함께 타는 콤보가 N$24다. 오전 9시부터 오후 6시까지 오픈.

켈리 탈톤 언더워터 월드 Kelly Tarlton's Antarctic Encounter & Underwater World
www.kellytarltons.co.nz

대형 아쿠아룸을 가본 경험이 있다면 다소 실망할 수도 있겠지만, 날렵한 남극의 킹펭귄 및 대형 가오리, 상어 등 다양한 해양 생물을 볼 수 있다. 관람 후 가까운 미션 베이에 들러보는 것도 즐겁다. 오클랜드 투어 프로그램과 함께 패키지로 둘러볼 수 있으며 온라인으로 예약하면 10% 할인 가능하다. 오전 9시부터 오후 6시까지 오픈.

오클랜드 아트 갤러리 Auckland Art Gallery
www.aucklandartgallery.org.nz

다양하게 전시된 예술 작품을 통해 환상적인 시각적 세계로 초대한다. 시내를 돌아다니다 보면 한 번씩 지나가게 되는데, 그림에 흥미가 없다고 멀리하지 말고, 입장료가 아깝지 않을 정도로 볼거리가 많으니 놓치지 말고 꼭 한 번 들러보자. 오전 10시에서 오후 5시까지 오픈하며 성인 1명의 경우 N$7지만 3명이 함께 가면 N$10.50다. 매일 2시에 Free tours를 할 수 있다.

파넬 로즈 가든 Parnell Rose Gardens
www.parnell.net.nz

1912년 지어진 곳으로, '파넬 로즈 가든'이라는 이름이 주는 느낌 그대로, 장미 정원의 아름다움과 언덕에서 내려다보는 멋진 바다풍경이 마치 한 폭의 풍경화 같다. 시티와 가까워 나들이 가기 좋고 입장료는 없다.

"영원히 기억하리."라는 한글 문구가 새겨진 한국전 참전비를 보면 한국전에서 희생된 뉴질랜드인들에게 고마움을 느끼게 된다. 장미 축제가 열리는 11월에는 아름다움이 절정에 이른다.

워터케어 Water Care

www.watercare.co.nz

Watercare's Rain Forest Express를 타고 가면서 그림 같은 니호투푸 Nihotupu 호수의 아름다운 경치를 볼 수 있는 오클랜드의 숨겨진 보물 중 한 곳이다. 안타깝게도 이곳으로 가는 대중교통이 없기 때문에 개인차량을 이용할 수밖에 없는데 예약을 하지 않으면 방문할 수 없다. 성인의 경우 2시간 30분 투어(N$25), 3시간 30분 투어(N$28)가 있으며 체크카드나 신용카드로 결제해야 한다. 개인이 먹을 음식을 미리 준비해서 가는 것이 좋다.

예약 월~금(오전 9시~오후 5시)
Phone 09 302 8028 or
Email rainforest@water.co.nz

스카이타워 Sky Tower

www.skycity.co.nz

오클랜드 시티에 도착하면 바로 한눈에 오클랜드의 상징이라고도 할 수 있는, 세계에서 12번째 높은 328m의 스카이타워가 보인다. 스카이타워에 올라가서 보는 오클랜드 시티의 야경이 무척 아름답다. 스카이타워로 올라가는 도중 카지노에는 눈을 돌리지 않는 것이 좋겠다. 성인은 N$28, 노인, 백팩커 할인카드, 학생증 소지자는 N$18다.

이외에도 랑이토토 섬Rangitoto Island, 와이헤케 섬Waiheke Island, 무리와이 비치Muriwai Beach, 데본포트Devonport & 노스 쇼어North Shore, 미션 베이 Mission Bay, 파넬 거리Parnell Road 등 다양한 볼거리가 많다.

오클랜드 테마별 관광명소

박물관
- ★ 오클랜드 박물관 www.aucklandmuseum.com
  입장료 대신 5달러의 기부형식으로 입장
- ★ 오클랜드 운송&기계 박물관 www.motat.co.nz
  크고 작은 주요 운송 수단을 볼 수 있는 기술 박물관
- ★ 크리스털마운틴 www.crystalmountain.co.nz
  다양한 보석과 돌이 진열되어 있는 보석 박물관
- ★ 몬터레이 파크 www.montereypark.co.nz
  클래식 자동차, 기차(모형) 박물관

오클랜드 동물원

동물/자연/환경
- ★ 오클랜드 동물원 www.aucklandzoo.co.nz
  특별한 135종의 동물들을 만날 수 있다.
- ★ 나비박물관 www.butterflycreek.co.nz
  이국적이고 다양한 나비와 열대어, 도마뱀을 볼 수 있다.
- ★ 이든가든 www.edengarden.co.nz
  가장 잘 보존된 오클랜드의 비밀 정원으로 평가된다.

나비박물관

예술/문화
- ★ 호윅민속마을 www.fencible.org.nz
  1840년부터 1880년까지 과거 이주민들의 생활 문화를 체험할 수 있다.

기타/레저
- ★ 글렌부룩 빈티지 기차 www.railfan.org.nz
  증기기차를 탈 수 있다.

글렌부룩 빈티지 기차

호윅민속마을

오클랜드 도보여행

뉴질랜드 오클랜드에는 도보여행을 할 수 있는 Walk Ways 코스들이 있다. 짧은 어학연수로 장거리 여행을 하기가 여의치 않다면 주말 틈틈이 친구와 함께 도보여행을 떠나보자. 건강도 챙기고 차를 타고 다니면서 보지 못했던 또 다른 오클랜드의 모습도 보게 되고 친구와도 좋은 추억을 만들 수 있다. 도보여행은 혼자 하는 것보다 2~3명이 함께하는 것이 더 즐겁다. Walk Ways 코스를 선택하고 물과 점심, 지도만 챙기면 준비 끝~! Coast to Coast Walkway 코스의 경우, 거리는 약 16km, 소요시간은 약 6~7시간이다.

★ 지도와 트랙 정보
0800 Auckland(0800 282 552)
www.aucklandcity.govt.nz

도보 여행 코스

Coast to Coast Walkway: 오클랜드 도시 건너편 오솔길 16km를 걷는 도시 여행
Manukau Coastal Walkways: 청명한 아름다움과 마누카우 항구의 자유로움
Mt. Eden Heritage Walk: 1840년 오클랜드 지역의 역사적 발전과 또 다른 테마
Oakley Creek Walkway: 오클랜드 지역의 유일한 폭포를 만날 수 있는 도보여행
Point to Point Walkway: 해안선을 따라 해변의 모래와 친근한 자연과의 7.5km 만남
Tahuna Torea Walking Trails: 도시 삶의 분주함으로부터 떠나 느끼는 관목과 갯벌이 주는 평화로운 여유
Waiheke Island Walkways: 해안 절벽에서 바라보는 아름다움과 자연이 주는 고요함

04. 크라이스트처치

캔터베리 지역에 있는 크라이스트처치는 남섬에서 제일 큰 도시로 워홀 메이커, 유학생들이 두 번째로 많이 찾는 곳이다. 고풍스러운 건물들과 그 사이를 지나는 트램, 대성당 광장에 모여 체스를 즐기는 젊은이들의 활기로 가득하다. 평온한 크라이스트처치의 대표적인 공원 해글리 공원Hagley Park에 금빛수선화가 만개하면 캔터베리에 봄이 왔음을 알 수 있다. 어쩐지 영국의 캠브리지 대학 캠퍼스를 연상시키는 이 공원을 걸으며 '한국에도 있었으면 좋겠다'라고 생각한 적이 한두 번이 아니다.

크라이스트처치 추천 관광명소

대성당 광장 Cathedral Square

오클랜드 하면 스카이타워가 떠오르듯 크라이스트처치 하면 대표적인 관광명소인 대성당을 빼놓을 수 없다. 크라이스트처치 시내 중심가에 있는 대성당을 중심으로 광장이 형성되어 있다. 대형 체스판이 있고 체스를 즐기는 사람들, 다양한 이벤트, 재래시장으로 늘 북적인다.

트램웨이 Tram Way

영국적인 도시 크라이스트처치 중심가에는 여행자들의 발 역할을 하는 크라이스트처치의 명물 "City Tram"이 있다. 크라이스트처치 도시를 건설한 영국계 정착민들에 의해 18세기에 만들진 이 전차는 당시 대중교통수단으로 이용되다가 20세기 초에 운행이 중단되었으며 다시 복원되어 현재는 관광용으로 운행되고 있다. 시내 중심가를 지나다 보면 벨 소리를 울리며 레일을 따라 달리는 전차를 자주 볼 수 있다. 요금은 15달러 정도 하고, 곤돌라를 탈 수 있는 패키지 티켓을 구매하면 좀 더 저렴하다.

보타닉 가든 Botanic Gardens

크라이스트처치에는 시내 한복판에 시민의 휴식처 역할을 하는 녹색공간이 많이 있는데 그중에서도 해글리 공원 안에 있는 보타닉 가든은 26헥타르에 이르는 정말 큰 공원으로, 하루에 다 돌아보기 힘들 정도다. 백여 종 이상의 장미를 모아놓은 로즈 가든을 비롯해 아름다운 형형색색의 꽃과 멋진 나무들이 즐비해 있다. 보타닉 가든 바로 옆에는 무료로 입장할 수 있는 캔터베리 주립박물관이 있다.

크라이스트처치 아트센터 Christchurch Arts Centre

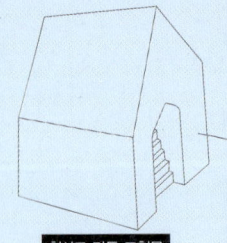
철사로 만든 조형물

  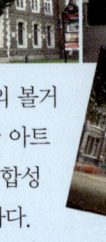 

시내 중심가에 위치한 아트센터는 내부의 볼거리보다 건물양식이 더 인상적이다. 또한 아트센터 정원에 있는 철사로 만든 조형물은 합성 사진으로 착각할 만큼 창의적이고 독특하다.

리카튼 재래시장 Riccarton Rotary Sunday Market
www.riccartonmarket.co.nz

매주 일요일 리카튼 파크Riccarton Park에서 열리는 재래시장은 커피와 다양한 먹을거리, 길거리 공연이 있는 곳이다. 우리에게는 버리고도 남을 다양한 생활용품들이 새 주인을 만나 팔리는 과정을 볼 수 있는, 크라이스트처치에서 빼놓을 수 없는 즐길거리 중 하나다.

크라이스트 처치 근교

국제남극센터 International Antarctic Centre
www.iceberg.co.nz

뉴질랜드 연구 인력이 상주중인 남극대륙의 스코트 기지를 재현한 전시물과 남극을 생생하게 체험해볼 수 있는 흥미로운 시설들이 있다. 남극으로 가는 전초기지 역할을 하는 크라이스트처치 공항에서 5분 거리에 있으며 펭귄도 볼 수 있다.

크라이스트처치 곤돌라 Christchurch Gondola
www.gondola.co.nz

대중교통으로 갈 때는 시내버스 전용터미널인 버스 익스체인지Bus Exchange D번 플랫폼에서 28번 버스를 탄다. 곤돌라 티켓은 N$22, 트램 티켓은 N$15, 트램과 곤돌라를 이용할 수 있는 콤보 티켓은 N$35다. 둘 다 유효기간은 없다. 곤돌라를 타고 정상에 올라가면 크라이스트처치 시내 전경과 바로 근처에 있는 리틀턴 항구Lyttelton Harbour의 멋진 바다가 보인다.

리틀턴 Lyttleton

리틀턴은 크라이스트처치를 개척한 사람들이 개발한 항구로, 크라이스트처치보다 더 발달되고 번화한 곳이지만, 최근 인구가 빠져나가고 지역 경기가 많이 쇠퇴하면서 초라해졌다. 하지만 멋진 경치를 가진 항구 도시라 바람을 쐬러 가볼 만하다. 리틀턴에 가려면 버스 익스체인지에서 28번과 35번 버스를 탄다.

뉴 브라이튼 비치 New Brighton Beach

시티에서 뉴 브라이튼까지 운행하는 노선 중에서 60번 버스를 타면 뉴 브라이튼 비치 바로 앞까지 갈 수 있다. 뉴 브라이튼 비치에서 가장 볼만한 것은 바다 한가운데 있는 뉴 브라이튼 피어The New Brighton Pier다. 다리 위를 걸어가서 보는 뉴 브라이튼 앞바다와 일출, 일몰이 그렇게 멋질 수 없다.

05. 추천 여행 코스

차를 타고 오클랜드를 출발해 북쪽으로 올라가면 크고 작은 섬들이 모여 있는 베이 오브 아일랜드의 아름다움과 해변을 달리는 기쁨을 만끽할 수 있다. 방향을 틀어 남쪽을 향해 달려가다 보면 화산지대가 주는 태고의 흔적, 유황 냄새, 살아 숨 쉬는 마오리문화를 경험할 수 있다. 지진에도 오뚝이처럼 다시 일어선 작은 영웅의 도시 네이피어, 강한 바람으로 카리스마를 내뿜는 뉴질랜드의 심장부 웰링턴 등 보물 같은 곳들이 너무나 많다. 남섬은 또 어떠한가. 정원의 도시 크라이스트처치를 비롯해 평화로운 남섬은 아름다운 자연이 잘 보존되어 있어 세계에서 유일하게 남은 지상낙원이라고 불린다. 손을 내밀면 가까이 다가오는 동물들, 호수에 비치는 산과 노을, 보는 것만으로도 웅장한 빙하와 피오르… 가는 곳마다 멋진 풍경들이 펼쳐진다.

북섬

- Cape Reinga 케이프 레잉가
- 90Miles Beach 90마일 비치
- Bay of Islands 베이 오브 아일랜드
- Russell 러셀
- Paihia, Waitangi 파이히아, 와이탕기
- Whangarei 왕가레이
- Auckland 오클랜드
- Coromandel 코로만델
- Thames 템스
- North Island 북섬
- Hamilton 해밀턴
- Waitomo Caves 와이토모 동굴
- Tauranga 타우랑가
- Rotorua 로터루아
- Taupo 타우포
- Gisborne 기즈번
- New Plymouth 뉴플리머스
- Hawkes Bay 혹스베이
- Napier 네이피어
- Tasman Sea 태즈먼 해
- Wanganui 왕거누이
- Hastings 헤이스팅스
- Palmerston North 파머스턴노스
- Motueka 모투에카
- Masterton 마스턴턴
- Nelson 넬슨
- Wellington 웰링턴
- Picton 픽턴
- Blenheim

좋다. 90마일 비치, 케이프 레잉가, 샌드 힐을 합친 패키지 투어를 할 수 있다. 파이히아Paihia, 러셀Russell에서 배를 타고 동굴을 빠져나가는 홀인더록Hole in the Rock 크루즈 투어는 정말 장관이다.

크루즈투어
www.dolphincruises.co.nz
www.fullers-bay-of-islands.co.nz

케이프 레잉가Cape Reinga

오클랜드에서 444km 떨어진 케이프 레잉가는 뉴질랜드 최북단이자 남태평양과 태즈먼 해Tasman Sea의 물길이 맞닿는 곳이다. 케이프 레잉가에 가기 전에 90마일 비치90 Miles Beach에 들른다면 끝없이 펼쳐진 파란 하늘과 해변을 보게 될 것이다. 파도가 강해 서핑을 즐기는 이들도 만날 수 있다. 일반 승용차로는 해변에 들어가지 않는 것이 좋다.

[1박 2일~2박 3일] (북쪽)
오클랜드 – 윙가레이 – 파이히아(1박) – 베이 오브 아일랜드 – 케이프 레잉가 – 파이히아(1박) – 오클랜드

베이 오브 아일랜드 Bay of Islands

오클랜드에서 북쪽으로 4시간 거리에 있는 베이 오브 아일랜드. 북섬에 서 휴양지로 제법 유명한 곳으로 투어와 크루즈, 레포츠 등을 즐기기에

자이언트 모래 언덕Giant sand Hill은 베이 오브 아일랜드에서 빼놓을 수 없는 곳으로, 사막처럼 끝없이 펼쳐진 모래 언덕이 눈을 즐겁게 하고 색다른 즐거움을 준다. 모래 썰매는 인원수대로 빌리지 말고 하나만 빌려 돌아가면서 타자. 모래가 들어가거나 분실의 우려가 있으니 귀중품은 비닐팩에 넣어 잘 보관한다.

[1박 2일~2박 3일] (남쪽)
· 오클랜드 – 코로만델 – 오클랜드
· 오클랜드 – 와이토모 동굴 – 로터루아(1박) – 타우포(1박) – 오클랜드

코로만델 Coromandel

오클랜드에서 코로만델 반도 Coromandel Peninsula 입구에 위치한 템스Thames까지는 1시간 45분, 코로만델까지는 약 2시간 50분 걸린다. 코로만델 반도는 하우라키 만Hauraki Gulf을 끼고 오클랜드와 마주하고 있는 반도다. 비포장도로가 많고 운전할 때 약간 불편하지만 볼거리가 많고 트레킹이나 산책, 캠핑 등 레포츠를 즐길 수 있다.
동해안에 캐테드럴 코브Cathedral Cove, 핫 워터 비치Hot Water Beach 등 유명한 관광지가 있는 반면 서해안은 조용한 편이다. 핫 워터 비치를 가려면 근처 인포메이션 센터에서 간조 시간을 확인해서 가야 한다. 그렇지 않으면 해변만 보고 돌아올 수 있다.

와이토모 동굴 Waitomo Cave

오클랜드에서 187km 떨어진 와이토모 동굴은 마오리어로 '물'과 '동굴'이라는 뜻이다. 반딧불이의 서식지로 잘 알려져 있는데 반딧불이가 뿜어내는 빛은 밤하늘의 은하수처럼 아름답다. 동굴 천장은 종유석, 바닥에는 석순이 마치 숲을 옮겨놓은 듯하고 가이드 투어 중 노래할 사람이 있냐고 물어볼 때 한 곡 부르면 작은 선물을 받을 수도 있다.
와이토모 동굴의 하이라이트는 블랙워터래프팅이다. 뉴질랜드 키위들이 추천하는 코스 중 하나이며 동굴 속 신비로움과 탐험의 짜릿함을 맛볼 수 있다. 라이트가 부착된 헬멧과 잠수복을 입고 좁은 바위틈을 지나면서 스릴을 만끽하고 반딧불이도 볼 수 있다.
www.caveraft.com

로터루아 Rotorua

오클랜드에서 235km 떨어진 곳으로, 유황 냄새로 가득한 북섬 최대의 관광지라서 패키지로 오는 한국 여행자들이 많다. 곤돌라, 루지Luge, 360도 회전하는 공중그네 스카이 스윙Sky Swing, 제트 보트, 래프팅 등 다양한 레포츠를 즐길 수 있다. 루지는 자꾸 타고 싶을 만큼 재미있고 9m 폭포에서 떨어지는 래프팅 또한 예술이고 스릴이 넘친다. 마오리 빌리지에서는 마오리 전통 공연을 보면서 마오리식 저녁을 먹을 수 있다. 간헐천이 15m까지 분출되는 장관을 볼 수 있으며 저렴한 비용으로 온천욕을 즐기면서 쌓였던 피로를 풀 수 있다.
아그로돔 www.agrodome.co.nz
스카이라인 곤돌라 www.skyline.co.nz
테푸이아 www.tepuia.co.nz

타우포 Taupo

뉴질랜드에서 가장 큰 호수가 있는 지역으로, 호숫가를 걸으면서 보는 일몰은 그야말로 환상적이다. 저렴한 비용으로 다양한 레포츠를 즐길 수 있으며 북섬의 번지점프의 메카로 떠오르고 있다. 레포츠를 즐긴다면 타우포에서 스카이다이빙을 통해 새가 하늘을 날 때의 기분을 온몸으로 느껴볼 바란다. 숙소가 많지 않기 때문에 성수기에는 백팩커를 미리 예약하고 가야 한다.

타우랑가 Tauranga

타우랑가 외곽에 있는 마운트 망가누이Mt. Mounganui는 다양한 수상 스포츠를 즐길 수 있는 서핑 장소이자 해변 휴양지다. 주변에 키위 농장이 많아 키위 시즌이 되면 워홀 메이커들이 많이 모인다.

[4박 5일~5박 6일]
· 오클랜드 – 해밀턴(마타마타) – 뉴플리머스 – 왕가누이 – 파머스턴노스 – 웰링턴
· 오클랜드 – 와이토모 동굴 – 로터루아 – 타우포 – 기스본 – 네이피어 – 웰링턴
· 오클랜드 – 해밀턴 – 로터루아 – 타우포 – 네이피어 – 웰링턴
· 오클랜드 – 해밀턴 – 와이토모 동굴 – 로터루아 – 타우포 – 통가리로 국립공원 – 뉴플리머스 – 오클랜드
· 오클랜드 – 타우랑가 – 가즈번 – 로터루아 – 오클랜드

해밀턴 Hamilton

해밀턴을 가본 사람이라면 누구나 해밀턴 가든Hamilton Garden을 가보라고 추천한다. 테마별, 나라별로 꾸며놓은 정원이 너무나 아름답다. 기후

가 가장 좋으며 교육과 골프의 도시로 더 잘 알려졌다. 해밀턴 주변에는 반딧불이 아름다운 종류동굴과 '반지의 제왕'의 촬영지로 유명한 마타마타가 있다. 마타마타는 볼거리에 비해 투어비용이 비싼 편이며 지금은 촬영세트마저도 없다. 하지만 반지의 제왕 마니아들이 직접 호빗 마을을 보기 위해 찾는 곳으로, 투어를 통하지 않고는 들어갈 수 없다.
www.matamatanz.co.nz

네이피어 Napier

네이피어는 아르데코Art Deco 방식의 건물로 유명한 관광도시다. 1931년 2월, 지진으로 네이피어 일대가 심각한 피해를 입었고 재건하는 과정에서 유럽의 아르데코 양식으로 건물들을 지었다. 지진 박물관에 가면 지진체험을 할 수 있다. 검은 모래사장으로

유명한 네이피어 비치Napier Beach는 파도가 거칠기 때문에 수영이 금지되어 있고 사과 수확이나 패킹하우스 일을 하기 위해 찾아오는 워홀 메이커들이 많다.

웰링턴 Wellington

북섬 지역 여행정보

오클랜드 www.aucklandnz.com	기즈번 & 이스트랜드 www.gisbornenz.com
베이오브 플렌티 www.visitplenty.co.nz	혹스베이 www.hawkesbaytourism.co.nz
코로만델 www.thecoromandel.com	루아페후 www.visitruapehu.com
로터루아 www.rotoruanz.com	왕가누이 www.wanganui.info/
타우포 www.laketauponz.com	노스랜드 www.northland.org.nz
마나와투 www.manawatunz.co.nz	카피티 & 호로훼누아 www.enterprisecoastnz.com
와이라라파 www.wairarapanz.com	타라나키 www.taranakinz.org
웰링턴 www.wellingtonnz.com	

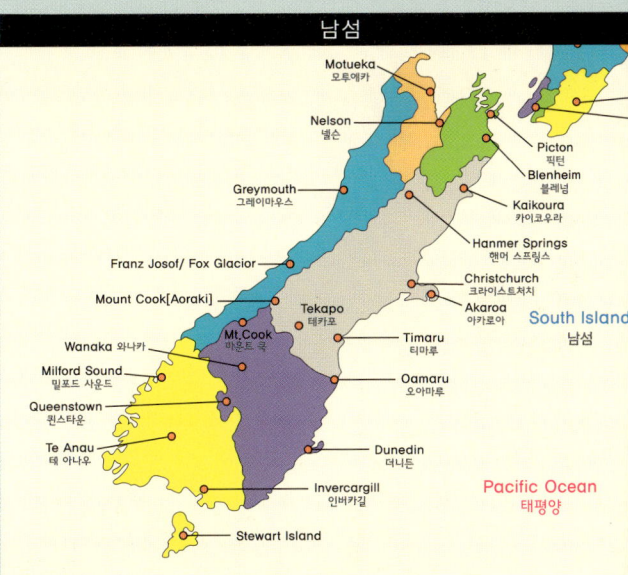

남섬 / South Island / Pacific Ocean 태평양

Motueka 모투에카, Nelson 넬슨, Picton 픽턴, Blenheim 블레넘, Greymouth 그레이마우스, Kaikoura 카이코우라, Franz Josof/ Fox Glacier, Hanmer Springs 핸머 스프링스, Mount Cook[Aoraki], Christchurch 크라이스트처치, Tekapo 테카포, Akaroa 아카로아, Wanaka 와나카, Mt.Cook 마운트 쿡, Timaru 티마루, Milford Sound 밀포드 사운드, Oamaru 오아마루, Queenstown 퀸스타운, Te Anau 테 아나우, Dunedin 더니든, Invercargill 인버카길, Stewart Island

강한 바람이 불어 바람의 도시Windy Wellington라고 불리는 웰링턴은 뉴질랜드의 수도이자 남섬으로 가는 관문 도시이고 뉴질랜드에서 2번째로 큰 도시다. 정치와 행정의 중심지로, 벌집Honeycomb이라는 별명을 가진 국회의사당이 있다. 웰링턴의 명물인 케이블카를 타고 언덕에 올라가면 이국적인 전경을 한눈에 바라볼 수 있다. 마오리의 역사, 문화와 관련된 각종 볼거리가 많다.

[1박 2일~2박 3일]
크라이스트처치 - 카이코우라 - 아카로아 - 크라이스트처치

카이코우라 Kaikoura

크라이스트처치에서 182km 떨어진 카이코우라는 일 년 내내 향유고래를 볼 수 있고 돌고래와 함께 수영을 즐길 수 있는 곳으로 유명하다. 유람선을 타고 17~19m 길이의 향유고래를 가까이에서 보는 것만으로도 흥미롭다.

아카로아 Akaroa

크라이스트처치에서 85km 떨어진 남섬의 중부 캔터베리 지방에 위치한 아카로아는 프랑스식 항구 도시로 마오리어로 '긴 항구'라는 뜻이다. 여름철에는 레저스포츠를 즐기는 사람들로 붐비지만 시가지가 조용하고 아담한 리조트 지역이다. 시내 곳곳에 영국과 프랑스의 통치를 받던 때의 건축물이 남아 있다.
www.akaroa.com

핸머 스프링스 Hanmer Springs

온천하면 가장 먼저 떠오르는 곳이 바로 로터루아일 것이다. 북섬에 로터루아가 있다면 남섬에는 온천욕을 즐기기에 좋은 핸머 스프링스가 있다. 작은 마을이지만 다양한 레포츠를 즐길 수 있는 휴양지로 많은 관광객들이 찾는 곳이다.

[4박 5일~5박 6일]
크라이스트처치 – 테카포 – 마운트 쿡(1박) – 와나카(2박) – 퀸스타운(3박) – 밀포드 사운드 – 퀸스타운(4박, 5박) – 크라이스트처치

테카포 Tekapo

테카포는 바운더리 개 동상 Boundary Dog Statue, 착한 양치기의 교회 Church of the Good Shepherd로 유명하며, 주변 관광의 기점이 되는 곳이다. 착한 양치기의 교회는 1935년 개척민에 의해 지어졌으며 테카포의 풍경과 함께 유명하다. 뉴질랜드에서 별이 가장 잘 보이는 곳으로 별을 볼 수 있는 투어 Earth & Sky도 있다. 전망대에서 테카포 호수와 그 근방의 아름다운 경치를 한눈에 내려다 볼 수 있다.

와나카 Wanaka

살기 좋은 마을 와나카는 뉴질랜드 노인들이 은퇴한 후 살고 싶은 도시 1위로 뽑힐 만큼 조용하고 경치 좋은 마을이다. 여름에는 호수에서 수영과 해상 스포츠를 즐기고, 겨울에는 스키를 즐긴다. 와나카에 있는 퍼즐링 월드 Puzzling World는 쓰러질듯 기울어진 건물과 가장 긴 미로가 있는 테마파크로 유명하다. 비록 놀이기구는 없지만 각종 퍼즐과 눈의 착시 현상을 이용한 볼거리들로 가득하다.

밀포드 사운드 Milford Sound

남섬에 위치한 세계에서 5번째로 큰 피오르드랜드국립공원 Fiordland National Park은 빙하시대에 침식된 지형(U자 계곡)을 비롯해 바닷물이 산골짜기까지 들어와 생긴 피오르, 높은 폭포, 호수 등 아름다운 자연경관을 가진 뉴질랜드 최대의 국립공원이다. 피오르드랜드에서 최고의 인기를 누리고 있는 밀포드 사운드는 마오리어로 Piopiotahi '최고의 장소'라는 뜻이다. 전설에 따르면 피오르는 빙하에 의해 만들어진 것이 아니라 신의 모습을 한 Tu Te Raki Whanoa에 의해 만들어졌다고 한다. 남섬 제일의 여행지로 많은 이들에게 사랑받고 있고 밀포드 사운드는 말로 표현하기 어려울 정도로 탄성을 자아내는 곳이다. 날씨가 좋으면 좋은 대로 날씨가 흐리면 또 흐린 날씨에 맞게 멋진 풍경을 감상할 수 있다. 밀포드 사운드를 둘러보려면 배를 타야 하는데, 주간 크루즈의 경우 자연경관 관광 크루즈, 자연생태 관광 크루즈, 소형보트 크루즈가 있고 배에서 1박하는 오버나이트 크루즈 상품도 있다.

밀포드 사운드 크루즈
Milford Sound Cruise
www.realjourneys.co.nz
www.cruizemilford.co.nz
www.realjourneys.co.nz
www.redboats.co.nz
www.milforddeep.co.nz
www.mitrepeak.com

밀포드 트랙 Milford Track

루트번 트랙 Routeburn Track, 케플러 트랙 Kepler Track 등 다양한 트랙이 있어 산을 좋아하는 사람들에게 환상적인 곳이다. 그중에서 120년 가까이 세계 여행자들에게 사랑받아온 밀포드 트랙은 세계자연유산으로 지정될 만큼 아름다운 산행 코스며, 웅장한 서덜랜드 폭포 Sutherland Falls를 가진 뉴질랜드의 숨겨진 보물이다. 개인 트랙 Independent Track과 가이드 트랙 Guided Track이 있으며 매년 11월 초부터 4월 중순까지, 하루 40명에 한해 개방한다. 수개월 전부터 예약을 해야 하는데, 예약은 환경보존국에 회원가입 후 웹사이트에서 하거나 Great Walks Booking Office에 온라인, 우편, 팩스, 이메일, 전화 등으로 할 수 있다.

Great Walks Booking Office
Phone: 64-3-249-8514
Fax: 64-3-249-8515
Email: greatwalksbookings@doc.govt.nz
Address: Fiordland National Park Visitor Centre, Lakefront Drive, Te Anau 9600

★ 환경보존국
www.doc.govt.nz

★ 개인 트랙
소요비용: N$360,
소요기간: 3박 4일
준비물: 등산화, 카메라, 모자, 물병, 세면도구, 장갑, 배낭, 침낭, 코펠, 우비, 여분의 티셔츠, 스웨터 종류, 슬리퍼, 개인음식(개인음식 조리 가능), 선크림, 세면도구(샤워 안 됨)
총거리: 53.5km

★ 가이드 트랙
소요비용: N$1,740~1,900(4인실 기준)
　　　　 N$2,090~2,250(2인실 기준)
소요기간: 4박 5일
준비물: 등산화, 카메라, 여분의 티셔츠, 모자, 장갑, 손수건, 물병, 세면도구, 자외선 차단크림, 스웨터 종류, 슬리퍼, 배낭 등 간편하게 준비(음식 제공)
총거리: 53.5km

★ 코스
1일: Glade Wharf – Clinton Hut
　　 1시간 30분, 5km
2일: Clinton Hut – Mintaro Hut
　　 6시간, 16.5km
3일: Mintaro hut – Dumpling hut
　　 6~7시간, 14km
4일: Dumpling hut – Sandfly point
　　 5시간 30분~6시간, 18km
일정이 바쁘다면 테 아나우 Te Anau에서 출발하는 1일, 8시간 코스(N$180)라도 참여해 보자. 밀포드 트랙은 내 인생을 바꾸는 '뉴질랜드에서 홀로서기'의 최고의 하이라이트다. (트레킹 운영회사마다 일정 차이가 있다.)

★ 야외활동 종합 정보 사이트
www.mountainsafety.org.nz
www.ultimatehikes.co.nz
www.realjourneys.co.nz

★ 그 밖의 트랙
www.knobsflat.co.nz
www.nzwalk.com
www.hollyfordtrack.com
www.humpridgetrack.co.nz
www.adventuremanapouri.co.nz
www.fiordlandguides.co.nz
www.natureobservations.com
www.tutokoguides.co.nz

[9박 10일]
크라이스트처치 - 테카포 - 마운틴 쿡 - 오아마루(1박) - 더니든(2박, 3박) - 인버카길(4박) - 테 아나우(5박) - 밀포드 사운드 - 퀸스타운(6박, 7박) - 와나카(8박) - 폭스빙하(9박) - 호키티카 - 아서스 패스 - 크라이스트처치

마운트 쿡 Mt. Cook

마운트 쿡은 뉴질랜드에서 최고 높은 산(3,754m)이다. 전체 면적의 40%가 빙하로 되어 있으며 마오리어로는 '구름을 뚫고 나온 산'이라는 뜻의 아오라키 Aoraki 다.

오아마루 Oamaru

작지만 훌륭한 역사적 건축물이 많은 오아마루는 크라이스트처치 남쪽 해안에 자리 잡고 있는 오타고 북부 지방의 중심 도시다. 오아마루에는 펭귄 서식지가 2곳이나 있으며, 펭귄 콜로니 Penguin Colony 에서 펭귄들이 바다에 가면 육지로 올라오는 모습을 관찰할 수 있다. 펭귄 관찰 프로그램은 인포메이션 센터나 펭귄 콜로니에 직접 가서 신청한다.

www.penguins.co.nz

[14박 15일]
크라이스트처치 - 테카포 - 마운틴 쿡 - 오아마루(1박) - 더니든(2박, 3박) - 인버카길(4박) - 테 아나우(5박) - 밀포드 사운드 - 퀸스타운(6박, 7박) - 와나카(8박) - 폭스빙하(9박) - 그레이마우스 - 웨스트포트(10박) - 아벨 태즈만 국립공원(11박, 12박) - 넬슨(13박) - 픽턴 - 카이코우라 - 핸머 스프링스(14박) - 크라이스트처치

퀸스타운

강과 계곡이 아름다운 조화를 이루는 퀸스타운은 모험심이 강한 뉴질랜드 사람들의 천성을 보여주는 익스트림 스포츠와 다양한 레포츠를 즐길 수 있는 관광도시다. 전망대에서 내려다보는 와카티푸 호수 Lake Wakatipu 와 퀸스타운의 전경은 정말 매력적이다. 1987년, A. J. 해킷 Hackett 이 프랑스의 에펠탑에서 점핑한 것이 세계 매스컴을 장식했고, 이듬해 고향 퀸스타운에서 해킷·번지클럽을 결성한 후 번지점프를 지도하면서 번지점프가 인기 레저스포츠로 발돋움하게 되었다. 주민의 90% 이상이 관광산업에 종사하고 있으며 뉴질랜드에서 꼭 한 번 들려야 할 곳이지만 겨울에는 무척 춥고 물가가 비싸다.

www.queenstown-vacation.com

더니든

남섬 제2의 도시 더니든은 크라이스트처치 다음으로 큰 도시이며 스코틀랜드에서 이주해 온 이민자들이 많아 스코틀랜드의 분위기가 짙게 깔려 있는 곳이다. 오타고 박물관, 스파이츠 맥주공장 Speight's, 오타고 대학, 식물원, 시그널 힐, 오타고 남자 고등학교, 캐드베리 초콜릿공장, 더니든 기차역 등 정말 모든 곳이 멋지다. 또 오타고 반도 Otago Peninsula 에 가면 신천옹 집단 서식지와 펭귄을 볼 수 있으며, 뉴질랜드 유일의 유럽식 성인 라나크 성 Larnach Castle 을 볼 수 있다. 여유를 가지고 최소 2~3일은 둘러봐야 한다.

넬슨 Nelson

남섬의 관문인 픽톤 항구의 서쪽에 위치하며 남섬의 최북단 가까이에 있는 활력이 넘치는 중소 도시 중 하나다. 바다를 끼고 있는 아벨 태즈먼 국립공원에 인접해 있어 아벨 태즈먼 트레킹Abel Tasman Trekking의 베이스캠프로, 바다카약 투어로 유명하다. 넬슨의 옛 모습을 간직한 파운더스 공원Founders Park과 토요일에 열리는 마켓에도 볼거리가 많다.

캐드베리 초콜릿공장
www.cadburyworld.co.nz
스페이츠 맥주공장 www.speights.co.nz

트램핑tramping이란 트레킹trekking과 캠핑camping을 합쳐 부르는 용어로, 산장hut에서 숙박을 하는 경우 트램핑 tamping이라고 하기도 한다.

샌드플라이sandfly
파리과에 속하는 일종의 모기 같은 벌레로, 한번 물리면 한 달 이상 고생한다. 주로 잔디나 수풀이 우거진 곳이나 농장(사과, 키위)에서, 트레킹 도중 물릴 수 있으니 주의할 것! 바르는 약과 뿌리는 약이 있는데 바르는 약이 좀 더 효과적이다. 샌드플라이 때문에 한국으로 돌아오는 사람들도 가끔 있다.

남섬 지역 여행정보
사우스랜드 www.southland.org.nz
크라이스트처치 및 캔터베리
www.christchurchnz.net
남섬 중부 지역 www.southisland.org.nz
더니든 www.dunedinnz.com
넬슨 www.nelsonnz.com
퀸스타운 www.queenstown-nz.co.nz
피오르드랜드 www.fiordland.org.nz
센트럴 오타고 www.centralotagonz.com
오아마루 www.visitoamaru.co.nz
말보로 지역(픽턴&블레넘)
www.destinationmarlborough.com
와나카 호수 www.lakewanaka.co.nz
웨스트코스트 www.west-coast.co.nz

여행 계획

날짜	가야 할 곳	출발지	도착지	교통비	연료비	식비	숙박비	예약사항	기타 경비
1									
2									
3									
4									
5									
6									
7									
8									
9									
10									
11									
12									
13									
14									
15									
16									
17									
18									
19									
20									
21									
22									
23									
24									
25									
26									
27									
28									
29									
30									
31									
합계									

나만의 여행용 지출목록 (N$)

뉴질랜드에서
홀 로 서 기
SURVIVAL
ENGLISH

Part 9

문제상황

01. 길을 잃었을 때

| 사람이 위험에 처했거나 재산 피해 또는 손실의 위험 그리고 범죄 행위가 진행 중이거나 범인이 주변에 있을 때 111로 긴급 상황을 알리자. 긴급 상황이 아닌 경우에는 지역경찰서를 방문해 신고한다.

백팩커에 전화를 걸어 어떻게 가면 되냐고 물었더니 버스 번호를 가르쳐주면서 타고 오란다. 영어에 자신이 없는 나로서는 잘 모르는 곳을 버스를 타고 가느니 차라리 걷는 게 낫겠다 싶어 무작정 걷기 시작했다. 번지수를 체크해 가며 한참을 걷는데 막힌 길이 나타났다. 마침 언덕 아래로 할머니 두 분이 올라오는 것이 보여 용기를 내서 말을 걸었더니 너무나 친절하게 길을 가르쳐주면서 How long have you been in New Zealand?라고 물었다. 영어를 못한다고 대답하자 안쓰러워하면서 Have a nice day!라고 인사하던 두 할머니. 그 할머니들 덕분에 무사히 백팩커에 도착할 수 있었고 지금도 그분들을 생각하면 참 감사하다.

길을 잃었어요. ㅠㅠ

처음 가는 곳을 찾아갈 때는 가려고 하는 곳의 주소나 연락처를 메모해서 잘 챙기고 만약 길을 잃으면 혼자 우물쭈물하지 말고 물어보도록 한다. 여행자를 위한 인포메이션 센터가 보이면 이곳에 물어봐도 좋다.

동기	실례합니다, 여기서 페리빌딩을 가려면 어떻게 가야 하나요? Excuse me, how do I get to the Ferry Building from here?
키위	웰리스 스트리트로 내려가서 오른쪽으로 돌면 퀸 스트리트가 나와요. Go down Wellesley Street and turn right onto Queen Street.
동기	오른쪽으로 돌아서 퀸 스트리트로 가라고요? So I turn right onto Queen Street?
키위	맞아요. 퀸 스트리트를 10분 정도 걸어가면 됩니다. Yes. Then walk along Queen Street for about ten minutes.
동기	고맙습니다. Thanks very much.
키위	항구 근처에 있는 큰 오렌지 빌딩이라 쉽게 찾으실 수 있을 거예요. It's a big, orange building by the harbour. You can't miss it.

> 고맙다는 표현을 할 때는 아무 말 없이 머리를 숙여 목례로 인사하는 것보다 Thanks (very much).라고 말로 표현하는 것이 좋다.

경찰서

인포메이션

02. 물건을 잃어버렸을 때

물건 분실

차 유리창을 깨고 물건을 훔쳐가는 경우가 종종 있기 때문에, 차를 세워놓고 자리를 비울 때는 노트북을 비롯한 현금, 가방 등을 트렁크에 넣어두고 수시로 트렁크의 잠금 상태를 확인하는 습관을 가지는 것이 좋다. 특히 인적이 드문 곳에 차를 주차할 때는 반드시 물건을 숙소로 챙겨 가고 여럿이 사용하는 숙소에서도 불안하다면 리셉션에 무료로 수화물을 맡아주는 Free Baggage Storage를 이용하자. 하지만 고가품의 경우에는 스스로 챙기지 않으면 안 된다.

시티에 있는 오락실이나 PC방에서도 도난 사건이 빈번히 일어나며 잠시 화장실에 다녀온 사이에 물건을 가져가는 경우도 있다. 도서관이라도 방심해서는 안 된다. 운이 좋으면 인터넷 중고장터에서 작물로 나온 물건을 보고 범인을 찾을 수도 있지만 사실 한번 도둑맞은 물건은 찾기 어렵다고 봐야 한다.

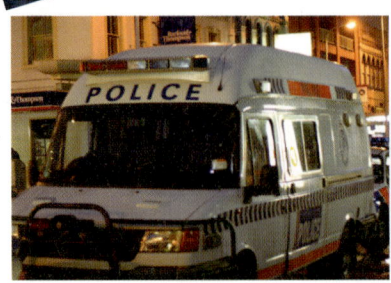

경찰 인력의 부족과 여러 나라 사람들의 왕래로 소소한 도난, 분실이 종종 일어나는데 신고를 해도 찾을 수 있는 가능성이 별로 없기 때문에 보험에 가입하거나 본인이 물건 관리에 신경을 쓸 수밖에 없다. 물품 피해에 대한 보험에 가입했다면 분실한 장소에서 가까운 경찰서에 가서 분실증명확인서POLICE REPORT를 발급받아 보험회사에 제출하자.

★ 경찰서 홈페이지
www.police.govt.nz

도둑을 만났을 때 Stop, thief!(도둑이야)라고 큰 소리로 외치면 주변 사람들이 도와준다.

가방을 도난당했어요.
My bag was stolen.
경찰 좀 불러주세요.
Please call the police.
경찰서가 어디 있나요?
Is there police station near here?
무엇을 잃어버리셨습니까?
What item have you lost?
어디에서 잃어버리셨습니까?
Where did you lose the item?
연락처를 알려주십시오.
What are your contact details in New Zealand?

★ 랭귀지 라인
언어소통이 어려울 때 랭귀지 라인Language Line을 통하면 무료로 통역 서비스를 받을 수 있다. 0800-656-656으로 전화해서 Kate 씨에게 문의한다. 랭귀지 라인에서는 39개 국어를 지원하고 있고 해당 웹사이트에 방문하면 지역별로 자세한 전화번호가 나와 있다.
http://languageline.govt.nz
www.ethnicaffairs.govt.nz

여권 분실

간혹 물품을 분실하거나 도난당했을 때 공교롭게도 그 안에 여권이 들어 있는 경우가 있다. 잃어버린 물건보다도 여권을 잃어버렸다는 것에 더 신경이 쓰여 손에 일이 안 잡힐 수 있겠다. 여권을 분실하거나 도둑맞으면 당황하지 말고 바로 대사관(영사관)에 전화를 걸어 재발급 절차를 밟도록 한다. 뉴질랜드에 도착한 후에라도 사진이 나온 부분과 비자 면을 스캔해서 본인 이메일에 저장해두면 재발급할 때 편리하다.

먼저 경찰서에서 발행한 분실증명확인서와 신분증(국제운전면허증, 주민등록증, 등본 등), 여권사진 2매를 가지고 대사관(영사관)에 가서 재발급사유서를 작성한

part 9. 문제상황 **217**

★ 화재 시 소방서 발행 소실 증명확인서도 필요

★ 유효기간 때문에 여권을 연장할 경우 일반 여권을 소지하고 있다면 2008년 6월부터 기존의 수기방식 연장이 폐기되어 전자여권으로 신규 발급받게 된다.

후 여권 발급 수수료와 함께 제출한다. 4주 이내 혹은 급하게 요청할 경우 10일 이내 발급 가능하다. 여권을 재발급 받았다면 분실 이전에 받았던 비자도 이민성에서 재발급 받아야 한다. 또한 전자여권 시행 이후 우편접수는 할 수 없으니 본인이 직접 방문해서 접수한다.

★ 의도하지 않은 비자 만료로 인해 불법체류한 것처럼 되어버린다면 추방이 아닌 합법적인 신분을 확보하기 위해 노력해야 차후 불이익을 당하지 않는다.

★ 한국대사관 Embassy of Republic of Korean
11th Floor, ASB Bank Tower, 2 Hunter Street, Wellington
사서함: P.O. BOX 5744 Wllesley Street, Auckland, New Zealand
전화: 04-473-9073 팩스: 04-472-3865

★ 한국대사관 오클랜드 분관
10th Floor, 396 Queen Street, Auckland, New Zealand
사서함: P.O. BOX 11-143 Manners Street, Wellington, New Zealand
전화: 09-379-0818 팩스 09-373-3340
업무시간: 오전 9시~오후 4시

한국대사관에 연락하고 싶어요.
I want to contact the Korean Embassy.
여권을 분실했는데 어떻게 해야 합니까?
I've lost my passport. What should I do?
여권 재발급을 위해 대사관에 제출할 분실증명확인서를 받을 수 있을까요?
May I have a Police Report to submit to Korean Consulate to obtain a new passport?

항공권 분실

전자항공권을 분실하면 이메일에 저장되어 있는 전자항공권을 다시 출력하면 되고 출력이 안 될 때는 발권 여행사에 문의해서 처리한다. 종이항공권은 해당 항공사 사무실에 가서(공항이나 시티에 위치) LOST TICKET RE-ISSUE(재발행)를 신청하면 되는데 시간이 오래 걸린다. 복사본이 있으면 시간을 줄일 수 있다. 재발급 수수

료reissue charge는 항공사마다 다소 차이가 있다. 본인의 출국 날짜가 빠듯하거나 개인 사정이 여의치 않으면 현지에서 해당 항공사의 편도 항공권을 구입하고 귀국한 후 분실한 항공권에 대한 환불을 신청한다.
다만 일 년 오픈 왕복 항공권은 대부분 할인 항공을 이용하다 보니 환불 요금이 그리 크지 않거나 환불이 불가능한 경우가 많다.

★ 항공사 연락처
에어뉴질랜드
Tel: 64-9-357-3000
       0800-737-000
대한항공
Tel: 64-9-914-2000
Fax: 64-9-914-7774
콴타스항공
Tel: 64-9-357-8900
       0800-808-767(outside of Auckland area)
캐세이패시픽
Tel: 64-9-379-0861
       0800-800-454
JAL항공
Tel: 0800-JAL-JMB(0800-525-562)
Fax: 64-9-377-2876

항공권을 분실했습니다.
I lost my flight ticket.
항공권을 재발급해주시겠습니까?
Can you reissue the flight tickets?
재발급 수수료를 내야 하나요?
Should I pay for reissue?

신용카드 또는 은행카드 분실

신용카드를 분실하면 현지의 발행 은행이나 신용카드 회사에 신고해야 하는데 한국에서 신용카드를 발급받아 간 사람들은 전화비용이 들더라도 한국에 있는 신용카드 발행지점에 직접 분실신고를 하도록 한다. 분실에 대비해서 신용카드의 카드번호, 유효기간을 기록해 이메일에 저장해두면 좋다.
입출금 카드도 신용카드와 마찬가지로 분실하면 가장 먼저 해당 은행에 전화를 걸어 분실 신고를 한다. 여권을 가지고 해당 은행에 가서 재발급 신청을 하면 즉시 발급해주는 곳도 있고 2~5일 정도 걸리는 곳도 있다.

"한국 사람을 조심하라."

외국에 나가서 한번쯤은 들어보거나 말해본 적이 있는 말일 것이다. 나 역시 생각 없이 내뱉었던 말이다. 뉴질랜드에 있을 때 한두 명의 잘못 때문에 한국 사람은 무조건 조심하고 경계해야 할 대상인 것처럼 여기는 현실이 참 안타까웠다. 한국 사람이라고 믿었는데 사기당하거나 돈을 떼이거나 정말 '같은 한국 사람이 맞나' 싶을 정도로 야박하게 구는 사례가 없다고 부정하지는 않겠다. 다만 누구의 잘잘못을 따지기에 앞서 Cut off your nose to spite your face.(누워서 침 뱉기)라는 속담처럼 '한국 사람을 조심하라.'는 말은 결국 '나를 조심하세요'라고 광고하는 것과 같다는 걸 명심하자. 유학생이 바라보는 관점과 교민들이 바라보는 관점이 같을 수 없다는 점을 인정하고 도움이 필요할 때 서로 돕고 살면 좋겠다.

뉴질랜드 한인회 04-489-5700	뉴질랜드 한국 교민회 04-478-4997
크라이스트처치 한인회 03-379-2755	더니든 한인회 03-471-8132
로토루아 한인회 07-347-0452	와이카토 한인회 07-850-1818

★ 은행 대표 무료전화
ASB 0800 803 804
ANZ 0800 658 044
National Bank 0800 18 18 18
Bank of New Zealand 0800 2400 00
Westpac Trustd 0800 172 172
Kiwi Bank 0800 555 743
비자카드 www.visacemea.com
마스터카드 www.mastercard.com

03. 교통사고가 났을 때

교통사고가 나면 우선 부상자가 있는지 확인하고 부상자가 있으면 최대한 빨리(반드시 24시간 이내) 관계기관(경찰서, 교통안전국, 경찰관)에 신고한다(인사 사고 시 피해자 우선 구호). 경찰관은 현장에 오면 제일 먼저 운전자에게 면허증 제시를 요구하고 차량의 WOF(검사필증), 보험가입 여부, 음주나 약물운전 등을 확인한다. 경찰관의 요청에 적극 협조하되, 자신의 과실이 명확하지 않은 상황이라면 I'm sorry.나 실수에 관련된 단어(blunder 큰 실수, slip-up 실수, oversight 부주의, mistake 잘못, bungle 실수하다, fault 과실 등등)를 사용해서 처음부터 잘못을 인정하지 않는 것이 좋다.

부상당한 사람이 없고 본인 과실을 인정할 경우에는 보험회사에 연락해 사고접수를 한다. 이름, 연락처, 자동차 번호를 알려주면 보험회사에서 처리해준다. 상대방이 발뺌하는 경우에는 빨리(48시간 이내) 경찰에 신고해서 처리하는 것이 좋다. 주변에 있는 차량번호나 목격자를 확보해 기록해두거나 사진을 찍어두는 것도 좋다. 사고 시 대물(손상된 차량, 교통시설이나 기타 타인의 재산)의 경우에는 반드시 해당 주인에게 알려야 하고 주인을 알 수 없으면 60시간 이내 관계기관에 통보해야 불이익을 당하지 않는다.

> 차량 사고가 발생하면 경찰관은 사고현장에 와서 조사하고 리포트를 작성하는데, 경찰이 작성한 리포트는 뉴질랜드교통안전국Land Transport NZ으로 전달되어 기록, 등록된다.

부상자가 있거나 사망자가 있으면 운전자는 반드시 차를 세워야 한다. 위험한 운전을 하거나 도로규칙을 위반한 운전자는 벌금(수천 달러), 운전면허 취소, 면허정지, 자동차 압류, 실형선고 등을 받을 수 있다.

교통사고 시 기록할 사항

가해차량 보험회사 Accident Automobile Insurance Company
보험회사 전화번호 Insurance Telephone Number
가해차량 번호 Accident Automobile Number
운전자 성명 Driver Name
운전자 집 전화번호 Driver Home Telephone Number
운전면허증번호 Driver License Number
사고지점 Accident Place
사고부분 Accident Part
목격자 성명, 전화번호, 주소, 휴대전화 Witness Name, Telephone Number, Address, Automobile Number

꼭 기억하세요!

동기 괜찮으세요? 다친 데는 없으신가요?
Are you alright? Do you have any injuries?

키위 괜찮아요.
I'm fine.

동기 이 사고를 어떻게 처리할까요?
How can we sort out this situation?

키위 다행히 나쁜 상황은 아니군요. 누가 잘못했다고도 하기 힘드니 보험 처리하도록 합시다.
Fortunately, it's not bad. We can't judge whose fault it was. We'd better claim insurance.

동기 보험회사에 연락해야 하니 보험 계약서를 교환하죠.
Let's exchange insurance and contact details because we should call an insurance company.

키위 네, 좋습니다.
Okay. Alright.

★ 사고 시
· 가해자와 피해자가 모두 무보험이면 소송 이후 소액 재판을 받게 되는데, 시간이 상당히 오래 걸리고 피해자이면서도 제대로 보상받지 못하는 경우가 있다.
· 차가 망가졌을 때 연식이 오래된 차는 부품 공급이 어려워 수리 자체가 불가능할 수 있다.

손해 입은 걸 반반씩 부담하면 어떨까요?
Should we just pay for our own damage and call it even?
수리비가 얼마 나올까요?
How much should the damage cost?
그냥 합의할까요?
Do you want me to do a mutual agreement?
운전면허증과 자동차등록증, 보험증을 서로 교환해서 적기로 합시다.
Let's exchange license, registration and insurance cards and write down the details.
그쪽 차가 급제동했습니다.
He stopped too suddenly.
정상적으로 주행하는데, 저 차가 불법 좌회전(우회전, 유턴)했습니다.
I was driving slowly, but that car made an illegal left(right, U) turn.
그 사람이 신호등을 무시하고 지나갔습니다.
He crossed the street against the traffic signal.
제 차는 견인해야 할 것 같군요.
I would have to call a towing truck to tow my car.

★ 뉴질랜드 자동차 협회(AA)
www.aa.co.nz

★ ACC에 대한 자세한 문의
www.acc.co.nz
Phone: 0800 101 996 or 04 918 7700
Address: ACC, PO Box 242, Wellington

ACC 제도란?

뉴질랜드에서 교통사고로 차가 부서지고 사람이 다치면 대인사고의 경우, 상대방이나 보험사에 책임을 물을 수 없다. 즉 가해자에게 일체의 보상을 요구할 수 없도록, 인명 상해 부분은 뉴질랜드 정부에서 운영하는 ACC사고보상공사(Accident Compensation Corporation)가 담당하고 있다. 본인 과실이든 타인과실이든 신체 상해 부분은 누구나 평등하게 보상해준다. 뉴질랜드 내에서만 일어났다면 사고 발생이 근무 중이었거나 근무 이외 시간 즉 운전 중이나 스포츠, 집안일을 하는 중이었더라도 보상 가능하다. 뉴질랜드 영주권자나 방문자 모두 사고로 인한 상해보상은 동일하다.

04. 불이 났을 때

★ 화재 관련 사이트
www.3.fire.org.nz
www.111.govt.nz

일을 마치고 피곤해서 일찍 잠자리에 들었는데 갑자기 모기 우는 소리가 들렸다. 무시하고 다시 잠을 청하는데 누군가 흔들어 깨우기에 눈을 떴더니 눈앞에 소방관이 서 있었다. 또 한번은 아침에 일어났는데 간밤에 소방관들이 다녀갔었다고 친구가 말해주었다. 여행자 중 한 명이 실내에서 창문을 열어놓고 담배를 피우다가 연기가 감지기에 닿아 경보가 울린 것이다. 세상모르고 잤는데 만약 불이라도 났으면 어떻게 되었을까 생각하니 온몸에 소름이 돋았다. 시티 내에서 화재경보가 울리면 자동적으로 소방차가 출동하는데, 경보가 울리면 실내에 있는 사람들은 무조건 건물 밖으로 나와야 한다.

뉴질랜드에서는 잘못 울린 경보로 인한 출동이 50~70% 이상이다. 실수로 경보기 울려 소방차가 출동하게 되면 N$1,000 정도 벌금을 내야 한다. 음식을 만들거나 집안에서 담배를 피우다가 경보가 울리는 경우가 있어 아예 거실 중앙에 있는 감지기의 건전지를 빼놓거나 틀어막아 버리는 사람들이 있는데, 이렇게 하면 최소한의 안전도 보장받을 수 없게 된다. 음식을 조리 할 때는 주방 환풍기를 사용하고 혹여나 감지기가 고장이 나면 즉시 수리하도록 하자.

감지기 오동작을 최소화하려면 1년에 한두 번 정도 청소하는 것이 좋다. 다행히 뉴질랜드에는 실내 바닥이 카펫으로 되어 있거나 목재로 지은 집이 많아 불이 나면 연기가 빨리 감지되어 인명피해를 피한 사례가 많다.

> 집안에 진드기나 벌레를 잡기 위해 연막용 약품을 사용할 때는 소방서에 미리 통보해야 한다.

통제실	소방서입니다. 어디서 발생한 긴급 상황입니까? Fire Service. Where is the emergency?	
동기	오클랜드입니다. 낯선 사람이 불을 낸 것 같아요. 긴 의자 같은 데서 불이 났어요. I'm calling from Auckland. It's um, a strange fire. I think it's a couch or something.	
통제실	예, 오클랜드 어디십니까? Okay, where abouts in Auckland?	
동기	음, 둘러보니 킹스톤 스트리트군요. 철자가 K I N G S T O N 입니다. Ahhm, I'm just checking the street. Kingston Street. K I N G S T O N.	
통제실	알겠어요. 지금 있는 곳에서 가까운 교차로를 알고 있나요? Okay. Do you know the nearest intersection to where you are?	
동기	예, 빅토나, 킹스톤입니다. Yeah, Victona, Kingston.	
통제실	교차로에서 얼마나 멀죠? How far from that intersection would it be?	
동기	음, 50m 정도요. Um, about 50m.	
통제실	50m요? 알겠습니다. 곧 도착할 겁니다. 50m? Okay. We'll be there shortly.	

01. 세금 환급

뉴질랜드에서 IRD 번호를 가지고 합법적으로 일을 하고, 주급을 받을 때마다 세금을 낸 경우라면 세금을 환급받을 수 있다. 세금이 환급된다는 사실을 몰라서, 혹은 절차가 까다롭다 보니 쉽게 포기하고 귀국하는 사람들이 많은데, 그다지 어렵지 않다.

우리나라의 연말정산은 12월 31일이 기준이지만 뉴질랜드에서는 매년 4월 1일부터 다음해 3월 31일까지가 소득을 정산하는 회계연도다. 예를 들어 1월 1일에 일을 시작해서 8월 30일까지 일을 하고 9월에 귀국하는 경우, 1월 1일부터 3월 31일까지 낸 세금에 대해 4월에 신청하고 4월부터 8월 말까지 낸 세금에 대해서는 9월에 신청한다.

급여명세서, 항공권 복사본, 여권, 신청서(사무실 구비)를 준비해서 IR 사무실에 신청하면 대략 1~2개월 후 환급을 받을 수 있는데, 주소지를 뉴질랜드로 신청했다면 은행 계좌로 환급받으면 된다. 궁금하거나 자세한 사항은 현지 회계사무실을 찾아가서 수수료를 지불하고 전문 상담을 받거나 IRD에 이메일이나 전화 또는 직접 찾아가서 물어보자. 만약 전화로 상담을 하다가 IRD 직원과 약속을 잡게 되면, IRD 번호를 만들 당시의 주소지 기준으로 약속 지점이 선택되니 본인이 거주하는 가까운 지역으로 주소를 변경해달라고 요청하자.

뉴질랜드에서 계좌를 닫은 경우 한국 주소를 알려주면 한국으로 체크를 보내준다.

* Tax Return - 세금을 신고하고 IRD에 세금을 내는 것
* Tax Refund - 낸 세금이 너무 많은 경우 그 차액을 돌려받는 것
  (예를 들어 N$100만 내도 될 것을 N$150 낸 경우)
* PAYE(Pay as you earn, 소득세) - 업주가 개인에게 돈을 주기 전에 미리 떼어놨다가(원천징수) 일괄적으로 IRD에 내는 것
* GST(Goods and services tax, 부가세) - 모든 제품과 서비스에 GST가 붙지만 뉴질랜드를 떠날 때 GST는 환급받을 수 없다.

IRD 직원	안녕하세요. 무엇을 도와드릴까요?	
	Hello. Can I help you?	
동기	곧 한국으로 가는데, 어떻게 하면 세금을 돌려받을 수 있나요?	
	I'll go back to Korea soon so.	
	How can I receive my tax refund now?	
IRD 직원	어떤 종류의 비자입니까?	
	What sort of visa do you have?	
동기	워킹홀리데이 비자입니다.	
	I've got a working holiday visa.	
IRD 직원	알겠습니다. 그럼 여권, IRD 번호, 급여명세서를 지금 가지고 있나요?	
	Okay. Do you have your passport, IRD number, and payslip summary now?	
동기	네, 여기 있습니다.	
	Yeah, here you are.	
IRD 직원	거기서 일한 지 얼마나 됐나요?	
	How long have you been working there?	
동기	대략 3개월입니다.	
	About three months.	
IRD 직원	지금 신청하면 2개월 후에 환급받을 수 있을 겁니다.	
	Okay. You can receive your tax refund in two months. if your tax return is processed now.	

★ 상담
0800 227 774
www.ird.govt.nz

2008-09 Annual tax rates(연세금비율)

Income range(소득 범위)	Tax rate(세금 비율)
N$0- N$9,500	13.75%
N$9,501 - N$14,000	16.75%
N$14,001 - N$38,000	21%
N$38,001 - N$40,000	27%
N$40,001 - N$60,000	33%
N$60,001 - N$70,000	36%
N$70,001 and higher	39%

세금 환급 신청서

02. 항공권 체크

귀국하기 전에 현지 항공사에 전화나 이메일 또는 직접 방문해서 항공 예약 상황을 확인한다. 귀국날짜를 변경하려면 직접 현지 항공사에 가서 처리하는 것이 확실하다.

1년 왕복항공권인 경우, 구입 시 귀국날짜를 임의로 지정하는 항공사들(일본항공 제외)이 많은데 귀국날짜가 확실히 결정되면 반드시 처음 지정한 귀국날짜를 변경해야 한다. 예약된 귀국날짜를 넘기면 NO-SHOW라고 해서 예약 후 미탑승으로 처리되고, 수수료를 지불하거나 경우에 따라서는 항공권을 이용하지 못할 수도 있다. 저렴한 항공권은 귀국날짜 변경 시 좌석이 없어 애를 먹는 경우가 종종 있으니 미리미리 날짜를 변경하도록 한다. 보통 출발 2~3개월 이전에 변경하는 것이 좋다.

혹시 언어적인 어려움이 있거나 항공사 방문이 어려운 경우, 일처리가 원활하지 않거나 변경에 관련된 전반적인 상황이 궁금한 경우에는 항공권을 구매한 국내 여행사에 문의해볼 수 있다.

★ 날짜를 변경하면 날짜 변경 수수료 외에 예약 관련 서비스비가 붙는다는 사실 꼭 명심할 것.
★ 스톱오버는 왕복항공권 구입 시에만 신청할 수 있다. 한국에서 신청하지 않으면 현지에서는 신청할 수 없다.

예약을 확인하려고 합니다.
I'd like to confirm my reservation.
예약번호를 알려주시겠습니까?
What's your reservation number?

예약 확인을 하려고요.

03. 짐 정리

짐은 늘게 되어 있다는 말을 짐 꾸리기 편에서 이야기했는데 이제 실감하는지 모르겠다. 출국할 때 짐이 너무 많으면 중량 초과만큼 요금을 더 내야 한다. 두고 가기 아까워서 이 물건 저 물건 다 챙기다 보면 결국 공항에서 하나 둘 버리게 된다. 버리기에 아까운 물건조차 급하게 공항 휴지통에 넣고 돌아설 때도 있다.

이렇게 하지 않으려면 출국 2~3주 전부터 여유를 두고 귀국 준비를 해야 한다. 꼭 필요한 물건은 챙기고 뉴질랜드에서 구입한 전자제품들은 한국에 가져와도 쓸 수 없으니 귀국세일을 통해 팔도록 하자. 전자제품은 구입한 순간부터 중고품이 되기 때문에 아무리 상태가 양호해도 처음 가격의 최소 30%에서 최대 60%의 가격으로 팔게 되고, 그나마 시간에 쫓기면 더 싼 값에 내놓게 된다. 중고장터에 내놓을 때는 시간적 여유를 길게 주고 귀국시간이 임박하다면 창고세일을 열어보자. 책은 출판일이 5년 이내면 50%~70%까지 받을 수 있지만 책의 상태에 따라 다르다. 소소한 물건들은 아는 사람들에게 그냥 주는 것이 서로에게 좋다.

스톱오버를 할 생각이라면 해외특송업체나 우체국을 통해 미리 짐을 한국으로 보내도록 한다. 해상화물로 보내면 도착기간이 한 달 정도 소요되는데 필요 시 보험에 가입한다.

> ★ 우체국 홈페이지
> www.nzpost.co.nz
> ★ 중고장터
> 뉴질랜드이야기 카페게시판
> http://cafe.daum.net/newzealand
> 트레이드미
> www.trademe.co.nz

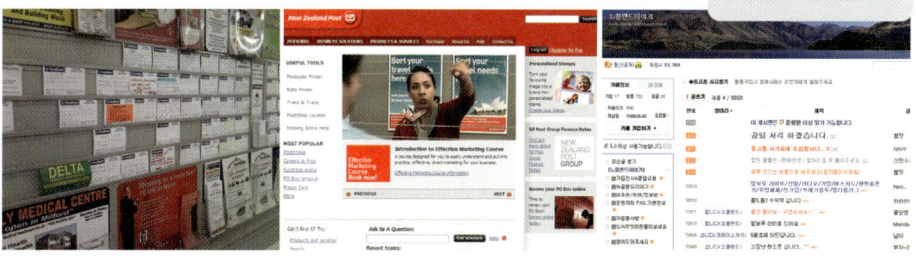

04. 출국

뉴질랜드를 떠나기 위해 공항버스에 몸을 싣고 창밖의 풍경과 뭉게뭉게 떠 있는 구름을 바라보고 있노라면 홀로서기의 추억들이 주마등같이 스치고 지나갈 것이다. 뉴질랜드에서 지내는 동안 얻은 것과 잃은 것들이 교차하고 처음의 설렘이 어느덧 아쉬움으로 바뀐 것을 보면서 언젠가 다시 이 땅을 밟으리라 다짐하게 된다.

동기	공항버스를 시내 어디에서 탈 수 있나요? Do you know where I can catch the airport bus downtown?
행인	스카이타워 앞에 정류장이 있어요. There's a stop in front of the SKY Tower.

예전에 뉴질랜드 공항세가 N$25일 때가 있었다. 그때는 앞으로 뉴질랜드 달러를 쓸 일이 없을 거라고 생각하고 스톱오버할 경유지의 달러로 돈을 전부 환전해버려서 공항에 도착한 후 황당해하던 사람들이 종종 있었다. 지금은 별도로 공항세를 지불하지 않는다.

뉴질랜드 공항에서 출국 수속할 때의 순서와 방법은 우리나라에서 출국할 때와 크게 다르지 않다. 출국 신고서를 작성하고 체크인, 기내에 들고 가는 가방 무게검사, X-ray 검색대, 출국 심사대 순으로 수속을 하고 출국하면 된다. 면세점에서 주류를 구입한 후 일본에서 환승하면 검색대를 통과할 때 그 자리에서 바로 압수당할 수 있다. 일본에서는 유리병에 든 주류가 반입 불가 품목이다. 뉴질랜드에서 벌꿀을 구입한 후 호주를 경유할 때도 반드시 입국신고품목에 기재해야 한다.

뉴질랜드에서 워킹홀리데이를 마치고 한 달 이상 여행할 계획으로 호주에서 스톱오버했을 때였다. 호주 입국 심사대 앞에 섰는데 공항직원이 비자라벨을 유심히 보더니 호주에 무슨 목적으로 왔냐고 재차 질문했다. 워킹홀리데이 비자에 보면 Work라고 찍혀 있는데 호주에 무비자로 입국한 후 일을 하다 추방되는 경우가 많다 보니 이런 질문을 한 것 같았다. I'm just traveling in Australia.라고 정확하게 이야기했더니 그냥 통과시켜주었다. 여행 중 만났던 한국 유학생도 필리핀에서 연수를 하고 호주로 입국할 때 좀 더 깐깐하게 입국심사를 받았다고 했다.

출국 신고서

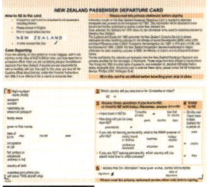

한국에서 항공권 구입 시 스톱오버를 신청해서 경유지를 여행하는 사람들은 경유지에서 반드시 짐을 찾아야 한다.

출국 신고서를 어디서 받을 수 있죠?
Where can I get a departure form?
가능하다면 복도 쪽에 앉고 싶습니다.
I'd like to get an aisle seat if possible.
부칠 짐이 있나요?
Do you have a baggage to check in?
취급 주의해주세요.
Please handle with care.
항공편을 변경할 수 있을까요?
Can I change my flight?
경유할 때 이 가방은 찾지 않아도 되죠?
I don't need to collect this luggage when I transfer, do I?
23번 탑승구는 어디에 있습니까?
Where is the gate number twenty three?

★ 귀국 선물
양모이불
양모 어그부츠
녹용
벌꿀
옥
동물뼈로 만든 액세서리
럭비용품

뉴질랜드에서의 아쉬움을 뒤로 하고 이제부터 펼쳐질 새로운 날들을 기대해보자.

부록

키위 잉글리시

뉴질랜드 영어는 조금 독특하면서 거칠지 않는 편안한 느낌을 주는데, 이런 뉴질랜드식 영어를 키위 잉글리시Kiwi English라고 부르기도 한다.

뉴질랜드에서 자주 쓰는 표현	뜻
Good, Alright	How are you?로 물을 때
Ta, Thanks	가벼운 감사
cheers	헤어질 때, 고마울 때
See you later.	작별인사
sweet as	아주 좋다는 뜻
petrol	휘발유
tea	저녁 식사
college	고등학교
Booze	술
GST	세금(부과세)
Mozzie	모기
Fortnight	2주
lift	엘리베이터
ground floor	1층
1st floor	2층
dairy	편의점, 슈퍼
chips	프렌치프라이
chippies or	감자튀김
pudding	후식

뉴질랜드에서 자주 쓰는 표현	뜻
tramping	비교적 장기간에 걸친 산행
smoko	휴식시간
Big Smoke	대도시
cuzzies	사촌, 가까운 친척
Hoon	훌리건
Hen's teeth	진귀한
scrap	싸움
All Blacks	럭비국가대표팀
loo	화장실
rubbish	쓰레기
bro	친구, 형제
mate, buddy	친구
judder bars	과속 방지턱
oz, across the ditch	호주
Aussie	호주인
godzone, as in God's own	뉴질랜드
Kiwi	뉴질랜드인
jersey	스웨터
fair go	공평한 기회

호주 vs 뉴질랜드

	호주	뉴질랜드
세금을 내는 번호	Tax File Number(TFN)	IRD Numbers
자취 개념의 숙박형태	Share House	Flat House

마오리어

뉴질랜드의 공식 언어는 영어이며 마오리어도 보존 차원에서 일부 사용되고 있다. 지형 및 주요 웹사이트를 포함한 뉴질랜드 사이트에 들어가면 마오리어를 접할 수 있고 TV나 라디오 방송에도 편성되어 들을 기회가 많은 편이지만 정작 마오리키위들도 마오리어가 서투르거나 알지 못하는 경우가 있다.

영어 알파벳 15개(h, k, m, n, p, r, t, w, a, e, i, o, u, wh, ng)로 제한되어 표기되는데, 마지막 음절은 항상 모음으로 끝난다. 알파벳 발음 기호로 읽으면 거의 비슷하게 발음할 수 있다. wh는 약한 'f'(푸) 발음과, 'ng'는 singing의 ng 발음과 비슷하다.

A - Sounds like the 'ar' in 'CAR'
E - Sounds like the 'er' in 'LEATHER'
I - Sounds like the 'ee' in 'FEET'
O - Sounds like the word 'AWA'
U - Sounds like the 'oo' in 'MOON'

뉴질랜드 지명

뉴질랜드 지명에 특히 마오리어가 많다. 자연에서 따온 단어들을 많이 사용하는데 예를 들어 'Aotearoa - 길고 흰 구름의 나라'는 'Ao-구름, tea-흰, roa-긴'이 합쳐져 'Aotearoa 아오테아로아'라고 한다.

아래 단어를 참고하면 마오리어 지명의 의미를 짐작할 수 있다.

ahi(아히) 불
one (오네) 진흙, 모래
ao(아오) 구름
pa(파) 요새화된 마을
ara(아라) 길
po(포) 밤
atua(아투아) 신
puke(푸케) 언덕
awa(아와) 강, 계곡
rangi(랑이) 하늘
hua(후아) 과일, 알
roa(로아) 긴, 높은
hau(하우) 바람
roto(로토) 호수
ika(이카) 물고기
tai(타이) 바다, 해안
ma(마) 흰, 시냇물
tapu(타푸) 금지된
manu(마누) 새
tea(테아) 흰, 맑은
maunga(마웅아) 산
wai(와이) 물
moana(모아나) 바다, 호수
waka(와카) 카누
motu(모투) 섬
whare(화레) 집

마오리어로 말하기

마오리어	마오리어 발음	한국어	영어
Kia ora	키아 오라	안녕하세요,감사합니다	Hello, Thank-you
Tena koe	테나 코에	안녕하세요(1명에게)	Greeting to one person
Tena korua	테나 코루아	안녕하세요(2명에게)	Greeting to two people
Tena koutou	테나 코우토우	안녕하세요(3명 이상에게)	Greeting to three or more people
Kei te pehea koe	케이 테 페헤아 코에	어떠세요?(1명에게)	How are you?
Kei te pai ahau	케이 테 파이 아하우	좋아요	I'm fine
Morena	모레나	좋은 아침입니다	Good morning
Haere mai	하에레 마이	잘 오셨습니다	Welcome, Come here
E Noho Ra	에 노호 라	작별 인사	Good bye
Kahore	카호레	아니오	No
Ka pai	카 파이	고맙습니다	Thanks
Ehoa	에호아	친구	Friends
Haka	하카	전쟁춤	War dance
Kai	카이	음식	Food
Ka pai	카 파이	좋은, 훌륭하다	Okay, Great
Manuhiri	마누히리	손님	Visitors
Pakeha -	파케하	유럽계(백인) 뉴질랜드 사람	a White person from New Zealand
Ae	아에	예	Yes
Koe	코에	당신	You

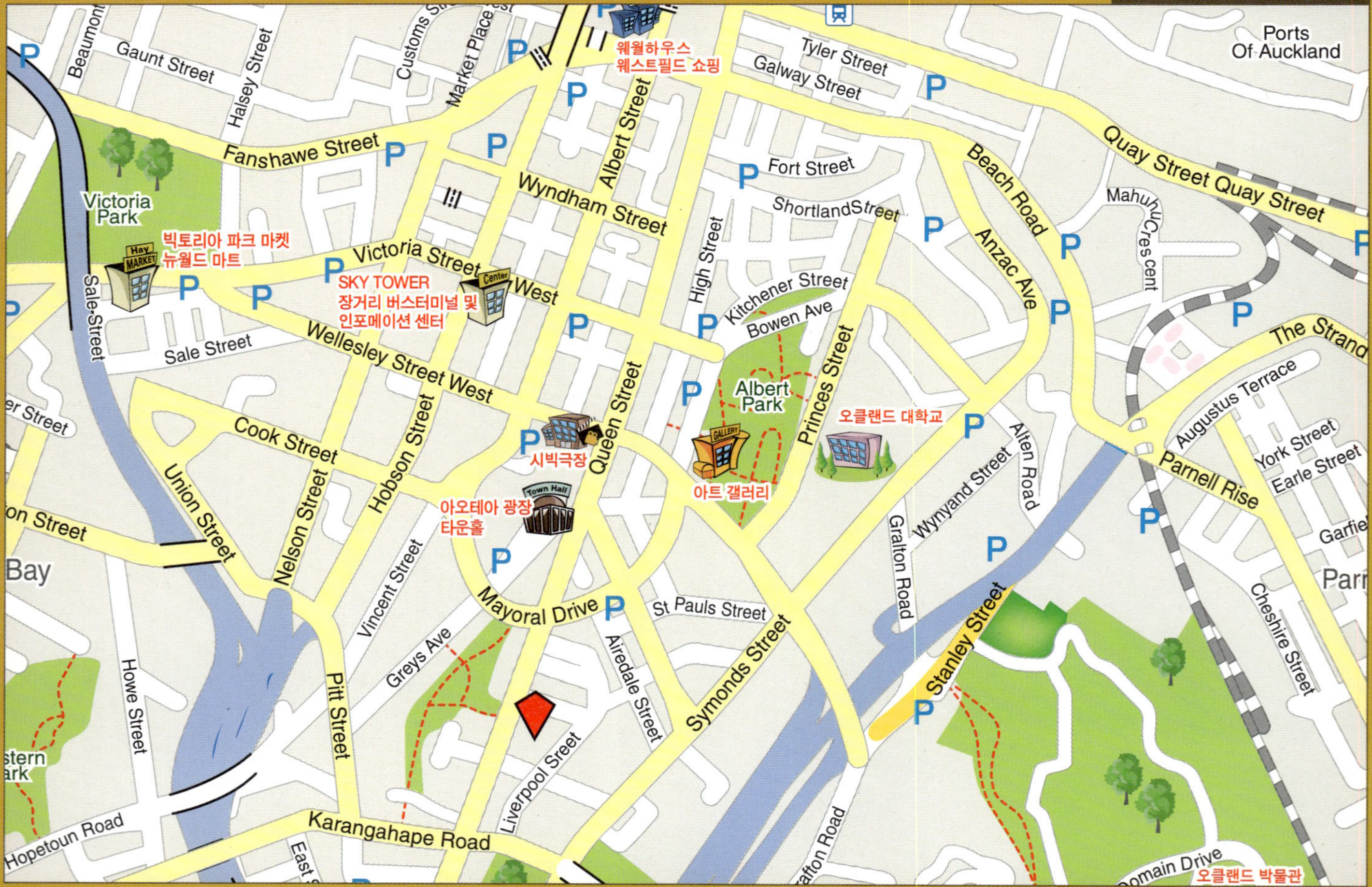

Ports Of Auckland
Tyler Street
Galway Street
Quay Street Quay Street
웨월하우스 웨스트필드 쇼핑
Gaunt Street
Halsey Street
Customs Street
Market Place
Beaumont
Fanshawe Street
Albert Street
Wyndham Street
Fort Street
Shortland Street
Beach Road
Anzac Ave
Mahuhu Crescent
The Strand
Victoria Park
빅토리아 파크 마켓 뉴월드 마트
Victoria Street West
SKY TOWER 장거리 버스터미널 및 인포메이션 센터
Sale Street
Wellesley Street West
High Street
Kitchener Street
Bowen Ave
Albert Park
Princes Street
오클랜드 대학교
아트 갤러리
Augustus Terrace
York Street
Earle Street
Parnell Rise
Alten Road
Wynyard Street
Gralton Road
Cook Street
Hobson Street
Queen Street
시빅극장
아오테아 광장 타운홀
Union Street
Nelson Street
Vincent Street
Mayoral Drive
St Pauls Street
Symonds Street
Stanley Street
Cheshire Street
Greys Ave
Airedale Street
Liverpool Street
Pitt Street
Howe Street
Hopetoun Road
Karangahape Road
East St
Domain Drive
오클랜드 박물관
Bay

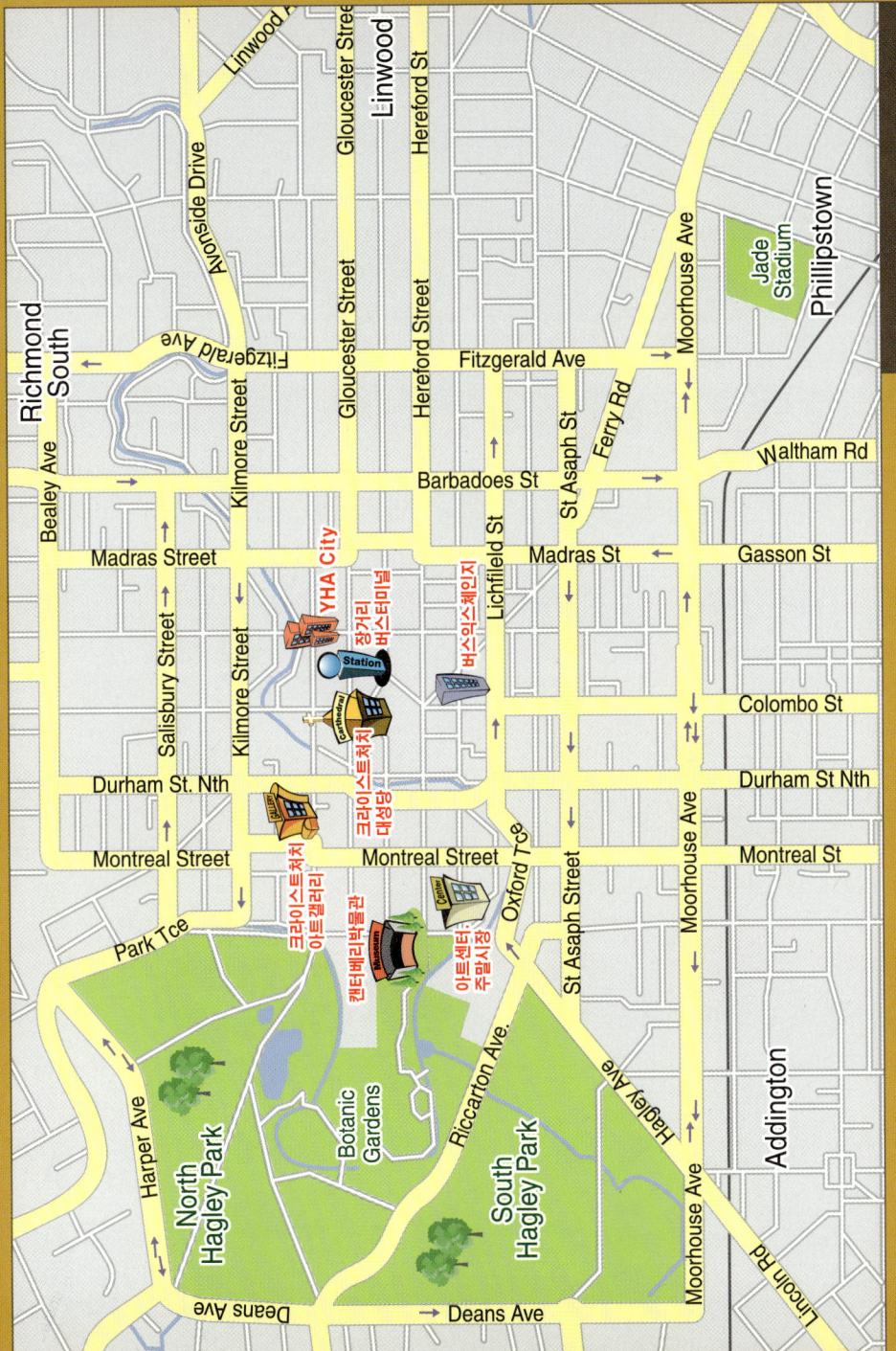

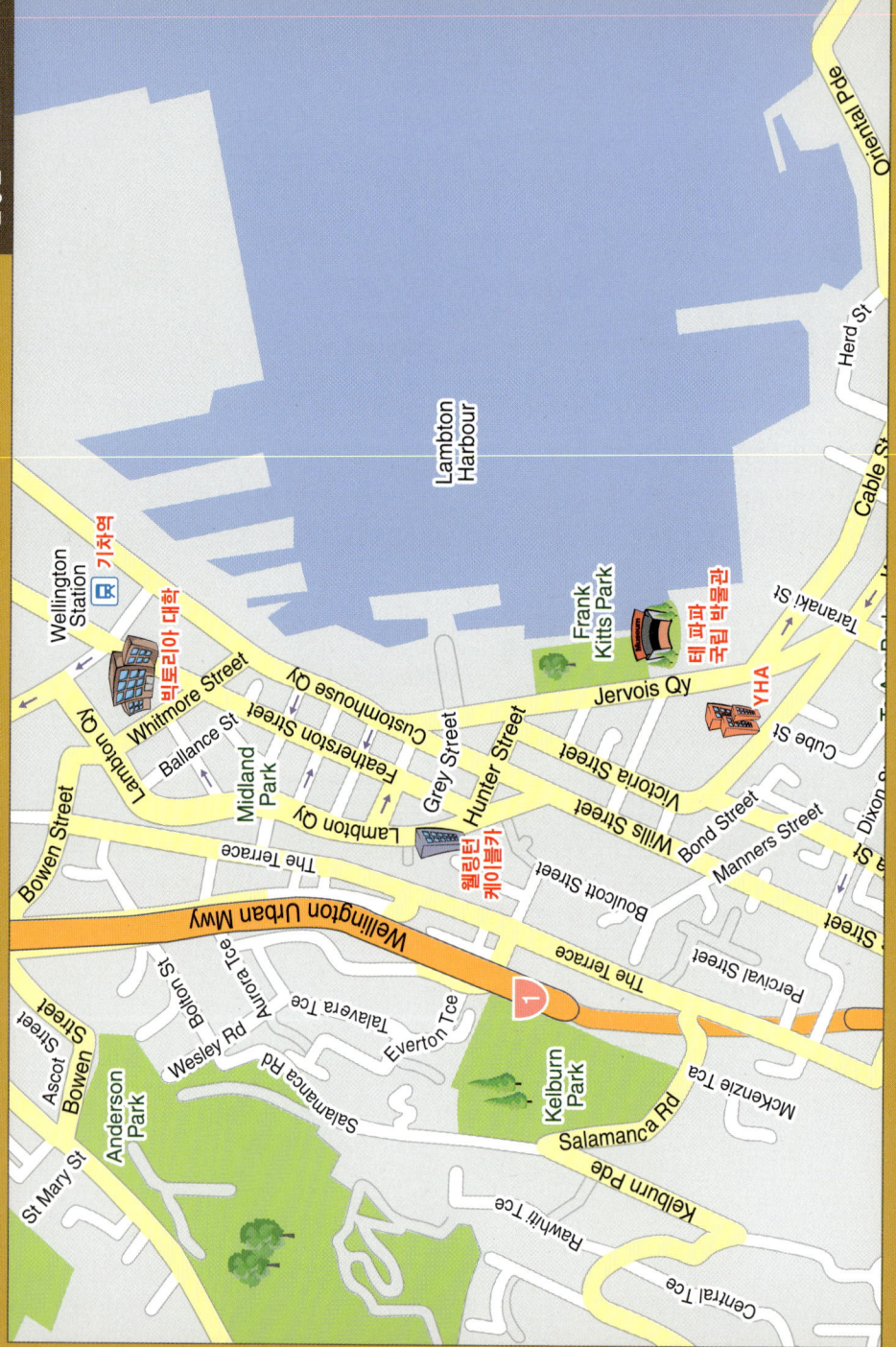

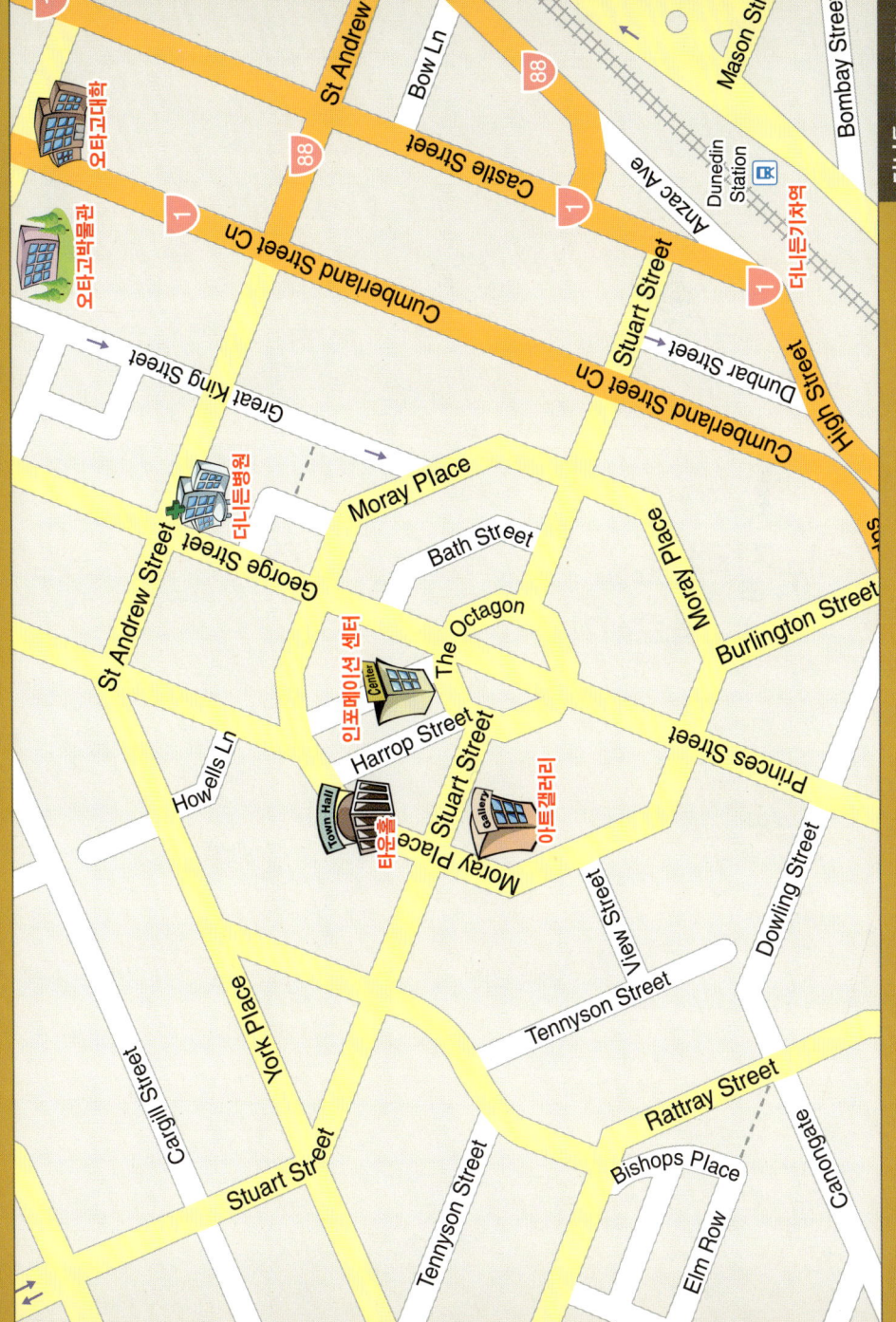

SURVIVAL ENGLISH

내 인생을 바꾸는
뉴질랜드에서 홀로서기

2009년 4월 13일 초판 1쇄 발행
2016년 1월 28일 개정 3쇄 발행

지은이 | 배동기
감　수 | Otto Groen QSM

펴낸이 | 김영철
펴낸곳 | 국민출판사
등록 | 제6-0515호
주소 | 서울특별시 마포구 서교동 382-14
전화 | (02)322-2434 (대표)　팩스 | (02)322-2083
홈페이지 | www.kukminpub.com

편집 | 양영광 · 이예지　디자인 | 디자인 블루
표지디자인 | 송은정　본문디자인 | 이미연
영업 | 김종헌　경영지원 | 한정숙

ⓒ 배동기, 2009
ISBN 978-89-8165-197-8　13980

＊잘못된 책은 구입한 서점에서 교환하여 드립니다.

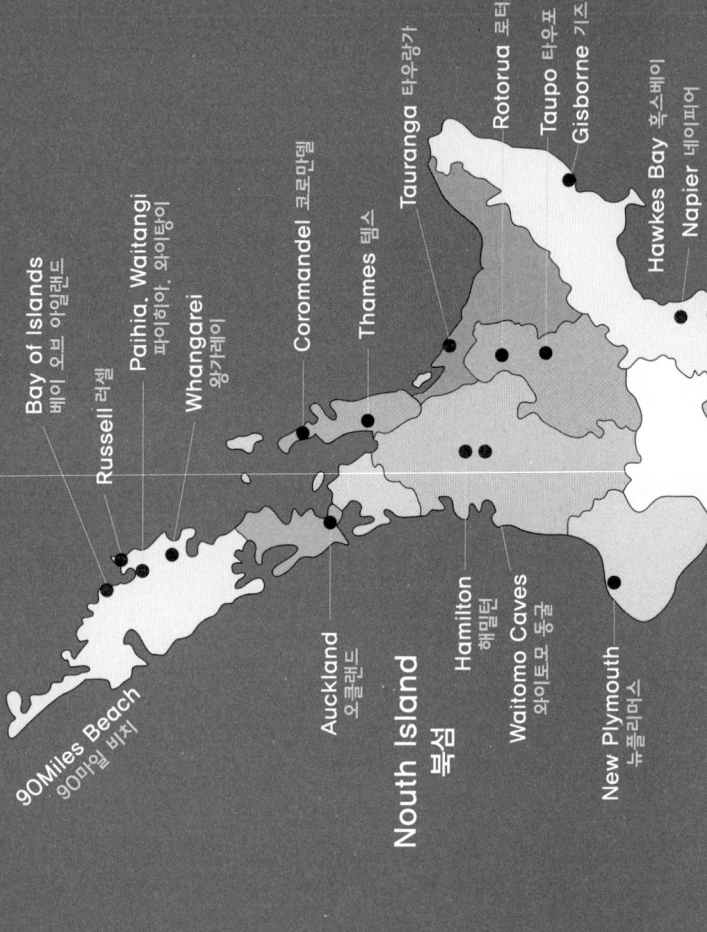

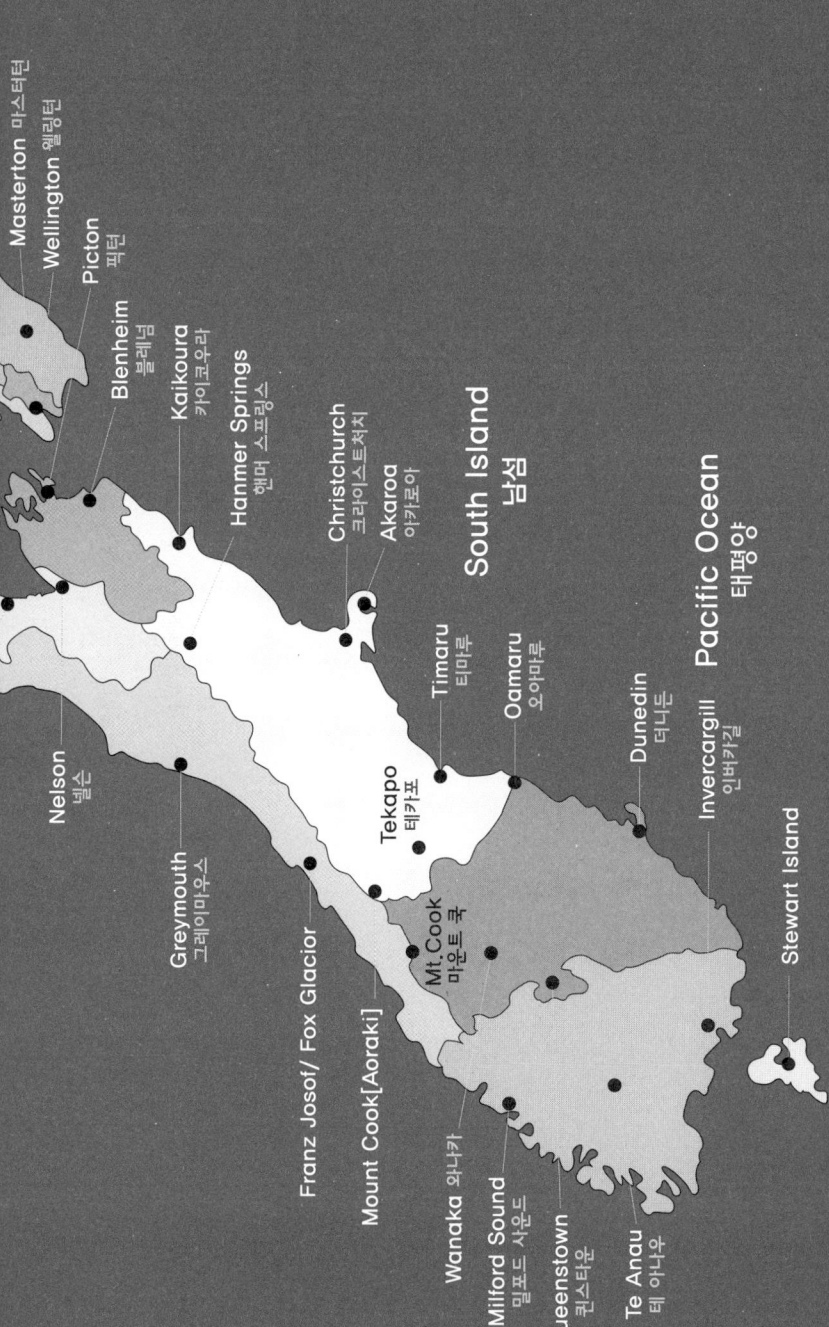

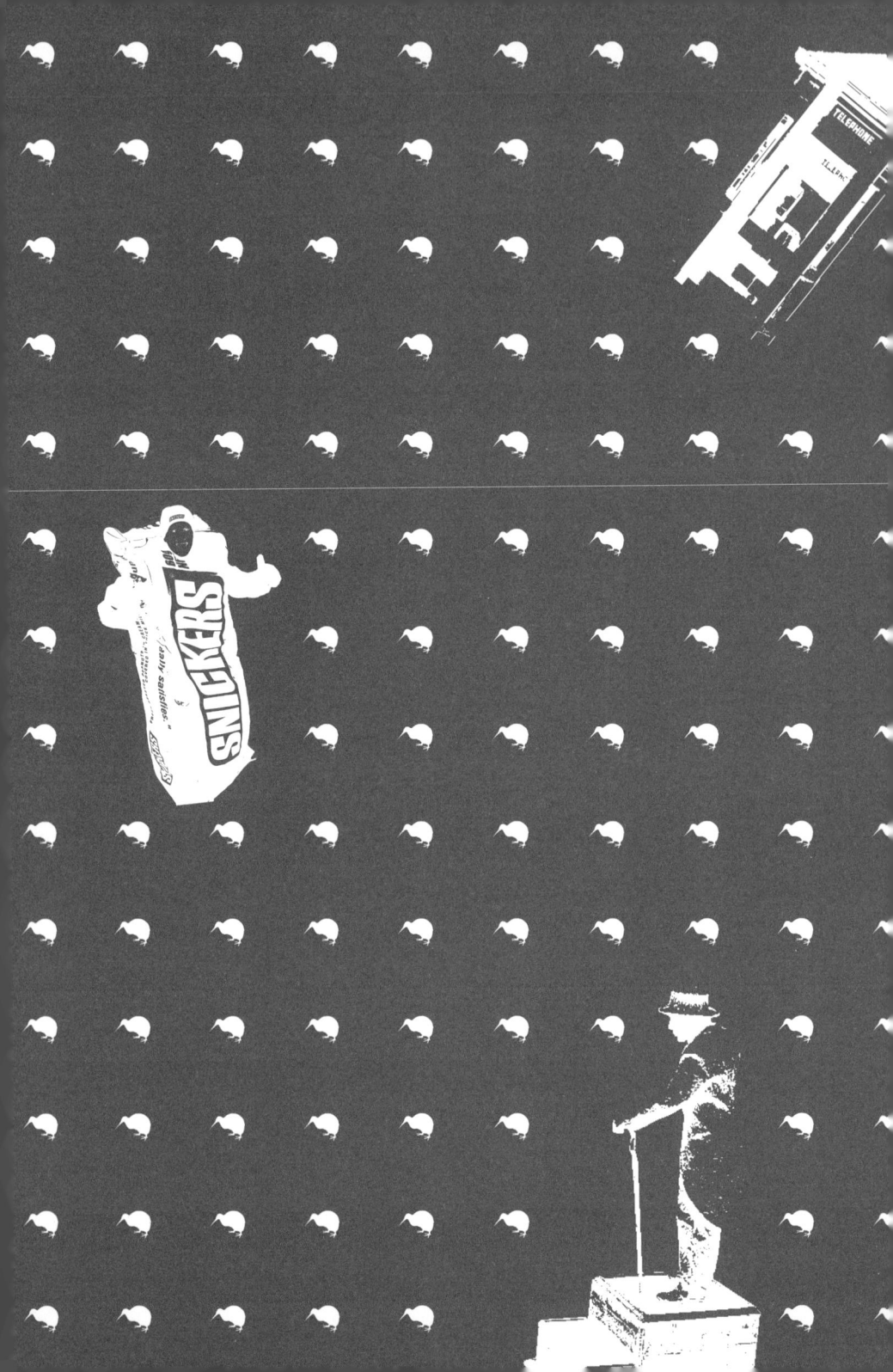